Diät zu halten ist kein Spaß. Dicksein auch nicht. Der tägliche Kampf mit den Pfunden ist nichts für Feiglinge. Süßigkeiten, Big-Mac und Co. sind mächtige Gegner. Wie man sie (wenigstens zeitweise) besiegt, warum dürre Zicken fast schlimmer sind als eine Woche ohne Kohlenhydrate, von Hungeranfällen, Strategien, Tricks der Promis, Sportversuchen, kleinen Niederlagen und großen Erfolgen berichtet Susanne Fröhlich aus Erfahrung am eigenen Leib. Wie gewohnt schonungslos – vor allem mit sich selbst. Trost, Hoffnung und schlankere Perspektiven für alle, die täglich aufs Neue mit ihrem »Moppel-Ich« in den Ring steigen.

Susanne Fröhlich, geboren 1962 in Frankfurt am Main, ist erfolgreiche Hörfunk- und Fernsehmoderatorin. Ihre Romane und Sachbücher sind Bestseller. Im Fischer Taschenbuch Verlag sind ihre Kult-Singleratgeber »Jeder Fisch ist schön – wenn er an der Angel hängt« (Bd. 15993) und »F(r)ischhalteabkommen. Länger Freude am Mann« (Bd. 15857) erschienen.

Unsere Adresse im Internet: www.fischerverlage.de

Susanne Fröhlich

Moppel-Ich

Der Kampf mit den Pfunden

Fischer Taschenbuch Verlag

Veröffentlicht im Fischer Taschenbuch Verlag,
einem Unternehmen der S. Fischer Verlag GmbH,
Frankfurt am Main, Oktober 2005

Druck und Bindung: Clausen & Bosse, Leck
Printed in Germany
ISBN 3-596-16339-0

Für alle meine Freundinnen: Esst schön …

Inhalt

Noch ein Diätbuch?

Sie haben schon ein halbes Billy-Regal voll mit Diätstandardwerken, doch Ihre Waage zeigt sich null beeindruckt von diesem Arsenal des Speck-Schreckens? Sie besitzen trotzdem noch kiloweise Fettreserven für Notzeiten an allen erdenklichen Körperteilen, und zwar nicht nur für sich, sondern für die ganze Familie? Vielleicht sogar für den ganzen Stadtteil? Beinahe haben Sie das Gefühl, dass Schlankheitsbücher auf Ihre Figur die gleiche Wirkung haben wie Wärme auf Hefeteig – denn nach jeder neuen Anschaffung ufern Ihre Formen etwas mehr aus, und eigentlich haben Sie sich deshalb selbst versprochen, niemals und auf gar keinen Fall noch einmal auf so ein Buch hereinzufallen. Trotzdem haben Sie sich gerade doch noch ein Werk zu diesem Thema gekauft. Meines. Pardon – jetzt natürlich Ihres.

Bravo! Ich hätte garantiert auch zugeschlagen, denn auch ich war immer auf der Suche nach der Wunderrezeptur zum Abspecken, einer Anleitung, die mir hilft, schlank zu werden, ohne mich groß kasteien oder anstrengen zu müssen, nach einem Autor oder einer Autorin, die mich wie der Prinz im Märchen aus dem Jammertal der Moppel entführt – am besten in einem Lieferwagen voller leckerer Delikatessen. Kurz: Wenn Hoffnung Kalorien verbrennen würde, hätten weder Sie noch ich irgendein Gewichtsproblem. Aber das tut sie nicht, die Hoffnung. Ebenso wenig wie Lesen an den Pfunden zehrt. Das ist vom Schöpfer irgendwie nicht gut geplant. Hätte er nicht am siebten Tag sagen können: Okay, heute wird geruht und trotzdem etwas für die Figur getan? Man kann auf dem Sofa sitzen, lesen, und der Körper läuft dabei dennoch auf Hochtouren. So wie beim Joggen. 90 Minuten Tatort mit der gleichen Fettverbrennung wie 90 Minuten Skilanglauf. 30 Minuten in aller Stille und Regungslosigkeit auf der Liege liegen, an die Decke schauen, und dabei passiert im Körper das Gleiche wie bei einer Querfeldein-Mountainbike-Tour durch die Alpen? Nein, an die Erschaffung der zweiten Bundesliga und Dosenbier hat er gedacht, aber nicht an die Entspannung beim Moppel, und deshalb spricht doch einiges dafür, dass Gott ein Mann ist und deshalb keinerlei Verständnis für Frauen aufbringt, die dreimal am Tag essen wollen und dabei trotzdem so aussehen möchten wie Sharon Stone. Und zwar bis etwa zum achtzigsten Geburtstag (danach möchten wir gern so aussehen wie Senta Berger – kaum gealtert und herrlich schön!). Stattdessen gab uns unser Schöpfer ungefähr 10 000 Fettzellen mehr als den Männern, eine fatale Neigung zum Naschen und damit die Fähigkeit, auch dann noch hochschwanger auszusehen, wenn wir längst aus dem gebärfähigen Alter heraus sind.

Das ist ungerecht, aber lässt sich jetzt auch nicht mehr ändern. Und deshalb wollte ich etwas tun und habe mich hingesetzt, dieses Buch zu schreiben. Natürlich nicht, damit meine Kinder regelmäßig warm essen können, sondern weil mich das, was zu diesem Thema auf dem Markt ist, zum großen Teil ziemlich nervt, ärgert und frustriert. Aus einem ganz einfachen Grund, der Ihnen sicher auch aus leidvoller Selbsterfahrung bekannt ist: Weil es einfach nicht stimmt, was in der überwiegenden Zahl dieser Bücher behauptet wird: dass eine Diät ein riesiger Spaß ist, nach dem sich ein Moppel ähnlich die Finger leckt wie nach einem Big Mac. Dass Abspecken eigentlich auf die

Liste der größten Menschheitsfreuden gleich nach dem Absetzen von George W. Bush gehört und wir täglich ungefähr zehn Purzelbäume schlagen könnten, wenn wir uns wieder die leckersten Dinge des Lebens verkneifen müssen. Nein. Das alles ist leider gelogen.

Diät zu halten ist grauenvoll, stressig und ungefähr so spaßig wie ein Brand im Altersheim. Es ist Verzicht und der war noch nie ein Synonym für dufte Stimmung und Ekstase (außer vielleicht beim Papst und anderen Fundamental-Christen). Abzuspecken ist lästig, anstrengend und so gar nichts für Feiglinge. Denn man ist im ständigen Kampf mit einem äußerst rigorosen und wehrhaften Gegner: mit dem eigenen »Moppel-Ich«. Und das besitzt neben vielen anderen fiesen Eigenschaften vor allem die unangenehme Angewohnheit, ständig auf einen einzureden: »Iss doch«, ruft es. Oder: »Oh, wie lecker, jetzt ist es eh egal, wen kümmert es schon, die Hose gibt's auch größer, willst du anderen zuschauen, wie sie das Tiramisu verputzen, du kannst doch morgen mit der Diät anfangen.«

Andauernd verkündet es mehr verführerische Botschaften als die CDU vor einer Bundestagswahl, und ähnlich wie die Partei den Wähler schont es uns vor unangenehmen Wahrheiten wie der, dass das Leben kein Zuckerschlecken ist und es Essen ohne Kalorienzufuhr leider nicht gibt (auch wenn das die Superdürren immer behaupten!). Nie sagt das Moppel-Ich: »Lass das, du bist fett genug, weißt du überhaupt, wie viele Kalorien in einem Croissant stecken? Außerdem: Dein Hintern bietet schon jetzt mehr Fläche als die Startbahn West am Frankfurter Flughafen.« Nein, es flüstert einem nur jene Dinge zu, die man gern hören möchte und die dazu führen, dass man mitten in der Nacht in der Küche steht und eine halbe Schwarzwälder Kirsch in sich hineinstopft, weil das Moppel-Ich einem zwei Stunden lang versichert hat, dass Essen, bei dem einem keiner zusieht, eigentlich nicht zählt.

An guten Tagen, an denen der Wille eiserner ist, als es die englische Premierministerin Maggie Thatcher je war, an solch raren Tagen kann man die Stimmen, die einen zum Verzehr hochkalorischer Nahrungsmittel geradezu ketzerisch auffordern, verdrängen. Doch meistens erhört man sie so gern wie alles, was einen vor unangenehmen Wahrheiten bewahrt. Ich weiß das, weil bei mir diese freundlichen Einflüsterer, die Verführer und elenden Schmeichler in Fischer-Chor-Größe und -Lautstärke am Werke sind. Deshalb kann ich auch sagen: Wer abspecken will, muss lernen wegzuhören, dem Moppel-Ich den Mund zu stopfen, und zwar regelmäßig. Nicht, indem man sich den letzten Hoffnungsschimmer auf ein Leben jenseits von stillem Mineralwasser und Sellerie nimmt, sondern indem man sich statt mit Illusionen, Selbstbetrug und Irrungen mit ein bisschen Realitätssinn füttert. Schließlich: Es geht. Man kann abnehmen, ohne dabei den Verstand oder die Lebenslust zu verlieren – wie ich mit diesem Buch beweisen will. Schließlich gibt es immer wieder Menschen, die es geschafft haben. Ich rede hier nicht von Leuten wie Karl Lagerfeld, der mittlerweile so aussieht, als könne er auch als Zahnstocher arbeiten. Ich rede von ganz normalen Alltagsmoppeln wie mir. Ich habe tatsächlich abgespeckt und gemerkt: Hoppla, es geht ja doch. Nicht mühelos oder von selbst, aber es ist möglich.

Liste 1
Warum ich keinesfalls sofort eine Diät starten kann

Weil Weihnachten ist (alternativ: Geburtstag, Ostern, Weltspartag oder Tag des Baumes).

Weil es bei der angespannten wirtschaftlichen Lage ziemlich unsozial wäre, jetzt auch noch den Lebensmittelkonsum zu reduzieren.

Weil ich kein Kollegenschwein sein will – schließlich wirken Dünne erst in Gesellschaft von Dicken so richtig schlank.

Weil McDonald's gerade so ein günstiges XXL-Menü anbietet.

Weil es Verschwendung wäre, das Hägen-Daaz-Erdbeereis in meiner Gefriertruhe unberührt zu lassen.

Weil Ulla Popken sonst traurig ist.

Weil mein Liebster und ich uns gerade das Kamasutra für Dicke gekauft haben.

Weil meine Kinder dann vielleicht nicht mehr Mami, sondern Naomi oder Heidi oder Claudia zu mir sagen.

Weil mein Mann behauptet, dass er jedes meiner Pfunde liebt.

Weil meine Mutter findet, dass mir Pausbacken und Speckringe wunderbar stehen (wie ihr übrigens auch).

Weil mein Horoskop sagt, ich soll mir diesen Monat unbedingt was gönnen.

Weil ich endlich mal wieder meine Schwangerschaftsklamotten tragen kann.

Weil ich mir ja dann eingestehen müsste, es nötig zu haben.

Weil ich nicht weiß, womit ich die Zeiten zwischen den Mahlzeiten füllen soll, wenn ich nichts mehr essen darf.

Wie es meistens anfängt

Nein, ich war kein dickes Kind, ganz im Gegenteil. Was damals sehr erfreulich war, ist nachträglich betrachtet fast schade, denn ich hätte zwar möglicherweise unter Hänseleien gelitten, aber nichtsdestotrotz, wenn ich eins gewesen wäre, dann könnte ich die Schuld für meine Röllchen schön lebenslang auf meine Eltern abwälzen. So fällt diese Entschuldigung leider weg. Ich wurde gesund ernährt, musste nicht ständig meinen Teller leer essen, und gelobt wurde auch nicht nur mit Süßigkeiten. Mama, hier die Absolution: Du bist nicht schuld. Jedenfalls nicht daran. Die Gene können es bei mir auch nicht sein. Außer mir neigt in meiner Familie keiner zum Mopsigsein. Meine Schwestern sind lang und schlank. Sehr schlank. Gemein. Selbst meine Mutter ist schlanker als ich (Nachtrag: gewesen, tut mir Leid, Mama).

Mit der Pubertät kam der Speck. Hinterhältig, langsam und schleichend. Zum Besiedeln hat er sich meine Oberschenkel ausgesucht. Es hat mich nicht weiter gekümmert.

Schließlich war der Rest ganz ansehnlich. Eine schmale Taille kompensiert vieles. Und Mini war zu der Zeit eh nicht angesagt. Außerdem waren wir alle noch nicht so figurbesessen. Es gab viele wie mich. Eine tröstliche Tatsache. Guckt man sich heute 16-Jährige an, sind viele davon erstaunlich dünn. Dünner als wir damals waren. In den Siebzigern waren manche dünn, ein breites Mittelfeld normal gebaut und manche dick. Es gab andere Themen als körpereigene Problemzonen. Dicke Schenkel allein haben uns nicht in große Seinskrisen gestürzt. Das hat sich fatalerweise sehr geändert. Heute machen sogar schon Elfjährige Diät oder wissen zumindest, was das ist. Für mich in dem Alter undenkbar. Das Thema war einfach keines.

Ich hatte Schenkel, die ich zu dick fand. Die in meiner Selbstwahrnehmung aussahen, als wären sie für einen anderen Körper bestimmt, aber es waren eben nur Schenkel. Im Vergleich zum Rest meines Körpers waren sie stämmig, aber es waren nur Oberschenkel, nicht mehr und nicht weniger. Nie hat mir ein Typ gesagt: »Mit den Schenkeln, ich bitte dich. Wie soll ich eine Frau mit solchen Schenkeln küssen? Mit ihr in die Disco gehen? Bist du noch bei Trost?« Hätte ich meine kleine Schenkelproblematik nicht selbst erwähnt, wären sie wahrscheinlich keinem größer aufgefallen. Außerdem: Kaum eine meiner Freundinnen war damals rundherum perfekt. Die eine hatte niedliche Hüfttaschen, die andere Reiterhosen, die dritte zu viel Brust (ein für Männer schwer vorstellbares Leid), die vierte zu stramme Waden für die koketten Lackstiefelchen, die fünfte einen kleinen Speckring um die Taille, und die sechste sah sich als klapprige Bohnenstange. Das hat uns genervt, war aber nicht abendfüllend.

Eine entspannte Einstellung, die uns irgendwie im Laufe der Jahre abhanden kam. Sie verschwand seltsamerweise im gleichen Maße, in dem ich zunahm – oder sagen wir lieber: dick geworden bin. Ursachen dafür gab es viele –

meine beiden Schwangerschaften, die Lust am Essen, ein gewisses Phlegma und die Tatsache, dass es doch viel netter ist, einen Abend lang auf der Couch zu liegen und Chips zu essen, als die gleiche Zeit im Fitnesscenter zu verbringen. Es sind ja nicht nur die Lebensmittel, die einen fülliger werden lassen, es gibt auch noch lebende Dickmacher – Männer, die regelmäßige Mahlzeiten erwarten, Kleinkinder, die einen nicht nur glücklich machen, sondern auch zum Mitesser von Hipp und Schokoriegeln, Freundinnen, die einem immer wieder versichern, dass man sich doch bloß keinen Stress machen und ruhig noch eine Pizza essen sollte, während sie in ihrem Salat herumstochern. Auch darum wird es gehen in diesem Buch und um andere wichtige Abspeckfragen. Nämlich:

Wieso überhaupt eine Diät und wenn, dann welche?

Warum sich nicht im drallen Körper putzmunter und zufrieden einrichten? Weshalb nicht einfach essen, was einem schmeckt, also 4000 Kalorien täglich als Existenzminimum von Lebenslust und Zufriedenheit akzeptieren? Wozu sich quälen und einschränken? Wer, außer uns selbst, hindert uns daran, uns mollig und rund total wohl zu fühlen? Warum lassen wir uns immer wieder auf so unsägliche und scheußliche Dinge wie Diäten ein? Haben wir sonst nicht genug um die Ohren? Woran fehlt es uns? Am Selbstbewusstsein, vielleicht nicht dem Modeideal zu entsprechen? Bloß weil wir uns nicht mehr in der Kinderabteilung einkleiden können? Und beim Metzger nicht deshalb ein Stück Fleischwurst bekommen, weil der uns für 14 hält, sondern weil wir gerade für 40 Euro Aufschnitt gekauft haben? Natürlich werden alle klugen und patenten Frauen diese Fragen mit einem coolen Lächeln beantworten. Sagen, dass dieser ganze Tanz um diese drei, vier, fünf oder 15 Kilo mehr oder weniger, dieses Gewichtsaffentheater albern und unserer nicht würdig ist. Und sicher gibt es genug Frauen, die diesen klugen Gedanken auch in die Tat umsetzen und sich also jeglichen Diätversuchs weise enthalten. Ich bin stolz auf sie. Denn sie sind einen Schritt weiter als ich, die in der Theorie zwar völlig diese Meinung teilt, in der Praxis jedoch gerne ein paar Pfund weniger auf meinen Rippen hätte. Nicht weil die Nation das so vorschreibt, nicht weil mein Mann es vielleicht besser findet (wenn er es denn überhaupt bemerkt!), nicht weil meine gestrenge Mutter nörgelt, und auch nicht weil im Fernsehen die Dürren die Bildschirme bevölkern.

Nein, meine Beweggründe sind profaner. Viel profaner. Ich schäme mich fast, es zuzugeben: Ich möchte schönere Klamotten. Uff, jetzt ist es raus. Allerdings befinde ich mich damit in guter Gesellschaft, denn wie jüngste Statistiken zeigen, geht es den meisten Frauen so: Ihre Hauptmotivation beim Abnehmen ist die leidige Kleiderfrage, das Problem, etwas Ansprechendes in Größe 46 zu bekommen, das nicht so aussieht, als könnte man es auch als Großraumzelt benutzen. Ab Konfektionsgröße 44 ein wirklich flottes Outfit zu finden, das weder ganz in schwarz ist (ist was mit Oma?), noch wirkt wie eine Lkw-Plane mit Häschenapplikationen, kommt einem Kunststück gleich. Die wenigsten Boutiquen führen Größen jenseits der 42, und selbst wenn man nach 42 verlangt, bekommt man oft den entgeisterten Blick der Verkäuferin gratis dazu. Nach dem Motto: »Wenn ich so aussehen würde wie sie, würde ich nach Finnland ziehen, da ist es sechs Monate im Jahr dunkel.«

Gäbe es all die herrlichen Designer in allen Größen, die Armanis, Diors und Jil Sanders oder wenigstens Esprit,

Benetton und Zara – wie viele von uns würden sich am nächsten Pommesbüdchen vor Freude erst mal noch ein Tütchen gönnen und sich entspannt mit ihrem Moppel-Ich versöhnen. Aber die Mode ist leider nicht so großmütig, und deshalb gestehe ich, dass ich einfach viel zu eitel bin, um mich mit meinen überschüssigen Kilos anzufreunden und ihnen einen Dauerparkplatz auf meinen Hüften, meinem Bauch, an meinen Oberschenkeln und den Oberarmen zu gönnen. Ich wollte abnehmen, mich nicht mit meinem Gewicht arrangieren und eben nicht akzeptieren, dass ich vielleicht – wie viele Freunde wohlmeinend beteuerten – speckiger als sie gedacht bin. Und ich vermute mal, so geht es Ihnen auch.

Natürlich: Würde man ein Mittel erfinden, das ähnlich wie Unkrautvernichtungsmittel den Speck killt, möglichst über Nacht, ohne jegliche Nebenwirkungen und während man angenehm träumt, vielleicht von einem schönen Teller Rigatoni Carbonara und einer ordentlichen Portion Mousse hinterher, würde ich wie 98 Prozent aller Dauermoppel das Zeug kaufen. Doch leider weiß ich wie fast alle, die ein wenig mehr Rippenpolsterung haben, dass diese ganzen schnellen, leichten Sofortlösungen Unsinn sind.

Aber: Wie soll man seine Kilos wegzaubern? Macht das der reizende Magier Herr Copperfield jetzt eventuell nebenberuflich? Vielleicht sogar auf Krankenschein? Nein, nein, sagen die Experten schon wieder, Sie müssen nur über Ihre Ernährung nachdenken. Und ich sage: Liebe Experten, wenn ich über meine Ernährung nachdenke und anders esse, also Marzipankartoffeln gegen Mandarinen tausche, Puddingstückchen gegen Vollkornbrot und Sahnesoße gegen gar keine Soße, mache ich nichts anderes als Diät halten. Dass die langfristige Ernährungsumstellung das einzig wirklich Sinnvolle ist, ist allen, die gerne abnehmen wollen, klar. Aber zunächst muss der Moppel auch

Kalorien einsparen, oder Fett oder Kohlenhydrate, oder gleich alles zusammen, denn sonst bleibt der Speck. Leider kann man sich auch mit ausgewogener Ernährung dick und rund essen. Alles ist letztendlich eine Frage der Menge. (Gut – nur mit Rohkost wäre eine Gigamenge nötig, aber wer will Gigamengen von Rohkost essen?) Die Konsequenz: einigermaßen gesund abspecken, trotzdem flott Erfolg haben und dauerhaft nicht in die grausige Jo-Jo-Spirale geraten. Genau das ist mein Anliegen: Ich will nicht Jahre nur verzichten, eine schmallippige verbiesterte Kalorienzählerin sein, ich will einen möglichst schnellen Teilerfolg und nicht nach wenigen Monaten wieder von vorne anfangen müssen.

Und ich will trösten, zeigen, dass es auf diesem Planeten, voll mit verlockenden Lebensmitteln, die lauthals schreien: »Nimm mich«, mehr von Ihres- und Meinesgleichen gibt und dass wir keine Charakterschwächlinge sind, bloß weil wir gern gut und lecker essen. Bisweilen auch während einer Diät. Warum nicht? Ich esse nämlich schrecklich gerne. Es macht mir Freude. Essen ist für mich ein fantastisches Vergnügen. Ich habe keine Lust, mir bei jedem Bissen einer Köstlichkeit zu überlegen, wo sie sich für die nächsten Jahre an meinem Körper festsetzen wird und wie oft ich meinen Kopf gegen die Wand schlagen muss, um dabei die Reue über die 600 Kalorien zu verbrauchen, die ich gerade verputzt habe. Dann macht das Essen ja nun gar keinen Spaß mehr, und das ist nicht der Sinn der Sache. Wenn man isst, sollte man es mit Freude tun. Kalorien reinschaufeln muss wenigstens Genuss bedeuten. Wer sich schon während des Essens grämt, hat tatsächlich überflüssige Kalorien zu sich genommen, von denen er nichts hat – außer Ärger und Frust.

Zu meiner Liebe am Essen kommt belastend hinzu: Ich beherrsche mich nicht sehr gerne. In keiner Hinsicht und schon gar nicht beim Essen. Ich bin nicht der Typ, der ein viertel Stückchen Kuchen isst und den Rest auf dem Teller lässt. Wenn etwas gut ist, habe ich gerne viel davon. Das alles ist mit Sicherheit lustfreundlicher, sinnlicher und genussorientierter als diese nörgeligen Tellerpicker, die ihre winzigen Portionen auf den Tellern hin und her schieben, als würden sie sich dabei in Diätmargarine verwandeln.

Leider wird Genussfreundlichkeit nicht belohnt. Außer mit schleichenden Ganzkörperproblemzonen. Um weiter genießen zu können, aber nicht auszusehen wie etwas, das eigentlich ins Guinness Buch der Rekorde gehört, habe ich alles gelesen, was es zu dem Thema gibt. Das meiste, also alles was halbwegs einleuchtend klang, habe ich dann auch probiert. Ich habe schleimige Proteindrinks in mich reingeschüttet, die aussahen und rochen wie etwas, das bei RTL zur Dschungelprüfung benutzt wird, und habe mir einzureden versucht, dass sie wirklich köstlich schmecken. Ich habe nach 18 Uhr nicht mehr gegessen (es jedenfalls ernsthaft versucht) und eifrig Weight Watchers Punkte gezählt. Ich habe Fettiges gemieden, Fett bevorzugt, nur Äpfel gegessen, Eiweiß heilig gesprochen und 37 Gramm Lachsschinken abgewogen und versucht auf fünf Knäckebroten optisch ansprechend zu verteilen. Dabei habe ich mal drei Kilo abgenommen, mal fünf – und alle wieder locker draufgemoppelt. Ich war der lebende Beweis für den Jo-Jo-Effekt und seine miesen Freunde, die geschrumpften Fettzellen, die hinterfotzig nur darauf lauern, sich sofort wieder aufzuplustern. Eine besonders fiese Bagage, diese Fettzellen. Aber da ein Leben ohne sie nicht möglich ist – außer als Ausstellungsstück in Körperwelten – wird uns nichts übrig bleiben, als mit ihnen zu leben.

Jede Menge Propheten, aber leider kein Diätwunder

Wenn man sich mit dem Thema Abnehmen beschäftigt, begegnet man mehr Gurus, als ganz Indien zu bieten hat, und für die Abspecken, gemessen am heiligen Ernst, mit der sie ihr jeweiliges Programm zelebrieren, schon fast so etwas wie eine Religion zu sein scheint. All die Strunzens, Atkins', Montignacs und Co – nichts als Propheten, die uns Moppeln ihre Botschaften wie Gott seinerzeit Moses den brennenden Busch als neuestes Wunder präsentieren. Deshalb eines gleich vorneweg: Ich bin garantiert kein Guru und will auch keiner sein (jedenfalls nicht auf diesem Gebiet – ansonsten gäbe es schon den ein oder anderen Bereich, für den ich mich durchaus hergeben würde ...). Mit welchem Recht auch? Ich bin weder Ernährungswissenschaftlerin noch Medizinerin oder Therapeutin. Nicht mal Marathonläuferin oder Extremsportlerin. Ich habe jahrelange Erfahrung im Diäten und im Versuch, Diät zu halten, ansonsten bin ich einfach nur ein Langzeitmoppel, der es endlich geschafft hat abzuspecken. Im Moment bin ich schlank und, während ich das schreibe, sogar selbst darüber noch überrascht. Man hat sein Moppelsein sehr tief abgespeichert. Aber es ist so: Ich bin, jedenfalls für meine Verhältnisse und mein Verständnis vom Schlanksein, schlank.

(Dieser Satz ist meine Peitsche, denn er garantiert, dass ich auch noch in fünf Monaten, bei Erscheinen dieses Buches, schlank sein werde, schon um nicht wie ein komplett inkonsequenter Volldepp dazustehen. Insofern ist mein Langzeiterfolg immerhin für ein knappes halbes Jahr gesichert, und ich danke Ihnen hiermit schon mal aus vollstem Herzen für diesen Erwartungsdruck! Denn, welch eine beschämende Vorstellung: Ich sitze zum Erscheinen meines Buches in einer Talkshow, plaudere, dicker denn je, mit

Herrn Kerner, wahlweise Beckmann, Frau Maischberger, Amelie Fried oder wem auch sonst und habe Angst, beim Aufstehen den Stuhl mitzunehmen, weil der Hintern festklemmt!)

Ich würde nie behaupten, schon um mich nicht unter lebenslangen Druck zu setzen, dass ich nie mehr zunehme. Ich werde bestimmt noch in der Seniorenwohnanlage und beim Verteilen der Rationen von Essen auf Rädern mit den Kalorien hadern und trotzdem nach der größten Portion gieren. Es gibt keine definitive Langzeitgarantie, außer man diszipliniert sich ein Leben lang. Das ist äußerst betrüblich und keine wirklich erquickliche Vorstellung. Andererseits: Ein paar Jahre in Kleidergröße 40 zu passen ist eigentlich doch ein hübscher Gedanke (oder 38 ...???).

Ebenso der Glaube, dass man – wäre man erst mal schlank – so etwas wie den Generalschlüssel fürs Glück besitzt. Leider stimmt das nicht. Dünnsein imprägniert einen nicht gegen Frust, Niederlagen und Ärger mit den Kerlen. Ebenso wenig wie übrigens Körbchengröße D – oder finden Sie etwa, dass beispielsweise Naddel, mit XXL-Busen und irre schlank, irgendwie besonders erfolgreich wirkt?

Ich selbst hätte jahrelang nur zu gerne geglaubt, dass Wunder möglich sind. Vor allem Wunder, bei denen ich mich kein Stück ändern und natürlich keinesfalls anzustrengen brauche, und einfach so zehn Kilo in nur zehn Tagen abnehme – ohne an einer grauenvollen Krankheit zu leiden, die nur im Tropeninstitut unter Quarantäne behandelt werden kann. Sicher: Auch für mich klangen Worte wie »schnell«, »problemlos« oder »garantiert erfolgreich« verführerisch, verführerischer jedenfalls als »Ernährungsumstellung«. Allein der Begriff lässt fürchten, dass es sich dabei um etwas ähnlich unerfreulich Langwieriges und Ödes handelt wie das Erlernen eines chinesischen Dialektes. Und das ausgerechnet im Zusammenhang mit Essen, also einer Tätigkeit, die in Sachen Genuss und Lust gleich nach Sex kommt (wobei manche sich sicher sogar noch eher für die Schokolade als für ihren Mann entscheiden würden). Und weil das so ist und Essen weiterhin etwas Wundervolles bleiben soll und eben nicht Quelle von Ärger und Frust, werde ich in diesem Buch auch nicht die Totalkasteiung propagieren, sondern im Rahmen meiner und – wie ich glaube – auch der Möglichkeiten der meisten Frauen bleiben. Schließlich macht es überhaupt keinen Sinn, sich eine Weile jede kulinarische Freude komplett zu versagen und sich auf ein Gewicht runterzuhungern, das nur durch tägliche Essensrationen zu halten ist, wie man sie in den Fütterungsanweisungen von Goldhamstern findet.

Wir müssen nicht alle in Kleidergröße 34 passen (ich habe mich von dieser Idee längst verabschiedet und lebe trotzdem gut gelaunt vor mich hin.) Warum auch? Wir sind keine 13 mehr (sollte eine der Leserinnen in dem Alter sein, dann bitte schnell weg mit dem Buch und raus ins aufregende Leben und an die frische Luft), und es gibt andere respektable Größen im Leben. Wenn Sie sich also in Größe 44 wohl fühlen, dann ist das perfekt. Für Sie. Gewicht und was daran jeweils ideal ist, sollte auf jeden Fall jeder für sich entscheiden. Denn das ist ähnlich privat wie beispielsweise die Partnerwahl. Oder fänden Sie es prickelnd, wenn man uns vorschreibt, in wen wir uns gefälligst zu verlieben hätten?

Wie stark auch das Idealgewicht der Relativitätstheorie unterliegt, zeigt folgendes Beispiel:

Ich hatte, nachdem ich etwa 20 Kilo abgenommen hatte, einen Fototermin. Ich fühlte mich fantastisch, rank und schlank und erzählte in einer kleinen Pause der Fotografin und der Visagistin vom Abspecken. Meine Zuhörerinnen lauschten gebannt und gratulierten mir schließlich – allerdings nicht etwa zu meinen, wie ich fand, doch deutlich sichtbaren Erfolgen, sondern zu dem Entschluss, abzunehmen. Sie glaubten, ich wolle erst noch eine Diät beginnen, und fanden diese Vorstellung keineswegs absonderlich oder abstrus, sondern ganz normal. Mit anderen Worten: Was schlank ist und mit welcher Größe man sich wirklich wohl fühlt, entscheidet man für sich selbst. Sie allein müssen mit sich selbst zufrieden sein, niemand sonst auf der großen weiten Welt kann Ihnen das abnehmen oder für Sie entscheiden, welche Form für Sie die optimale ist.

Und noch etwas: Liebe deinen Körper – wenigstens manchmal

Nein, hier sollen Sie nicht schon wieder dem Stress ausgesetzt werden, auch jene Teile an sich zu verehren, die eigentlich nach einem Tschador schreien. Nicht jedes Körperteil verdient es, geliebt zu werden, und selbst Claudia Schiffer und Konsorten haben Stellen an sich, die ihnen weniger gefallen. Das ist auch völlig in Ordnung so. Nicht in Ordnung ist, sich ständig mit der Lupe zu betrachten und so akribisch nach Schwachstellen zu suchen, als würde man es bezahlt bekommen. Machen Sie sich bloß keine Sorgen, Sie könnten vor lauter Selbstverliebtheit überschnappen. Frauen sind per se weniger selbstverliebt als Männer und haben eine andere Selbstwahrnehmung. Sie sind strenger als die Kerle. Nörgeln viel mehr an sich rum. Was körperliches Selbstbewusstsein angeht, können wir von Männern einiges lernen. Die sind sehr viel milder mit sich selbst. Neigen weniger zum Selbstkasteien und zur Eigendemütigung. Ich kenne keinen Mann, der sagt: »Mit der Wampe gehe ich nicht mehr aus dem Haus.« Frauen, die behaupten, mit ihren Schenkeln quasi zum Hausarrest verdammt zu sein – wenigstens tagsüber, wenn es hell ist –, kenne ich dagegen mehr als genug.

»Wer soll sich in mich verlieben, mit diesem Hintern? Denkst du, auch nur einer guckt mich an, so wie meine Oberarme schwabbeln?« All das sind Fragen, die sich eher Frauen als Männer stellen. Ich habe noch nie einen Kerl sagen hören: »Ich fand die echt gut, aber ihre Oberarme ... also da ging nix.« Warum machen wir uns also so verrückt? Wer treibt uns an? Sind es tatsächlich die Männer? Eher nicht. »Aber«, höre ich Sie aufstöhnen, »die wollen doch immer nur schlanke Frauen.« Mag sein. Bloß: Was Männer und Frauen unter »schlank« verstehen, sind zwei komplett verschiedene Dinge. Kein Mann erscheint beim ersten Date mit einem Maßband und überprüft den Taillenumfang, um bei unangenehmen Zahlen sofort empört den Ort der Begegnung zu verlassen. Die meisten Männer finden Frauen in Kleidergröße 42 noch ausgesprochen schlank, und die überwiegende Mehrheit denkt bei Figuren wie der von Doris Schröder-Köpf nicht an ekstatische Leidenschaft und hemmungslosen Sex, sondern an Wiederbelebungsmaßnahmen. Kurz: Die meisten Männer mögen Frauen, die etwas griffiger sind. Normal, das sei hier mal in aller Deutlichkeit gesagt, ist nicht Kleidergröße 34. Okay – auch nicht 50. Das Gros der deutschen Frauen hat übrigens etwa 42/44.

All das sind Themen, mit denen sich dieses Buch beschäftigt. Es geht um die Frage, was andere tun, um schlank zu sein, weshalb man dünne Zicken manchmal am liebsten ohrfeigen möchte, was man von ihnen lernen kann, dass nicht nur Nahrungsmittel, sondern auch Menschen und bestimmte Situationen dick machen, wieso Fettabsaugen auch keine Lösung ist, und wie man es schafft – trotz all dieser Einschränkungen –, ein paar Pfündchen loszuwerden, ohne gleich jede Lust am Leben zu verlieren. Dabei wünsche ich viel Spaß, weil ohne Humor gar nichts geht – am wenigsten eine Diät.

Warnung: Mir ist sehr wichtig zu erwähnen, dass dies kein Buch ist für Menschen, die eine Essstörung haben. Magersüchtige, Bulimiker und Esssüchtige brauchen professionelle Hilfe. Es gibt Fachleute: Psychologen, Psychotherapeuten und Mediziner, die sich auf Essgestörte spezialisiert haben. Nützen Sie das Know-how dieser Personen.

Essen ist eine besonders perfide und diffizile Sucht. Auf Heroin oder Koks oder auch Alkohol kann man verzichten. Essen muss man. Insofern müssen Essgestörte lernen, ihre Sucht in den Griff zu bekommen. Es gibt – und daran sollte man bei all dem Diätgedöns, das man so macht, immer denken – Menschen, die sich zu Tode hungern. 15 Prozent aller Magersüchtigen sterben. Auch das sollte man sich immer wieder vor Augen führen, wenn man mit fünf oder sechs Kilos zu viel hadert.

Aber eines ist klar: Wer viel zu viel Gewicht hat, bekommt irgendwann gesundheitliche Probleme. Ich will hier keine Vorträge über Bluthochdruck, Kurzatmigkeit und Co halten, aber wenigstens versuchen, Sie zum Arztbesuch zu motivieren. Gehen Sie zum Arzt. Bitte. Hilfe zu brauchen ist nichts Schlimmes. Sie nicht anzunehmen, das ist schlimm.

Dieses Buch wendet sich hauptsächlich an Personen, die gerne mal etwas weniger wiegen würden, nicht an Menschen, deren kompletter Dreh- und Angelpunkt ihres Lebens die Nahrung ist.

Problemzonenpost:
Briefe an angehörige Körperteile

Liebe Hüftknochen,
seit Jahren haben wir uns nicht gesehen. Um genau zu sein, seit etwa 1997. An mir, ihr kleinen scharfkantigen Knochen-Klippen, liegt es nicht. Ihr habt Schuld. Denn ihr versteckt euch. Unter Bergen von Speck haltet ihr euch geschickter verborgen als der tasmanische Wolf in den Weiten Australiens, und fast könnte man glauben, dass ihr wie das scheue Tier längst ausgestorben seid. Ein Irrtum. Ich weiß nämlich, dass es euch gibt, und ich werde es beweisen, euch wieder zum Vorschein locken und der Welt zeigen, dass auch ich mit ein paar fabelhaften Hüftknochen ausgestattet bin. Auch wenn es sicher nie mehr so wird wie in jenem herrlichen Sommer vor 20 Jahren. In Sardinien (damals war Urlaub in Sardinien noch erschwinglich). Ich lag am Strand. Und ihr habt dafür gesorgt, dass ich mir selbst im Liegen in die Bikinihose gucken konnte. Die Hose lag quasi auf euch auf. Wie ein Steg auf zwei herrlich grazilen Brückenköpfen. Wow. Nicht, dass die Aussicht dauerhaft aufregend war. Man kennt sich schließlich, und außerdem gibt es auf Sardinien auch noch andere Sehenswürdigkeiten. Aber dieses Staksige, diese Zartheit, dieses Fohlengleiche, das hatte schon was. Okay, heute müsste ich mir eher Sorgen um meine Gesundheit machen, würdet ihr mir den gleichen Anblick wie damals präsentieren und mich damit für einen Calista-Flockhart-Ähnlichkeitswettbewerb qualifizieren. Dennoch: Ich will wenigstens

sehen, dass es euch gibt. Schließlich gehört ihr doch zu meinen nächsten Angehörigen, und außerdem seid ihr zu jung, um euch auf euren Sardinien-Lorbeeren auszuruhen. Und deshalb: Achtung Hüftknochen! Jetzt ist es vorbei mit eurem Backstage-Leben, ich werde euch Pfund für Pfund aus eurem gemütlichen Moppel-Panzer schälen und somit beweisen, dass ihr nicht nur in meiner Erinnerung existiert.

Liebe Oberarme,

ja, bald werde ich euch wieder an das Licht der Öffentlichkeit lassen. Es besteht Hoffnung, dass euer 24-Stunden-Vermummungsgebot aufgehoben wird und ihr wieder einmal frei durchatmen könnt. Es gibt nur eine klitzekleine Bedingung für die Stofffreiheit. Ihr müsst vorher einen lächerlich winzigen Test bestehen, wirklich eine Lappalie – jedenfalls gemessen an den 30 000 Kakerlaken, die Daniel Küblböck über sich ergehen lassen musste – und das vor Kameras. Nein, die Aufgabe, die ihr bewältigen müsst, ihr lieben Oberarme, die könnt ihr ganz allein daheim im Badezimmer angehen, ohne dass RTL oder die Bildzeitung dabei zugucken. Geht ganz einfach. Man stellt sich vor den Spiegel, hebt den Arm und winkt sich selbst im Spiegel zu. Sollte sich dabei zeigen, dass nicht nur die Hand, sondern auch der Oberarm unaufgefordert winkt und zwar auch dann noch, wenn die Hand längst damit aufgehört hat, und bei diesem hässlichen Schwabbeln so eine Zugluft entwickelt, dass man sich dabei die Haare föhnen kann, dann ist der Winktest leider nicht bestanden und ihr müsst eure Undercover-Existenz noch eine Weile weiterführen – jedenfalls so lange, bis der Trizeps (ein Muskel) eurem unzulässigen Bewegungsdrang endlich straffe Zügel anlegt. So lange heißt es leider weiterhin: keine ärmellosen Tops, keine ärmellosen Kleider. Das habt ihr davon, dass ihr Dinge tut, die mit mir nicht abgesprochen sind und die ich auch nicht gutheißen kann. Denn schwabbelige Oberarme sehen so aus, als würde man hauptberuflich als Seismograph arbeiten, weil sie jede noch so kleine Erschütterung sofort in Bewegung umsetzen. Nicht gerade sexy. Außerdem machen sie definitiv alt und wirken ziemlich unsportlich. Nonverbale Botschaften, auf die ich gut verzichten kann. Also Arme, es geht euch an den Speck. Ich wünsche mir so muskulöse und hübsch geformte Oberarme, wie sie all diese sportlich trainierten Fitnessstudiomädels haben. Genau solche. Jawohl! Winkt nochmal tüchtig und verabschiedet euch von eurem alten, schwabbeligen Ich – bald ist es nämlich vorbei mit den eigenmächtigen Bewegungen. Dafür werdet ihr endlich mal wieder Tageslicht sehen und durchatmen dürfen.

Liebe Oberschenkel,
seid ihr siamesische Zwillinge? Oder was soll das ständige zusammenkleben? Liebt ihr euch so, dass ihr gar nicht voneinander lassen könnt? Womit beschäftigt ihr euch nur die ganze Zeit? Erfindet ihr Namen für meine Schwangerschaftsstreifen? Wisst ihr nicht, dass zu viel Nähe für eine wirklich gute Beziehung ziemlich schädlich ist, weil man irgendwann zu viel voneinander weiß, jede Pore kennt und voraussagen kann, was der andere in zwei Stunden sagen wird? Ich weiß, wovon ich spreche, schließlich habe ich zwei Beziehungsratgeber geschrieben und kann nur raten, auch mal auf Abstand zu gehen, um sich auf Dauer nahe sein zu können. Und außerdem: Denkt doch mal an Thomas Anders und Nora oder Naddel und Dieter – auch sie waren wie zwei zu dicke Oberschenkel und sprechen heute bloß über ihre Anwälte miteinander. So weit wollt ihr es doch nicht kommen lassen? Am Ende trennt ihr euch im

Bösen, und ich sehe dann aus wie eines dieser Magermodels, die so dünn sind, dass man in der Lücke zwischen ihren Beinen mühelos einen Airbus parken könnte. Außerdem: Bei der durch euer enges Zusammensein entstehenden Reibung werde ich irgendwann Flammen schlagen und das ganz ohne Feuerzeug oder Streichhölzer. Das mag für Survival-Aufenthalte im Dschungel extrem praktisch sein, in meinem Alltag sind kleine Lagerfeuer nicht weiter von Bedeutung. Ich habe nämlich einen Elektroherd und eine Mikrowelle daheim. Also: Geht lieber freiwillig etwas auf Abstand – und zwar gleich!

Liebe Waden,
»stramm« ist noch das netteste, was man über euch sagen kann. Denn eigentlich seid ihr, so wie ihr ausseht, als Oberschenkel von Kate Moss gedacht oder als Oberarme von Lisa Fitz geplant gewesen. Aber bei der Lieferung muss irgendetwas schief gegangen sein. Nun hängt ihr an mir, und ich muss damit leben, dass ich wenigstens knieabwärts so aussehe, als würde ich regelmäßig bei der Tour de France mitradeln. Okay, ich will nicht jammern, zumal es sicher Schlimmeres gibt als zu viel Wade – gar keine beispielsweise, also Unterschenkel, die so schmal sind, dass man zwei Beine in einen Stiefel stecken könnte und noch genügend Platz hätte, Sabrina Setlur im Schaft unterzubringen. Das mag sehr praktisch sein. Aber schön ist es nicht. Damit tröste ich mich, wenn ich – getrieben von grundlosem Optimismus – mal wieder in einem Schuhgeschäft einen Stiefelreißverschluss über die Wade bringen will, was in der Regel so erfolgreich ist wie der Versuch, einem Blumenkohl ein Kondom überzuziehen. Das bringt einen garantiert wieder auf den Boden der Tatsachen, also in jene Regionen, in denen man lernt, was wirklich zählt: dass ihr brav eure Arbeit tut, mir beim Joggen dufte Diens-

te leistet und vielleicht nicht perfekt, aber sicher hübsch muskulös und damit gar nicht übel seid.

Liebe Brüste,
keine Frage, natürlich ist die Schwerkraft auch an euch nicht spurlos vorbeigegangen. Das ständige Zu- und Abnehmen macht euch zusätzlich wenig Freude. Dennoch habt ihr euch ganz gut gehalten. Ihr ward eine der wenigen Körperzonen, die vom Fett durchaus profitiert haben, und so seid ihr mir auch zu meinen moppeligsten Zeiten ein echter Trost gewesen. Denn ihr wart die Einzigen, die die paar Pfund mehr optimal genutzt haben und mir ein paar zusätzliche Schauwerte bescherten. Dafür an dieser Stelle noch einmal herzlichen Dank! Schon deshalb würde ich euch niemals eintauschen, auch weil ich nicht aussehen möchte wie die Heimat von Jim Knopf: eine Insel mit zwei Bergen, die sich auch im Liegen noch wie zwei umgestülpte Plastiksandeimerchen unnatürlich starr nach oben strecken und sich so sexy anfühlen wie ein Stapel Ziegelsteine. Nein, ich habe den Ehrgeiz, eine der wenigen Frauen im deutschen Fernsehen zu bleiben, die noch ihre Erstausstattung trägt. Obwohl es zunehmend mehr Frauen gibt, die den Gedanken anscheinend reizvoll finden, dass wenigstens ihre Silikoneinlagen einen Atomkrieg überstehen und vielleicht den Grundstein für neues Leben legen könnten, gemeinsam mit Einzellern und Kakerlaken. Ich persönlich lege allerdings keinen gesteigerten Wert darauf, meine Brüste zum Teil einer neuen Lebensform zu machen. Außerdem schreckt mich die Vorstellung, schon zu Lebzeiten eine Art Sondermülldeponie in meinem Körper herumzutragen, und auch deshalb bin ich ziemlich froh, dass meine natürlichen Brüste so kooperativ sind, mir wenigstens zwei gute Gründe zu liefern, den Versuchungen der plastischen Chirurgie weiterhin zu widerstehen.

Lieber Bauch,

du bist wahrscheinlich das strapazierteste Körperteil und warst den schwersten Belastungen ausgesetzt. Zwei Schwangerschaften sind natürlich eine mittlere Zumutung für dich gewesen. So weit sind wir uns einig. Auch ein Luftballon sieht, nachdem man ihn mehrfach aufgeblasen hat, um dann, kurz bevor er platzt, plötzlich alle Luft wieder herauszulassen, nicht mehr aus wie neu, sondern neigt dazu, etwas an Elastizität zu verlieren. Ich war nach jeder meiner Schwangerschaften erstaunt, dass sich mein persönlicher körpereigener Medizinball überhaupt wieder zurückgezogen hat. Danke Bauch, das war ziemlich nett von dir, mich nicht mit einem Hautfutteral von der Größe eines Zweimannzeltes zurückzulassen, sondern dich zur gegebenen Zeit vornehm zurückzuziehen. Schließlich hättest du dich auch bis zum Knie hängen lassen können. Nein, du warst gnädig und hast dich darauf beschränkt, mir bloß ein kleines Reliefmuster zu hinterlassen, das mich daran erinnert, zu welch beeindruckenden Dehnungsarbeiten du fähig bist. Ich sehe es als eine Art Leistungsnachweis – es beweist, dass ich einmal Großes vollbracht habe. Außerdem: Andere zahlen für Körperbemalungen jeder Art eine Menge Geld – ich habe meine umsonst.

Lieber Rücken,

wir zwei sehen uns ja eher selten. Gut so, kann ich da nur sagen. Denn was du mir da im wahrsten Sinne des Wortes hinter meinem Rücken geboten hast – das war schon ein starkes Stück. Du hast mich ganz schön enttäuscht. Offenbar verlässt du dich etwas zu sehr darauf, dass nur die wenigsten einen Spiegel daheim haben, der eine Rückenansicht erlaubt, und du heimlich Fettvorräte anlegen kannst, während ich gerade damit beschäftigt bin, meinen

Bauch im Zaum zu halten. Und du hattest Recht. Viel zu lange wähnte ich mich in der trügerischen Sicherheit, dass ein Rücken schlank bleibt. Dass es wenigstens einen Körperteil gibt, der sich unbeeindruckt von jeglicher Kalorienzufuhr zeigt, sozusagen fettimprägniert ist. Speck gehört einfach nicht auf den Rücken! Er gehört auf die üblichen Problemzonen wie Bauch – Beine – Po oder allenfalls noch unters Kinn oder auf die Hängebacken. Aber auf den Rücken? Niemals! Entsprechend erschüttert war ich, als ich auf dir zufällig etwas entdeckte, was dort auf keinen Fall hingehört: zwei Fettrollen – rechts und links jeweils eine –, wie zwei Henkel mit Depressionen. Denn nicht nur, dass diese Speckgriffe da waren, sie hingen auch ziemlich nach unten durch, wovon sich übrigens – und das kam noch verschärfend hinzu – jeder Beobachter überzeugen konnte. Denn natürlich hast du deine Speckrollen nicht einfach für dich behalten, sondern dafür gesorgt, dass sie sich wunderbar unter jedem T-Shirt, jedem zarten Wollpullöverchen abzeichneten. Das war nicht nett von dir, und deshalb muss ich dir leider sagen, dass ich dir nicht mehr vertrauen kann.

Liebe Knie,

ich weiß, ihr musstet in den letzten Jahren wirklich einiges ertragen. Aber das ist doch kein Grund, sich gleich einen Speckpanzer zuzulegen. Wäre Muskulatur nicht sinnvoller gewesen? Oder sollen das abpuffernde kleine Airbags sein, was da seitlich an euch dranhängt? Wenn dem so ist, okay. Für Schutz und Prophylaxe tut der Mensch ja viel und erträgt auch einiges. Wenn es sich allerdings um schnödes Fett handelt, das ihr da mit vereinten Kräften wachsen lasst, und davon muss ich ausgehen, dann kann ich das leider nicht akzeptieren. Nein, so was gehört einfach nicht ans Knie. Ein erwachsener Mensch sollte schließlich in der Lage sein, wenigstens mit zwei Händen um seine Knie greifen zu können. Zumal ein weiblicher. Macht euch auf was gefasst! Ich will wieder kniefreie Röcke tragen, und da sind mir eure kleinen Extrapolster doch ziemlich im Weg.

Mein Tagebuch
Oder: 20 Kilo in 15 Wochen

1. Woche
Einstieg in die Askese

Die ersten zwei Diättage laufen wie immer gut. Moppel-Ich ade. Eine Woge der Motivation trägt mich. Ich will schlank sein. Ich will keine winkenden Oberarme mehr. Ich will nette kleine Fummel in handelsüblichen Größen kaufen. Was werde ich dafür tun (oder auch nicht mehr tun):

Ich werde mich mehr bewegen und konsequent Sport treiben. Ab sofort will ich keine bösen, bösen Kohlenhydrate mehr essen. Kein weißes Mehl, keine Süßigkeiten und natürlich keinen Zucker. Zucker ist, laut einschlägiger Literatur, ja quasi der Teufel der Lebensmittel. Weiche von mir.

Ich habe mich entschieden. Werde eine Mischform aus Glyx-Diät, Fit for fun und Montignac machen. Gepaart mit Low Fat, Für Sie-Trennkost und einem Hauch Kohlsuppe.

Zum Einstieg in die karge Zeit schlürfe ich Gemüsesuppe und esse bergeweise Obst. Außer Bananen. Schade, gerade die machen bekanntlich gute Laune. Süßigkeiten und leckere Baguettes werden nur verächtlich angeschaut. Nicht mit mir, ihr Hübschen, sucht euch anderleuts Hüften. Ich werde schlank werden. Man soll positiv denken. Nicht: Ich bin so dick. Sondern: Bald werde ich viel, viel beweglicher sein. Leichter.

Ich mache mir herrliche Kopfbilder: Ich trage ein T-Shirt,

wahlweise Polohemd oder Blüschen und, das ist die Hauptsache, es steckt *in* der Hose. Ohne kaschierenden Blazer drüber und mit einem Gürtel. Einem Gürtel, den man sehen kann. Mit anderen Worten: Nichts, aber auch gar nichts, nicht mal Hüftrollen werden die Aussicht auf den Gürtel verderben.

Ich bin begeistert, schaue an mir runter, bin dann doch leicht ernüchtert und denke nur: Na ja. Mal abwarten. Aber – man soll sich ja schlank denken können. Am Denken soll's mal nicht hapern.

Ich habe Hunger. Fast andauernd. Würde am liebsten auf den Tisch trommeln und rufen: Ich habe Hunger, habe Hunger, habe Hunger Hunger, Hunger – keinen Durst. Wo bleibt das Essen, bleibt das Essen ...?

Ist es Hunger oder bloß schnöder Appetit? Bei Hunger ist Essen erlaubt – man soll ja essen, bloßen Appetit allerdings soll man ignorieren. Angeblich kann man ihn sogar verdrängen. Ich bin nicht sicher. Leide ich unter Hunger oder ist es der Appetit? So oder so, beides ein blödes Gefühl. Ich esse sicherheitshalber nichts und bin stolz auf meinen Verzicht. Die Verdrängung hat funktioniert. Es war wohl doch nur Appetit.

Kerle und Diät

Mein Mann macht mit. Auch er will ein paar Kilo verlieren. Sein »Frankfurter Kranz« macht ihm zu schaffen.

Männer sind, jedenfalls zum größten Teil (vielleicht bis auf die Hard-Core-Abonnenten von Men's Health) und meiner im Besonderen, wesentlich diätunerfahrener. Nach drei Tagen läuft er im Haus rum wie ein ausgehungerter Tiger. Umkreist den Kühlschrank. Motzt und nörgelt rum. Ein übellauniger Kerl eben. Auch die Kinder kriegen ordentlich was ab. Bis unserer Tochter der Kragen platzt: »Geh in die Küche und iss was richtig Fettiges. Was mit ordentlich Kalorien drin. Das kann man ja nicht aushalten.«

Er muss lachen (ja, Humor hat er dann doch noch), und die Lage entspannt sich. Ich mache ihm Komplimente: »Du siehst ja schon so was von schlanker aus.« Es tut ihm gut. Und wie. Männer sind genau wie wir sehr empfänglich für Schmeicheleien. Ich glaube, fast noch ein bisschen mehr. Nach vier Tagen schnallt er seinen Gürtel ein Loch enger. Da soll noch jemals einer zu mir sagen, Männer und Frauen wären gleich. Sehr lustig, ein Wahnsinnsscherz geradezu. Jetzt nehmen die Kerle auch noch schneller ab. Das ist ja schon fast unverschämt.

Bei mir merke ich noch nicht viel. Höchstens im Sozialverhalten. Ich könnte für ein Scheibchen Brot zur Mörderin werden. Mit Butter auch zur Mehrfachtäterin. Aufenthalte vor Bäckereien werden gefährlich. Akute Speichelflusszone. Bitte umgehen Sie diesen Bereich weiträumig. Genau das tue ich, schließlich will ich keine Schlagzeile: »Moderatorin stürmt Bäckerei und frisst im Wahn die komplette Theke leer.«

Ich brauche dringend Ablenkung. Melde mich im Fitnessstudio an. Mal wieder! Nehme mir vor, jeden zweiten Tag stur mein Programm abzuspulen (auch mal wieder …). Der junge Trainer, Student der Sportwissenschaft, fragt beim heiteren Kennenlerngespräch nach meinem Gewicht. Ist der komplett bekloppt? Da beantworte ich wirklich lieber Fragen nach meiner Unterwäsche, meinem Sexleben oder meinen geheimsten Phantasien. Der wildfremde Typ mir gegenüber will mein Gewicht wissen, das bestgehütetste Geheimnis meines Lebens einfach so gelüftet haben? Ich sage entsetzt: »Sage ich nicht.« Er bleibt äußerlich völlig ungerührt, wahrscheinlich bin ich nicht die erste Gewichthysterikerin, und sagt stoisch: »Dann schreibe ich mal 65 Kilo.« Ich bin sofort einverstanden. Was für ein wahnsinnig sympathischer Kerl! Diese Zahl wird ab jetzt mein Mantra. Das ist ein Zeichen. 65. Eine Sechs und eine Fünf. In jeder Reihenfolge eine kosmische Zahl. Das in Kilos – welch berauschender Gedanke.

Ich strahle und sehe die Digitalanzeige meiner Waage im Geiste schon vor mir. Der Trainer glaubt, ich würde vor lauter Trainingsvorfreude so gucken. So entrückt und verzückt. Er erklärt mir den Maschinenpark. Meine Begeisterung sinkt merklich. Das sieht mir doch sehr nach Anstrengung aus. Schade, dass man nicht auf einer Maschine festgeschnallt wird, die rüttelt und schüttelt, während man gemütlich ein bisschen Fernsehen guckt, und gut ist es. Ich habe es gleich geahnt, eigentlich sogar gewusst, schließlich ist das hier nicht mein erster Versuch in einem Fitnessstudio. Ich war schon immer ein äußerst beliebtes Mitglied. Monate gezahlt, wenige Wochen erschienen. Keinerlei Abnutzung der Geräte und prompte monatliche Überweisungen. Diesmal wird alles anders. Selbstverständlich. Ich werde quasi zum Inventar gehören und werde das Training so in mein Leben integrieren, bis es zur Selbstverständlichkeit wird. So wie Zähneputzen. In ein paar Wochen kann ich mir ein Dasein ohne Fitnessstudio wahrscheinlich gar nicht mehr vorstellen. »Hallo, gute Vorsätze« – hier bin ich. Ein hochmotivierter Moppel. Und es ist noch nicht mal Silvester.

Zusätzlich werde ich wieder mehr joggen. Gelaufen bin ich auch mit Höchstgewicht. Halbes Stündchen mit Hund. Gemütlich. Im guten Pulsbereich. Obwohl ich im Knie leichte Arthrose habe, hat mir das Laufen nie geschadet. Mein Orthopäde hat zu dem Thema immer nur gesagt: Arthrose will bewegt sein, wenn's der Schmerz zulässt, dann viel Spaß. Radfahren wäre natürlich besser. Gerade für Menschen, die ein paar Kilos zusätzlich durch die Welt tragen. Aber ich mag Radfahren nicht besonders. Ich habe immer noch nicht begriffen, wie man richtig schaltet. Außerdem habe ich keine Lust, mit einem platten Reifen irgendwo in der Pampa zu stehen. Materialsportarten finde ich nervig. Ich bin am liebsten mein eigenes Equipment. Wenn man einem Sport so gar nichts abgewinnen kann, bringt es meiner Meinung nach eh nichts. Also laufe ich. Schon weil es so herrlich unaufwendig ist. Man kann es überall tun und braucht nichts außer guten Laufschuhen.

Laufen allein macht, wie man an mir sehr gut nachweisen kann, dummerweise nicht schlank. Ich renne seit etwa sieben Jahren und habe in dieser Zeit in allen möglichen Fettgewichtsklassen gespielt. Im Schnitt bin ich immer mindestens zwei- bis dreimal die Woche locker gejoggt. An meinem Körper war davon kaum etwas zu sehen (gut, vielleicht wäre ich noch wabbeliger gewesen, wenn ich nicht gelaufen wäre, aber das ist letztlich nichts als gewagte Spekulation). Bindegewebe kann sehr hartnäckig sein, und die paar verbrannten Kalorien kann man sich in wenigen Minuten hübsch wieder draufhauen.

Aber in der Kombination sollte es doch gehen. Verzicht, Verzicht, Verzicht, dazu kein Zucker, kein weißes Mehl und viel Sport. Das klingt wahrlich nach tollen Monaten.

Ich beschließe, wieder länger zu laufen. Mindestens 45 Minuten. Wenn man erst mal unterwegs ist, kommt es auf ein Viertelstündchen auch nicht an, rede ich es mir schön. Im Endeffekt liegt die Kunst darin, sich überhaupt aufzuraffen. Ich gehöre, selbst nach all den Jahren Joggen nicht zu den Menschen, die morgens aus dem Bett springen und sich voller Vorfreude in ihre Laufschuhe stürzen. Herr Strunz, der Fitnessprediger schlechthin, behauptet ja, schon nach wenigen Wochen könne man gar nicht mehr anders als rauszuhechten und loszulaufen. Ich glaube, der schwindelt. Oder kennt mich nicht. Bin ich die Einzige weltweit, die sich immer wieder neu überreden muss? Wahrscheinlich bin ich schlicht ein Mensch, der zum Couchliegen gedacht ist. Es gibt halt solche und solche.

Trotzdem: Ich tue es. Renne gemütlich, ohne Hetze

durch den Wald. Warte auf irrsinnige Endorphinausschüttungen und drogennahe Runners High Momente. Vergeblich. Es gibt wirklich Dinge, die sehr, sehr unfair sind. Ein einziger Beschiss sozusagen. Was brauchen Hochleistungsläufer noch Runners Highs? Menschen wie ich, die sich Tag für Tag wieder neu motivieren und aufraffen müssen, um die Laufschuhe zu binden, die hätten eins verdient. Aufregende, berauschende Momente beim Laufen. Ich fühle mich ganz wohl, wenn ich renne. Aber soll das schon das Hochgefühl sein? Man bekommt wirklich viel Mist erzählt. Rennen macht vor allem hinterher glücklich. Wenn man es geschafft hat, es vorbei ist und man sich dann irre sportlich und gesund fühlt. Dann ist das Gefühl herrlich. Weil man endlich Sport getrieben hat, weil man dazugehört zu den Wellness People. Aber vorher und währenddessen? Na ja.

Immerhin, einer genießt mein Sportprogramm. Unser Hund. Ally liebt das Joggen. Ist vor Freude jedes Mal ganz aus dem Häuschen. Wedelt und springt durch die Gegend wie ein gedoptes Etwas. Wahrscheinlich hat der Hund dauerhafte Runners High Ekstase. Immerhin einer. Es sei ihr gegönnt.

Rohkost und plötzliche Attacken

Jedes Karnickel würde mich für artverwandt halten. Ich bin zwar nicht ganz so haarig, aber ich knabbere beharrlich Stangensellerie, esse Salat und Paprika. Angemacht mit schönem Oliven-, Walnuss- oder Rapsöl. Der Körper braucht gute Fette. Natürlich in Maßen. Dazu vertilge ich Berge von Obst und trinke. Wasser und nochmal Wasser. Dass eine schnöde Gemüsesuppe mit Spinat und Mangold mal mein Tageshighlight werden würde – wer hätte das gedacht. Aber es geht. Mit drei Litern Wasser intus hat man weniger Hunger.

Tagsüber finde ich Diäten mittlerweile erträglich. Man kann sich an Dinge gewöhnen, sogar an Entbehrungen. Wie gesagt, ich rede von tagsüber. Sobald die Sonne untergeht, sieht die Sache schon anders aus. Mein Hunger scheint Vampirmentalität zu haben. Ein kleiner Dämon, der mit der Dunkelheit erwacht. Er besetzt mein Hirn. Rotiert. Belegt alle Schaltstellen, auf die es ankommt. Ich kann kaum an irgendetwas anderes denken. Mein Körper ruft nach Nahrung. Er schreit geradezu. Ich sage: »Halt die Klappe, Körper.« Er sagt: »Was soll das auf einmal? Jahrelang Mast, herrliche Leckereien und nun das? Was tust du mir an?« Ich trete in den Dialog mit meinem Moppel-Ich: »Sei froh, dass wir keine Hollywood-Diät machen und du nur Ananas und ab und an ein Scheibchen Mango kriegst, bescheide dich und iss Gemüse, Suppe und Salat.«

Manchmal muss man ein bisschen streng sein. Selbst mit sich selbst. Ich gebe zu: Auch mir fällt es leichter, mit anderen streng zu sein. Aber ich beschwatze mich: »Hunger verschwinde! Körper, sei gefälligst flexibel.«

Ich bin stark. Will es sein. 65 – ich komme!

Vielleicht. Irgendwann.

Jetzt gilt es erst mal, die Acht auf der Waage hervorzulocken.

Pleiten, Pech und Pannen

Am sechsten Diättag die erste heftige »Schweinehund-Moppel-Ich«-Niederlage. Ich kreise in der Küche, in einer zugegebenermaßen eher kleinen Küche. Habe zweimal den Griff der Süßwarenschublade in der Hand. »Nein, Fröhlich, geh da weg.« Man sollte die gefährlichen Küchenzonen unter Strom setzen.

Auch der Kühlschrank bleibt zu. Ich wende mich entschlossen ab und entdecke auf dem Herd einen Rest fettiger Spaghetti Bolognaise im Topf. Können die Kinder nicht mal ordentlich aufessen? Sollen diese armen kleinen kalten Nudeln und das leckere Hackfleisch im Müll landen? Lohnt es, den Rest einzufrieren? Welcher Sadist hat diese fatale Leckerei hier stehen lassen? Können die Nudeln was dafür? Sollen sie, diese kleinen niedlichen Teiggebilde umkommen, in wenigen Stunden langsam Schimmelhäubchen bilden? Wäre das nicht eine maßlose, dekadente Verschwendung von Nährstoffen?

Ehe ich mich versehe, landen die Nudeln statt in der Tiefkühltruhe in meinem Bauch. Ich esse sie direkt aus dem Topf. Schlinge sie mit dem Servierlöffel rein. Ein Löffel so groß, das selbst ein Breitmaulfrosch Probleme hätte. Der Gang zur Besteckschublade würde unnötig Zeit kosten, und der Riesenlöffel steckt noch im Topf. Vielleicht würde ich es mir dann doch noch anders überlegen, wenn ich den Blick für Sekunden vom Topf weglenken würde. Keinesfalls. Ich muss diese Nudeln jetzt und hier sofort haben. Nach der Hälfte denke ich: »Bist du wahnsinnig geworden? Hör sofort auf.« An sich eine gute Idee, aber mein zweites Ich, das Moppel-Ich, sagt: »Jetzt ist es auch egal: Hau weg den Kram.« Die Nudeln schmecken wunderbar, obwohl sie kalt sind. Die Schlingtechnik hat Spuren auf meinem Pulli hinterlassen. Ein Pullover als mahnendes Gesamtkunstwerk. Ich sollte ihn mir über den Herd hängen. Eingerahmt. Als Abschreckung. Eine Marktlücke: »Abschreckungskunst«. Da muss ich mal in Ruhe drüber sinnieren.

Im Bauch ein saugutes wohliges Gefühl, im Kopf ein mieses. Ich denke an den Rat meiner Mutter: »Wenn du abends immer so Hunger hast, geh doch einfach früh ins Bett. Wer schläft, isst nicht.« Wie weise Mütter sein können. Sie hat Recht, ja, ja, ja Mama, nur leider kommt diese Einsicht für mich zu spät. Die Nudeln sind weg. Definitiv weg. Den Rest Soße stippe ich mit einem Fitzelchen Brot auf. Der Topf wird so gründlich gesäubert, dass er fast aussieht, als wäre nie was drin gewesen. Mein Gewissen ist schlecht, mein Appetit geweckt. Ich esse noch zwei Stückchen Zartbitterschokolade hinterher. Wenn schon Sünde, dann mit allem drum und dran. Zartbitter ist diätmäßig gesehen immerhin besser als Vollmilch Nuss. Sagt jedenfalls Herr Montignac. Schmeckt aber auch nicht so gut.

Am nächsten Morgen ein Pfund mehr. Bravo, Susanne. Toll gemacht. Fünf Minuten Späßchen, bitter bezahlt. Ein Pfund. Das sind zwei Päckchen Butter. Ist das gerecht? Fettanteilmäßig keinerlei Veränderung. Ich habe eines dieser hochmodernen Geräte. Eine Waage, die nicht nur das Gewicht auf 100 Gramm genau anzeigt, sondern noch dazu den Fettanteil. Man muss sich barfuß auf Metallplatten stellen, und dann wird der Widerstand im Körper gemessen. Wie das genau gehen soll, ist mir bis heute unklar. Auch Experten bezweifeln die Genauigkeit dieser Technik. Angeblich wird hauptsächlich der Fettgehalt der Beine gemessen. Wunderbar, da hat die Waage bei mir jedenfalls ordentlich zu tun.

So oder so ist das Wiegeprozedere ein absolutes Grauen. Oft schiebe ich die Waage durchs ganze Badezimmer. (So kommt die Waage auch mal ein bisschen rum ...) Manchmal hilft es und man wiegt ein bisschen weniger, je nachdem wie und wo das blöde Ding steht. Ein Quadratmeter Rumrutschen kann leicht eineinhalb Kilo ausmachen. Ich entscheide mich grundsätzlich für das freundlichste Ergebnis. Man soll gut zu sich sein. Auch nützlich in der Abteilung Selbstbetrug (für ganz miese Tage): sanftes Abstützen am Waschbecken. Erleichtert je nach Abstützintensität um bis zu fünf Kilo.

Mit dem Wiegen ist es so eine Sache: Manche verzichten komplett darauf. »Ich sehe an meinen Klamotten, ob ich zugenommen habe, und dann trete ich auf die Fressbremse«, erklären diese Frauen. Die andere Fraktion wiegt sich quasi permanent. Vor dem Sport und danach. Vor dem Klo und danach. Ich gehöre zu Letzteren. Wiege mich ständig. Klar weiß ich, dass der Körper gern mal hormonell bedingt Wasser einlagert und man dadurch schwerer ist. Je nachdem, wo man zyklusmäßig gerade unterwegs ist. Dass ständiges Wiegen oft nur Frust bringt, ist für mich keine Neuigkeit. Andererseits: Ich schaffe es nicht, Diät zu halten, mich zu kasteien und dann nicht mal zu gucken, ob das Ganze auch irgendwie messbaren Erfolg hat. Am Anfang einer Diät muss sich was tun! Auch gewichtsmäßig. Schlaue Bücher empfehlen, höchstens ein Pfund die Woche abzunehmen. Je langsamer, je besser. Ich muss (sollte, möchte) etwa 50 Pfund abnehmen. Ich *will* 50 Pfund abnehmen. Das wären dann 50 Wochen. Der Gedanke, 50 Wochen, knapp ein Jahr, so diszipliniert zu essen, ist einer, mit dem ich mich schwer anfreunden kann. Ich bin eher der Kurzstrecken- als der Langstreckentyp. Ohne raschen Erfolg schwindet bei mir schnell die Motivation, und ohne Motivation läuft überhaupt nichts. Ich finde, wenigstens zu Beginn einer Diät muss es fluppen. Schon damit man dabeibleibt. Der Einstieg sollte fulminant sein.

Nach einer Woche etwa 1,5 Kilo weniger. Ist das fulminant? An meinem Körper sind jedenfalls keine sichtbaren Veränderungen festzustellen. Mir rutscht keine Hose, und auch bei genauer Musterung des eigenen Körpers fällt mir nicht auf, wo die 1,5 Kilo fehlen könnten. Aber 1,5 Kilo sind 1,5 Kilo. Umgerechnet sechs Päckchen Butter. Wo waren die bloß? Immerhin. Trotz Spaghettischwachstelle und Bitterschokoladenausrutschern. Zehn solche Wochen und ich bin ich, minus 15 Kilo. Der Gedanke an 15 Kilo weniger ist nett. Geradezu fantastisch.

Zehn Wochen allerdings sind 70 Tage. Verdammt lang. Der Gedanke: nicht ganz so nett. Außerdem nimmt man nach den Einstiegswochen leider nicht mehr so schnell ab. Aber darüber möchte ich jetzt gar nicht erst nachdenken.

Man muss sich die Sache ja nicht schon vorab unnötig erschweren. Außerdem neige ich eher dazu, mir Gedanken über Dinge zu machen, wenn sie tatsächlich auftauchen. Sonst grämt man sich ja ständig.

2. Woche
Sandwichflugangst

Fliege fürs ZDF nach Berlin. Habe mir eine Flasche stilles Wasser gekauft. Man soll ja viel trinken. Iris Berben hat in ihrem Buch behauptet, alle Schönheit käme letztlich nur vom Wassertrinken. Ja dann! Prost, Iris. Rein mit dem Zeug, obwohl ich ihr selbstverständlich nicht glaube. Ein so straffes Gesicht nur vom Trinken? Schön wär's. Für plastische Chirurgen wäre diese Erkenntnis fast schon ruinös. Meine Stirnfalten sind vom Wassertrinken übrigens völlig unbeeindruckt. Wenn das runzeltechnisch so weitergeht, lasse ich mir einen Pony schneiden.

Fürs Wassertrinken sind alle. Von Strunz bis Montignac. Selbst Herr Pudel. Quer durch die Diätdisziplinen. Immer rein damit. Auch auf den schnieken Fotos von Models, die rund um den Globus unterwegs sind, guckt aus den sündteuren Hermes-Täschchen (Sozialneid!) oben immer ein Fläschchen Evian oder Volvic raus. Was für Models gut ist, kann mir ja wohl kaum schaden. Ich trinke, als wäre ich nach tagelangem Marsch durch die Wüste endlich an Flüssigkeit gekommen. Renne halbstündig auf die Toilette. Wie in der Schwangerschaft. Ich muss schon sagen, das ist lästig (aber ist nicht letztlich jede Bewegung förderlich?), besonders nachts. »Da siehst du schon mal, wie es später mit latenter Inkontinenz wird«, frotzelt mein Mann. Ein Riesenwitzbold, der dazu immer noch mehr und schneller abnimmt als ich. Und das, obwohl seine Ausgangslage günstiger war (weniger Speck, viel weniger, und nur eine Problemzone) und Männer sowieso mehr Muskeln im Körper haben als Frauen. Über Gerechtigkeit möchte ich an dieser Stelle nicht nochmal nachdenken. Wir haben Presswehen, Cellulite und nehmen langsamer ab. Sehr fair, Herr Gott. Danke.

Im Flieger dann die obligatorische Frage der Stewardess: Schinken oder Käse? Sie steht mit einer herrlichen Sandwichauswahl vor mir, ich rieche frisches Baguette, atme tief ein und sage: »Nein danke. Für mich gar nichts.« Sie sieht nicht mal erstaunt aus. Gratuliert auch nicht. Fragt nicht nach. Dabei: Ich bin eine Heldin. Am liebsten würde ich aufstehen und durchs ganze Flugzeug schreien: »Ich, Susanne Fröhlich, habe eben, erstmals in meinem Leben, ein mir angebotenes Sandwich abgelehnt. Aus freien Stücken. Bitte applaudieren Sie jetzt.« Eine Welle der Euphorie durchflutet mich. Ich kann es. Verzicht ist möglich. Was denkt die Stewardess wohl? »Gut, dass der Moppel mal nichts isst. Die hat bestimmt schon ein mittleres Fernfahrerfrühstück mit Leberkäse und Spiegelei hinter sich, so wie die aussieht.« Oder denkt sie nichts? Ist es ihr schnuppe? Freut sie sich, weil dann eins für sie abfällt, wenn ich eins übrig lasse?

Mein Sitznachbar hat Käse ausgesucht. Welch Segen. Ich mag keinen Käse. So kann er völlig ungefährdet essen, ich werde ihn keinesfalls anfallen und ihm die letzten Brocken aus den Händen reißen. Obwohl: Man könnte den Käse runtermachen und das Baguette mit Salatblatt essen. Nein. Soll er sich doch das Zeug auf die Hüften hauen. Ich beobachte ihn. Gucke, wie lange es dauert, bis so ein Sandwich verschlungen ist. Knappe drei Minuten später ist es weg. Ich habe locker 250 Kalorien eingespart. Eher 300. Durch meinen starken Willen und winzige kurze drei Minuten Verzicht.

Während ich mich still selbst feiere, kommt die Flugbegleiterin schon wieder. Getränke. Ich nehme Wasser, obwohl das Fläschchen in meiner Handtasche noch locker drei viertel voll ist. Dazu Tee. Mit Süßstoff. Kein Kommentar der Stewardess. Merkt sie, dass ich auf Diät bin? Und wenn schon. So dürr sieht sie auch nicht aus. Der Rock spannt leicht überm Po. Ich werfe ihr ein verschwörerisches Grinsen zu. Von Leidensgenossin zu Leidensgenossin. Wir Wissenden unter uns. Sie lächelt. Ob die Botschaft angekommen ist? Oder lächelt sie einfach, weil man in dem Beruf nun mal zu lächeln hat? Egal.

Kaum habe ich den Tee ausgetrunken, steht sie schon wieder da. Schokolädchen? Mist. Sie hat die guten. Schokolade ist ja nicht gleich Schokolade. Auch bei der Lufthansa. Oft sind es irrsinnig aufwendig verpackte winzige Stückchen. Aber es gibt Highlights. Und das ausgerechnet heute. Ich höre mich sagen: »Kann ich zwei haben? Für die Kinder.« Wer hat das eben gesagt? Bin ich durch das bisschen Fliegen wahnsinnig geworden? Liegt es an der schlechten Raumluft? Zu wenig Sauerstoff, zu viel Kohlenmonoxyd? Brauche ich die Maske? Ist der akute Fall von »Lost cabine pressure« eingetreten? Fällt die Maske nach dieser Schoko-Aussage von selbst aus der Kabinendecke?

Was tue ich da bloß, lasse das Sandwich vorbeiziehen und nehme stattdessen zwei Schokoladenteilchen. »Gerne«, sagt sie und reicht mir zwei. Sie grinst. O nein, sie hat es gemerkt. Dass ich schwächle. Ist das Grinsen Schadenfreude? Häme? Ja, sie hat gewonnen. Was für eine listige Verführerin. Schon beim zweiten Versuch habe ich ihr Angebot erhört.

Aber noch ist die kleine Schokolade unschuldig verpackt. So soll es auch bleiben. Ich werde diese Schokolade keinesfalls essen. Ich werde diese Schokolade wirklich und wahrhaftig den Kindern mitbringen und das, obwohl meine Kinder Schokolade nicht besonders mögen (wie das genetisch möglich ist, ein Wunder der Natur). Ich leiste auf der Stelle diesen kleinen Eid: »Ich werde die Schokolade nach Hause zu den Kindern bringen. Ich verspreche hier und jetzt, diese Schokolade nicht zu essen.« Na also, geht doch. Diese Schokolade wird bis zur Ankunft zu Hause schön in meinem Handtäschchen wohnen. Sozusagen Schokolade mit Asylrecht ohne Besuchsrecht. Schokolade zu haben ist ja noch kein Problem. Man darf sie nur nicht essen.

(Nachtrag: Habe die Schokolade elf Wochen später gefunden, hatte sie doch glatt vergessen. Ich habe Schokolade vergessen. Juhu. Habe sie dann allerdings gegessen. Aus lauter Freude, sie für so lange Zeit vergessen zu haben. Außerdem kann auch Schokolade schlecht werden, und das wäre doch sehr betrüblich.)

Esse übrigens gerade während des Schreibens ein Stück Bitterschokolade. Tobago 75 Prozent Kakao. Bei der Menge an Kakao könnte man ja denken, das Zeug würde stauben. Tut sie aber nicht. Für Bitterschokolade eine leckere Sorte. Sehr schmackhaft. Warum ich jetzt, vor dem Computer nebenbei, esse? Wenn man ständig das Wort »Schokolade« tippt, kann man nicht anders. Das sind höhere Mächte, und denen sollte man sich beugen. Manchmal bringt Gegenwehr nichts, ist aussichtslos. Wenn klar ist, dass man einen Kampf keinesfalls gewinnt, braucht man gar nicht erst anzutreten.

Bin nach Berlin geflogen, um bei »Blond am Freitag« dabei zu sein. Eine ZDF Comedy-Show. Eine herrliche kleine Sendung. Improvisiert, kein reihum Witze ablesen wie bei »Sieben Tage – Sieben Köpfe«. Wir Mädels haben mal wieder viel Spaß. Hoffentlich geht's den Zuschauern ähnlich. (Wer reinschauen will: immer Freitagnacht so gegen 0.00 Uhr.)

Nach der Sendung gehen wir essen. In ein österreichisches Lokal. Die Österreicher sind ja bekannt für ihre leichte Küche! (Dampfnudeln, Kaiserschmarrn und Gulasch mit dick Soße und Serviettenknödel).

Ich entscheide mich heldenhaft für einen Vogerlsalat. Entpuppt sich als Feldsalat. Salat ist immer gut, denke ich mir. »Ohne Speck und Croutons bitte«, sage ich doch tatsächlich ganz cool, als wäre es das Normalste der Welt. Die Runde guckt erstaunt. Fast so erstaunt, als hätte ich gesagt: »Serviert mir zum Nachtisch euren schönsten Kellner, vernaschfertig bitte.« Aber ehrlich gesagt ist es nicht weiter komisch, dass meine Kollegen erstaunt sind. Ich neige sonst eher zum Wiener Schnitzel, tellerüberlappend mit knusprigen Bratkartoffeln und einem Berg Kaiserschmarrn zum Nachtisch. »Ich mache Diät«, gebe ich direkt alles zu. Offensives Verhalten. Das Komische: Keiner sagt: »Wieso denn das?« Sie wirken nicht mal verwundert. Hmm. Was will mir diese Reaktion sagen? Ich habe es anscheinend echt nötig. Mahlzeit!

Ich esse zwei dieser Vogerlsalate.

Nehme in dieser Woche nochmal 1,5 Kilo ab. Wunderbar! Achtung Acht, ich komme. Du entwischst mir nicht.

3. Woche
Autobahnverlockungen

Mühsam nährt sich das Eichhörnchen. Knapp ernährt sich die Fröhlich. An sich langt es mir schon wieder. Zwei Wochen Diät sind erträglich, mehr ist unmenschlich. Leider hat mich noch niemand auf meine drei verlorenen Kilo angesprochen. Nicht mal Amnesty hat sich bei mir gemeldet, um mich ausdauernd zu bedauern. Aber jetzt, ohne jegliche Außenwirkung, das Ganze zu beenden wäre ärgerlich. Drei Kilo hat man außerdem ratz-fatz wieder drauf. Einen Monat sollte ich schon mal durchhalten können. Ich beschließe also, mindestens vier Wochen zu ertragen. Esse tapfer Suppe, Salat und ab und an auch mal Fisch. Gegrillt. Ohne leckere Panade. Jedes Scheibchen Vollkornbrot ist ein Event. Ein Steak ein Großereignis. Wie können manche Frauen sich lebenslang so ernähren? Das sind weiß Gott die wahren Heldinnen des Alltags – oder einfach nur Wahnsinnige, wer weiß das schon so genau? Ich tippe eher auf Wahnsinn.

Komme abends spät von einer Lesung. Es war ein schöner Abend, ein ausverkaufter Saal und gut gelaunte Menschen. Was will eine Autorin mehr. Ich bin mit dem Auto gefahren. Lange Autofahrten sind eine besonders öde Angelegenheit und die Beschäftigungsmöglichkeiten doch sehr eingeschränkt. Man kann telefonieren, darf es aber nicht, rauchen, soll man aber nicht (außer für den Finanzminister), sich über andere Verkehrsteilnehmer so ärgern, dass der Adrenalinspiegel ungeahnte Höhen erreicht, Radio hören und essen. Eine schöne Kombination: gutes Radioprogramm und was Feines zu essen. Ich weiß nicht, wer McDonald's dazu gebracht hat, an allen Autobahnen ihr Lager aufzuschlagen, nett ist es jedenfalls nicht. Aber so praktisch. Gerade diese Drive Ins. Vorfahren, bestellen und dann herrlich reinhauen. Der Gedanke, jetzt beim Fahren einen dicken Big Mac zu essen, dazu lässig Pommes auf dem Beifahrersitz, ist wundervoll. Ich belasse es bei dem Gedanken, gehe schleunigst auf die linke Spur, brause an der gelb leuchtenden Ausfahrt vorbei, lasse Ronald McDonald unerhört und esse nur in Gedanken einen fetten Burger. Zu Hause gönne ich mir ich noch einen riesigen Becher Joghurt mit Apfelschnittchen und Haferflocken. Zur Belohnung für den Verzicht. Fühle mich fast schon übermenschlich. Ich bin sooo vernünftig. Ich lebe sooo gesund. Ich habe mich im Griff. Immerhin zeitweise. Es geht!

Auf Reisen zu sein ist für meine Kalorienbilanz sowieso eher förderlich. Wenn ich unterwegs bin, bin ich weit genug weg vom heimischen Kühlschrank. Muss mich nur um mich und meine Gelüste kümmern. Bin beschäftigt und kann Essen ganz gut ausblenden. Anhang, also Familie, machen eine Diät schwerer, denn Kinder müssen nun mal essen, sollen ungehemmt essen, worauf sie Lust haben. Regelmäßige Nahrungszufuhr ist ja durchaus sinnvoll. Wenn man Kinder hat, hat man somit ständig mit Essen zu tun. Man kocht, man serviert, man räumt ab und man sieht Reste. Verlockende Reste. In der Hinsicht beneide ich Singles. Da kann man seinen Kühlschrank in eine öde leere kalorienfreie Zone verwandeln. Ich kenne Frauen, die allein leben, die nichts als Tomatenmark, einen halben Liter fettarme Milch (0,1 Prozent) und ein wenig Mineralwasser im Kühlschrank haben. Manchmal auch noch ein Glas saure Gurken oder ein bisschen Low Fat Joghurt. Wer Kinder hat, muss ausreichend Essen im Haus haben und ist somit der ständigen Versuchung ausgesetzt. Ein leerer Kühlschrank wäre für meine Familie so etwas wie Liebesentzug. Dummerweise wollen meine Kinder zusätzlich auch mal was Süßes. Mein neuster Trick: Ich kauf Süßkram, den ich nicht mag (gut, viel Auswahl habe ich dann zwar nicht, aber es gibt doch Leckerchen, auf die ich eher verzichten kann). Kindermilchschnitte zum Beispiel, der kann ich nun echt nichts abgewinnen. Was für ein pappiger Kram. Selbst bei schwerstem Süßjap bleibt die liegen. Dass sich die Klitschko-Brüder um so ein Etwas auch noch streiten, ist äußerst unglaubwürdig oder ein weiterer untrüglicher Beweis für die Wirkung des Boxens aufs Gehirn. Außerdem: Können sich Männer, die dermaßen viel Geld verdienen, nicht auch mehrere Milchschnittchen leisten?

Neuer Tag, neues Glück. Die Acht ist da. Was für ein herrlicher Morgen. Ich bin eine U-90erin. Leider kann ich niemanden anrufen und die großartige Neuigkeit verkünden, denn ich habe nie irgendjemandem gestanden, über 90 Kilo gewogen zu haben. Jetzt ist es raus. Ja, ich habe über 90 Kilo gewogen. Und das bei 1,74. Das ist selbst bei sehr wohlwollender Betrachtung und mit zwei, drei Gläschen Wein intus etwas viel. Und jetzt das.

Endlich! Adieu Neun. Das war es dann mit uns beiden. Du kriegst mich nicht mehr. Ich bin begeistert. Ekstatisch geradezu. Was kann einen eine so doofe Zahl so glücklich machen. Ich hüpfe durchs Badezimmer. Bin kurz davor, die Waage, meinen neuen Fetisch, zu herzen und zu küssen. Reiße mich gerade noch zusammen. Erinnere mich selbst schnell daran, dass ich eine erwachsene Person bin und die Kinder in der Nähe sind. Noch 20 lächerliche Kilo und ich wäre restlos zufrieden mit mir und meiner neuen kleinen Freundin, der Waage.

Ich beschließe, an solche Größen erst mal gar nicht zu denken. Ich werde das sozial verträglichere Etappendenken einführen. Wie bei der Tour de France. Und für jeden Einzeletappensieg gibt's eine kleine Belohnung. Eine Etappe »Tour de Gewicht« sind ab heute für mich fünf Kilo. Immer fünf Kilo abspecken und dann weitersehen.

Aber: Die Acht beflügelt mich. Erfolg putscht. Esse fast diszipliniert, fühle mich sogar einigermaßen satt, rede mir gekonnt ein, Obst und Gemüse zu lieben, und bin noch dazu gut gelaunt. Habe ich je gedacht, Diät zu halten wäre schwierig? Habe ich je an meinem Erfolg gezweifelt? Ich bin eine Diätheldin, das lebende Beispiel dafür, dass es doch manchmal klappt. Hurra, ich werde schlank.

4. Woche
Neid, Frust und Langusten

Habe das Lagerfeld-Diätbuch gelesen. Wenn ich selber am Diäten bin, lese ich parallel dazu gerne Bücher von Leidensgenossen. Hoffe, doch noch tolle Tricks zu entdecken oder einen irren Kniff, der das Verzichten leichter macht. Man fühlt sich auch nicht so allein in seinem Elend, ist mental am Händchen gepackt. Zu wissen, da draußen im weiten Raum gibt es mehr, die sich quälen und schinden müssen, ist ungemein tröstlich. Heute ist definitiv nicht mein Tag und ich will Unterstützung vom Herrn der weißen Stehkrägen. Sein Buch heißt »Die 3Diät«. Lagerfeld wollte 40 Kilo abnehmen, um, wie er gesagt hat, der perfekte Kleiderbügel von 60 Kilo zu werden. Ein Kleiderbügel? Kann das ein Ziel sein? Heißt das nicht so viel wie, Mode ist wichtiger als der Mensch, der drinsteckt? Ist das nicht etwas weitgehend? Geradezu bekloppt?

Lagerfeld hat ein ganzes langes Jahr Diät gehalten und in dieser Zeit angeblich nicht ein einziges Mal gesündigt. Ist das sympathisch? Ist das normal? Warum kann der das? Was läuft in seinem Hirn anders als in meinem? Wo nimmt der die Willenskraft her? Warum bin ich nicht so diszipliniert wie Herr Lagerfeld, oder lügt der uns normalen Leserinnen einfach die Hucke voll? Was auch immer es ist, es macht mir schlechte Laune und noch dazu Hunger. Sehr nett von Ihnen, Herr Lagerfeld.

Davon mal abgesehen, sieht Herr Lagerfeld jetzt besser aus als vor seiner Diät? Dieses dünne Strichmännchen in seinen Röhrenjeans? Ein Bubenkörperchen mit einem alten Kopf. Sind 60 Kilo bei 180 cm das angemessene Gewicht für einen ausgewachsenen Kerl? Ist der wirklich ein Vorbild? Will ich so aussehen wie Karl Lagerfeld?

42 Kilo weniger, bleibt da nicht auch Haut übrig? Hallo Herr Lagerfeld – wo ist die? Weggeschnitten, zusam-

mengerollt, getackert oder versteckt unter den Kragen Ihrer merkwürdigen weißen Hemden? Steckt unter diesen hohen steifen Stehkragen eventuell ein welker Truthahnhals, der nicht raus darf, der nur durch die Kragen mühsam in Form gehalten wird? Sollte Lagerfeld einen Knutschfleck bekommen, kann man den wahrscheinlich so ausbreiten, dass er nachher etwa dreieinhalb Quadratmeter groß ist. Wow.

Schließlich hat Herr Lagerfeld, und das betont er in seinem Buch, keinerlei Sport gemacht. Diät ist genug, meinte der Modezar. Eiweiß und ordentlich Nahrungsergänzungen, sprich Tablettchen, Vitamine und Co genügen ihm. Er erwähnt in seinem Buch auch direkt die Homepage, auf der man den Krempel bestellen kann. Für eine zweimonatige Kur, in der man angeblich zehn Kilo abnehmen kann, berappt man 480 Euro. Und das war ein Sonderangebot! Regulärer Preis 533,50 Euro (wer es nicht glauben will: www.sunrexparis.com) Und was macht man, wenn einem das sauteure Zeug dann nicht schmeckt? Eine Dose Almased in den Müll zu schmeißen ist ärgerlich, aber finanziell zu verkraften. 500 Euro sind zu viel für einen Versuch. Dazu propagiert Lagerfeld den Verzehr von Unmengen von Krustentieren. Überlege mir, beim Fischgeschäft auch mal einen Schwung Langusten zu holen. Vielleicht sind die das Geheimnis dieser unglaublichen Willenskraft. Sehe den Preis und weiß: Bei der Diät sollte ein normaler Mensch vorher noch eben mal schnell den Dispokredit erhöhen. Ich verzichte auf den Hummer und seine Artgenossen, die Nahrungsergänzung sowieso und schmeiße das Buch weg. In Millionärskreisen mag die Lagerfeld-Diät super laufen, für normal Sterbliche ist sie eine finanzielle Herausforderung. Außerdem: Es muss doch auch möglich sein, schlanker zu werden, ohne Verarmungsängste zu bekommen.

Ich genehmige mir einen Teller Gemüsesuppe, einen

großen Salat mit Fisch (kein Krustentier, sondern schnöde Scholle), und durch meinen Zorn auf Lagerfeld ist meine eigene Laune schlagartig wieder besser.

Gehe sogar regelmäßig ins Fitnessstudio. Mühe mich an den Maschinen ab. Stemme stur Gewichte und glaube fest daran, bald muskulöse schöne Oberärmchen zu haben. Habe sogar den Yogakurs ausprobiert. War ganz nett. Allerdings bisschen arg langsam für meinen Geschmack. Immer wenn die Lehrerin gesagt hat: »Wir sind ganz bei uns, atmen tief und spüren uns«, wollte ich rufen: »Ja, ist gemacht, habe geatmet und gespürt, also weiter geht's. Nächste Übung bitte.« Yogaprofis werden sagen: »Genau für Leute wie dich ist Yoga gemacht. Damit ihr mal einen Gang runterschaltet, euch besinnt und ganz bei euch seid.« Mag sein, aber ein wenig mehr Dynamik brauche ich schon noch. Ich hatte auch ständig Angst, einzuschlafen und schnarchend zur Unterhaltung meiner Mityogis auf der Matte zu liegen. Nicht jeder ist fürs Yoga gemacht. Schade, habe gerade in In-Style so hübsche Designeryogamatten gesehen.

5. Woche
Messtechniken

Uff, wieder ein Kilo weg. Auch ohne Tablettchen, Pülverchen und Krustentiere. Die Welt ist vielleicht doch gerecht. Jedenfalls manchmal. Heute fühle ich mich tatsächlich ein klitzekleines bisschen schlanker. Erstmals merke ich was. Meine Jeans sitzt eindeutig lockerer. Wenn man ganz genau hinschaut, steht sie am Oberschenkel sogar einige Millimeter weg. Und das, obwohl sie frisch gewaschen ist!

Habe gelesen, dass man sich vermessen soll. Angeblich

sagen Umfangzahlen viel mehr als die reine schnöde Kiloangabe. Warum habe ich Idiotin nicht gleich damit angefangen? Wahrscheinlich hatte ich schon ungeahnte Erfolge und bin längst um Zentimeter geschrumpft und kann diesen eventuellen Erfolg jetzt nicht mal feiern. Aber gut, besser spät als nie. Her mit dem Maßband. Was ich mache, mache ich gerne gründlich. Erst die Waden. Meine Stiefelblockierer. Ich habe schon immer einen Hang zur Knallwade. Trage Stiefelettchen, weil Stiefel einfach nicht drüber gehen wollen. Nicht mal mit sanfter Gewalt. Auf der Hälfte der Wade streikt der Reißverschluss. Spätestens. Und schon dann habe ich ein Gefühl, als würde meine Wade in einem Schraubstock sitzen und die Blutzufuhr in die unteren Regionen leider unterbrochen. Im schlimmsten Fall hängt dann beim Ausziehen der Fuß mit dem Teil Wade, der im Stiefel war, im Stiefel mit drin. Wie grauenvoll. Ich schätze, meine Waden haben den Umfang eines Oberschenkels eines normalen Models. Andererseits gehören Wörter wie »Model« und »normal« tatsächlich zusammen? Hat das eine mit dem anderen irgendetwas zu tun? Wohl kaum.

Weiter geht's mit dem Vermessen: Hüften, Taille oder das, was man als solche bezeichnet, dann Brust, die Oberarme (schluck!) und ganz wichtig, den Hals nicht vergessen. Angeblich sieht man besonders am Hals, ob man abnimmt. Ich muss sagen, der Hals ist ein Körperteil, mit dem ich noch nie so streng war. Mein Hals war schon immer stramm. Aber ich habe eine Entschuldigung, denn ich habe es mit der Schilddrüse. Und insofern ist mein Hals ganz fein raus. Entschuldigt sozusagen. Er hat in etwa den gleichen Umfang wie der Oberarm. Ist das jetzt schlecht für den Hals oder den Arm? Ich tippe auf den Arm. Immerhin muss der Hals ja den Kopf tragen.

Ich trete in Verhandlungen mit meinem eigenen Körper: Hals darf bleiben, wie er ist, dafür geht am Bauch mehr weg. Schade, dass man sich generell nicht aussuchen kann, wo der Speck zuerst schrumpft. Die wenigsten wollen gerne an Busen und Gesicht die Hauptgewichtsverluste haben. Obwohl, aufs Doppelkinn könnte ich gut verzichten. Sehr gut sogar. Gerade im Fernsehen wirkt ein properes Gesicht noch properer. »Irgendwann kannst du mit deinem Kopf nur noch in Sendungen auftreten, die 16:9, dieses Breitbildformat, unterstützen«, hat meine Mutter mal gesagt, und das sagt ja nun alles.

Aber generell gilt, gerade wenn man jenseits der 30 ist, sieht ein etwas volleres Gesicht besser aus. Falten haben gegen den Speck keine große Chance. Und was wohl niemand will, ist ein eingefallenes Gesicht, schlaffe dürre Brüste und dafür eine gleich bleibende Wampe.

Angeblich nimmt man da zuerst ab, wo man zuletzt zugenommen hat. Wenn das stimmt, werde ich bald mit einem dünnen Kopf, schmaleren Wangen, Steckerärmchen und Flachbauch durch die Gegend wandeln. Aber, weg ist weg. Da will ich erst mal nicht wählerisch sein.

6. Woche
Himmelshühner

Es geht voran. Langsam allerdings. In Zeitlupe geradezu. Und Gelüste habe ich immer wieder. Ich dachte, der Körper zeigt Einsicht und Vernunft, wenn man sich erst mal eine Weile vernünftig ernährt. Programmiert völlig neu. Ändert seine Vorlieben. Mir hat mal eine Kollegin erzählt, dass sie nach ihrer Ernährungsumstellung auch geschmacklich völlig neu orientiert war. Dass sie fette und süße Sachen nicht mehr mag und seitdem verrückt nach Gemüse ist. Gibt's das tatsächlich? Und warum muss dann ausgerechnet mein Körper so aus der Reihe scheren? Ich bin ja gerne mal was Besonderes, in der Hinsicht allerdings könnte ich gut darauf verzichten. Was hängt dieser uneinsichtige Körper ausgerechnet an meinem Kopf? Oder ist es mal wieder der Kopf, respektive das Hirn, das keine Einsicht zeigen will?

Obwohl, eines muss ich zugeben, wenn ich mich an die selbst auferlegten Regeln halte, sind meine großen Heißhungeranfälle, bei denen ich das Gefühl hatte, ein halbes Schwein auf Toast wäre das Minimum als kleines Leckerchen zwischendurch, vorbei. Ein einigermaßen konstanter Blutzuckerspiegel scheint durchaus hilfreich. Es gibt also Theorien, die anscheinend Sinn machen.

Gehe abends aus und esse, wie immer im Restaurant, Salat mit Putenbrust. Manchmal nennt es sich auch Putenbruststreifen. Gestreift oder nicht – es ist immer das Gleiche. Ich könnte locker einen Restaurantführer »Salat mit Putenbrust bundesweit im Vergleich« schreiben. Ich habe fast das Gefühl, noch nie etwas anderes in einem Restaurant gegessen zu haben. Na ja, selten jedenfalls. Schon weil sonst alle denken: Jetzt guck dir die Dicke an, muss die sich noch mit Tagliatelle al Salmone voll stopfen? Bescheuert, aber wahr.

Während ich also meinen etwa 722. Salat mit Putenbrust esse und heroisch das Weißbrot stehen lasse, fällt mir Constanze, meine Freundin, ein. Sie hat mir die Geschichte von Peter Ustinov erzählt. Es ging ums Fleischessen und Vegetarier und um die Konsequenzen aus dieser Entscheidung. Ustinov soll etwas in Richtung: »Meine Vision vom Jenseits – an der Himmelspforte stehen all die Tiere zur Begrüßung, die man in seinem Leben verspeist hat, und schauen einen stumm mit vorwurfsvollen Augen an«, gesagt haben.

Bei mir wird es eine mittelgroße Geflügelfarm sein, die auf mich wartet. Ich schwöre mir, das nächste Mal Salat mit Thunfisch zu essen, um das Bild etwas aufzulockern. Tausende Hühner und mittendrin ein einsamer Thunfisch. Vielleicht sogar noch ein wunderschöner Delphin, der beim Thunfischfang sein Leben gelassen hat. Kein wirklich schöner Gedanke. Schlimmer als für mich, wird es für Ralf enden. Auf ihn werden Fury und Black Beauty persönlich an der Himmelstür warten, denn ich habe ihn neulich beim Verzehr und Genuss von Pferderoulade erwischt. Habe einen winzigen Bissen probiert, aber wirklich nur einen Hauch. Ich schwöre es, liebe Pferde. Also verschont mich an der Pforte. Da fällt mir siedend heiß ein: Ich habe vor Jahren mal Känguruhgulasch probiert. Na, das wird ja ein schönes Himmelsszenario. Skipper, ich komme.

7. Woche
Jeansdebakel

Habe mich beim Joggen verlaufen. Susanne allein im Wald. Nicht lost in space, aber lost in forest. Werde ich hier enden? Müde immer wieder im Kreis rennen wie Hänsel und Gretel und irgendwann nach ein paar Wochen von Spaziergängern gefunden werden? Dünn und ausgemergelt zwar – immerhin –, aber leider tot zwischen ein paar kleinen Laubhäufchen liegend, und die Käfer haben sich längst die besten Teile geholt?

Ich laufe und laufe und stoße irgendwann tatsächlich wieder auf einen Weg, den ich kenne. Auf der Stelle verspreche ich mir und meiner Mutter, nie mehr ohne Handy zu rennen. Nehme es mir auf jeden Fall ganz fest vor.

Im Resultat war der ungewollte Umweg gar nicht so übel. Bin mindestens 35 Minuten länger gelaufen als geplant. Was bin ich doch für eine zähe Sportlerin! Etwa sieben Knäckebrote zusätzlich erlaufen. Klingt schon nicht mehr ganz so doll.

Schon neun Kilo weg. Ich nähere mich der Sieben auf der Waage und fühle mich wie nach einem frischen Doping. Wundervoll, willensstark und schon herrlich schlank.

Treffe meine jüngere Schwester. In einer mega-angesagten Jeans. Meine Schwester weiß, was man trägt. An ihr sitzt das Höschen locker. Sehr locker. Ohne Gürtel würde die Jeans glatt von ihr abfallen. Ich habe einen mutigen Tag und frage, ob ich denn mal eben reinschlüpfen darf. Sie guckt erstaunt. Aber: Ich darf. Und das Wunder: Sie passt. Ich muss mich nicht mal hinlegen, um sie zu schließen. Wow. Ich stecke in einer Jeans meiner Schwester. Wer hätte das je für möglich gehalten? Gut, hinsetzen sollte ich mich in dem Teil vielleicht besser nicht, ich sehe aus wie reingeschweißt. Aber drin ist drin. Hurra. Ich könnte vor Freude durchs Zimmer hüpfen. Würde die Jeans am liebsten nie mehr hergeben. Meine Schwester hat allerdings wenig Lust, unten ohne nach Hause zu fahren. Also raus aus dem Teil, wenn auch schweren Herzens.

Abends Lesung. Ich bin unterwegs mit Freundin und Co-Autorin Constanze. Südhessen ruft. Wir sind früh dran. Haben noch eineinhalb Stunden Zeit bis zur Veranstaltung. Zeit für ein gepflegtes Mädchen-Schnell-Shopping. Shopping mit Constanze ist wunderbar. Sie hat ein sicheres Auge und ist ein gutes Regulativ. In fremden Städten ist Shopping immer besonders ergiebig. Wenn ich weiß, dass ich entweder jetzt zuschlagen muss oder gar nicht, bin ich auch gleich wesentlich entschlossener. Je weiter die Stadt entfernt ist, umso entscheidungsfreudiger werde ich. Wer weiß, wann ich wieder herkomme, da nehme ich das Teilchen lieber schnell mal mit.

Der zweite Laden hat die Jeans. Die 199-Euro-Jeans, die teuerste Jeans, die mir je untergekommen ist, die mega-angesagte Jeans meiner Schwester, in der ich mittags meinen kleinen geheimen Triumph gefeiert habe. Ich wage es. »Kann ich die mal probieren?«, frage ich die Verkäuferin. »Klar, welche Größe wollen Sie?«, kommt die Rückfrage. Welche Größe ich will? Lustig. Ich will die 28, oder auch gerne die 27. Ich brauche allerdings eher eine 30. »Eine 30 bitte«, antworte ich. Sie reicht mir die Hose. Sieht doch etwas anders aus als das Höschen meiner Schwester. Aber die Marke ist es. Eine Seven. In der Kabine wird mir der Unterschied klar. Diese hier ist ohne Stretch. Ein bösartiges Kleidungsstück, das partout nicht über meinen Hintern will. Die Kabine ist winzig, und der Vorhang klafft ständig an irgendeiner Ecke auf. Diese Vorhangkabinen sind die Pest. Bei jeder ungünstigen Bewegung hängt man im Vorhang, und komischerweise sind diese Umkleidenvorhänge immer etwas knapp. Hat man eine Seite zu, klafft die andere. Was das soll, habe ich bis heute nicht herausfinden können. Dieses kanariengelbe Stück Stoff hier, das sich angeberisch Vorhang nennt, ist besonders perfide. Ich möchte mir nicht vorstellen, wie viele Menschen in diesem Laden meinen unwürdigen Kampf mit einer 30er Jeans gerade live mitbekommen. Können 2 Prozent Elasthan Größenverhältnisse so verändern? 2 Prozent, die fehlen? Sie können. Ich komme nicht in die verflixte Hose. Dabei sieht sie, wenn man sie in der Hand hält, nicht etwa besonders winzig aus. Im Gegenteil. Ich schäle mich mühselig wieder raus und höre, wie die Frau in der Kabine neben mir durch den ganzen Laden brüllt: »Die 27er ist viel zu weit, kann ich die Hose mal in 26 bekommen?« Mein erster Impuls ist es, den Vorhang aufzureißen und sie anzubrüllen. Wie kann diese Frau, es wagen, in der Umkleide neben mir, einer Frau, die in die 30er Jeans nicht reinpasst, dabei fast im Umkleidevorhang umkommt, eine in 26 zu verlangen? Hat die nicht für zehn Cent Schamgefühl, Mitgefühl, Anstand oder irgendwas in dieser Richtung?

»Und, passt die Hose?«, erkundigt sich die Verkäuferin zu allem Überfluss noch bei mir. Ich hoffe, sie hat mein Debakel nicht gesehen, und lüge: »Ja, aber sie gefällt mir doch nicht so.« Ich denke nicht daran, nach der 31er zu fragen. Nachher passt die auch nicht, und dann ist der Tag, der so gut begonnen hat, komplett gelaufen. Die 26er-Jeans-Tussi probiert noch ein putziges Trainingsjäckchen zu ihrer Winz-Jeans dazu. In XL. Es passt ihr. Was ist das für eine Welt, in der Kleidergrößen 34 in XL-Jacken passen, die aber wie Zwergjäckchen aussehen? Was sollen Frauen wie ich, mit Brust, Schenkeln und Po eigentlich für Klamotten tragen? Vor einer halben Stunde habe ich mich schlank gefühlt und jetzt das. Danke, Darmstadt.

Die Lesung ist trotzdem schön. Und ich habe 199 Euro gespart. So gesehen, war der Ausflug fast noch erfreulich.

8. Woche
Bananenabsolution

Treffe bei Aufzeichnungen zu einer MDR-Sendung den Gesundheitspapst Hademar Bankhofer. Ein netter, höflicher Mensch, der gerne Mozartkugeln und Sachertorten verschenkt (ist das jetzt besonders nett von ihm???). Wir müssen warten (beim Fernsehen muss man immer warten), und ich nutze die Chance, den Kenner der Tricks rund ums Thema Wellness und Gesundheit ein bisschen auszufragen. Als Erstes startet er ein Plädoyer für die Banane. Die ist an und für sich nämlich kein bisschen böse, so Herr Bankhofer. Die unreife jedenfalls. Problematisch beim Abspecken ist nur die reife Banane. Die gelb-schwarze. Er hat das Thema auch schon mit Herrn Strunz, dem Fitnesspapst, durchgesprochen. Der hatte die Banane in seinen

Büchern knallhart an den Speckpranger gestellt. Nach dem Gespräch mit Herrn Bankhofer war er jedoch einsichtig und wird das in kommenden Büchern auch klarstellen. Ich bin auch sofort überzeugt. Also, her mit den kleinen Bananen. Wie schön, dass ein Lebensmittel, das ich mir bisher versagt habe, die Absolution bekommt. Und welch glückliche Fügung: Ich esse schon immer lieber die grünlichen Bananen.

Ich erkläre ihm meine Abnehmstrategie, und er nickt. Wie beruhigend. Vitamin C soll ich zusätzlich nehmen, schlägt er mir vor. Vitamin C unterstützt die Fettverbrennung. Was für ein sympathisches Vitamin! Und möglichst wenig Zucker. Mache ich. Viele Tomaten soll ich essen. Ruhig in gekochtem Zustand. Erwärmt kommt ein bestimmter Inhaltsstoff (das Lykopin) erst richtig zum Vorschein. Und das ist ein besonders wertvoller Stoff. Senkt angeblich das Krebsrisiko. Ganz wichtig: Tomaten nicht im Kühlschrank aufbewahren. So geht das eineinhalb Stunden lang. Blöderweise habe ich kein Diktiergerät dabei und auch kein besonders gutes Gedächtnis. Aber der Mann ist wahrlich so was wie ein Gesundheitslexikon. Faszinierend. Und er sieht aus wie das blühende Leben. Strahlend und gut gelaunt. Muss wohl was dran sein an seinen Ideen. Ab heute kommt mir keine Tomate mehr in den Kühlschrank. Ich bin ja lernfähig.

9. Woche
Seinskrise

Eine langweilige Woche. Ich suhle mich im Selbstmitleid. Warum tue ich das alles eigentlich? Wieso essen alle außer mir? Weshalb verzichte ich auf die herrlichsten Genüsse überhaupt? Warum muss ausgerechnet ich auch schlank sein? Gibt es nicht genug Schlanke? Gerade in meiner Branche. Kann man nicht mit Würde ein gut gelaunter Moppel sein? Sich entspannen und gemütlich weiteressen? Die Nahrungsvielfalt genießen?

Ich bejammere mich fast zwei Tage lang. Komme dabei zu keinen wirklich neuen Erkenntnissen. Woher sollen die auch stammen?

Natürlich kann man ganz gelassen moppelig sein. Was war das bloß für eine saudoofe Überlegung. Und natürlich muss man sich dafür weder schämen noch verstecken. Natürlich darf man auch immer dicker werden. Aber was man darf, ist ja nicht unbedingt das, was man will. Ich will nicht dicker werden, nein, ich möchte schlanker werden. Und das hat Gründe. Ich setze mich hin und mache eine Liste. Listen sind zur Entscheidungsfindung immer gut. Auch um sich bei schon getroffenen Entscheidungen nochmal selbst zu bestärken. Ich liebe Listen. Habe das früher auch gerne bei Männern gemacht. Was spricht für ihn, was gegen ihn.

Meine persönliche kleine »Warum ich abspecken will«-Liste:

Ich will abnehmen,

- weil ich im nächsten Urlaub ein ärmelloses Oberteil ohne Jäckchen tragen will
- weil Pashmina-Schals, die Oberarmtarner, out sind
- weil ich ungehemmt einkaufen gehen will
- weil ich nicht mehr gefragt werden will, ob ich schwanger bin
- weil ich nicht mehr wiegen will als mein Liebster
- weil ich nicht immer die Dickste im Fernsehen sein will
- weil ich keine schwarzen Blazer mehr sehen kann
- weil ich allen beweisen will, dass ich nicht dick gedacht bin
- weil ich kein bisschen gemütlich bin, aber so aussehe

- weil ich anfange, andere zu beneiden (hässlicher Charakterzug)
- weil ich mir selbst beweisen will, dass es geht
- weil ich sehen will, wie ich dann aussehe (ich liebe Überraschungen!)

Als ich meine Liste am nächsten Tag nochmal hervorkrame, bin ich einigermaßen entsetzt über mich selbst. Das meiste sind wirklich lapidare Gründe. Ich bin ein eitles Etwas. Gesundheit kommt in meiner Liste überhaupt nicht vor. Auch Fitness nicht. Aber das war auch nie mein Problem. Gesund war ich immer, und eine gewisse Grundsportlichkeit kann man mir auch nicht absprechen. Ich ergänze die Liste:
Ich werde abnehmen,

- weil ich gesund und sportlich bleiben will.

10. Woche
Die Abspeckfrage

Die Depri-Woche hat mir zwar aufs Gemüt, aber wenigstens nicht aufs Gewicht geschlagen. Es geht stetig bergab, und die ersten Menschen in meinem Umfeld bemerken es. Ich sehe es an den irritierten Blicken. Irgendwas ist falsch an der Fröhlich. Nur was? Manche fragen ganz direkt: »Sag mal, hast du abgenommen?« Welch ein herrlicher Satz. Was für eine wunderbare Frage. Es gibt Untersuchungen darüber, dass Frauen diesen Satz noch lieber hören als ein »Ich liebe dich«. Das geht mir dann doch zu weit. Ich bevorzuge »Ich liebe dich«. Aber »Hast du abgenommen?« geht schon in eine ähnlich euphorisierende Richtung.

Treffe beim Joggen eine Bekannte aus meinem Ort. Sie ist eine wirklich sportliche Person. Egal bei welchem Wetter, sie ist immerzu draußen und walkt, als bekäme sie es bezahlt. Im Sommer, als wir uns das letzte Mal getroffen haben, hat sie mich gefragt, ob ich schwanger bin. Eine dufte Frage, vor allem wenn man nicht schwanger ist, sondern einfach einen Bauch wie im 4. Monat vor sich herschiebt. Diesmal guckt sie mich erstaunt an: »Na endlich. Du hast ja echt abgenommen. Ich hab schon gehört, dass du Diät machst. Hat sich rumgesprochen. Hätte aber nicht gedacht, dass du es schaffst.« Ich glaube, das soll Anerkennung sein. Es ist ein wenn auch nicht sehr charmant formuliertes Lob. Ein verdecktes. Für ihre Verhältnisse jedoch klar ein Kompliment. Als ich mich langsam zu freuen beginne, schiebt sie ein ernüchterndes: »Mal sehen, ob du es halten kannst. Die meisten haben ihre Pfunde ja ganz schnell wieder drauf« hinterher. Ehrlich ist sie immerhin. Manchmal kann ich auf die direkte Wahrheit anderer Menschen jedoch gut verzichten. Hatte ich sie eigentlich um ihre Meinung gebeten? Was ermuntert Leute wie sie, ungefragt Kommentare zu meiner Figur abzugeben?

Mein Liebster ist fertig mit der Diät. Er hat die Kilo, die ihn gestört haben, los, und seine Klamotten sitzen wieder richtig locker. Praktikantinnen machen ihm Komplimente, und er fühlt sich herrlich. Ich bin auch stolz auf ihn. Hatte in den ersten Tagen wirklich Zweifel, ob er es schafft. So wie der ums Essen gekreist ist. So schlecht, wie der oft gelaunt war. Bravo, er hat es durchgehalten. Er wünscht sich zu Weihnachten eine Lochzange. Um seine Gürtel neu zu lochen. Welch neue Bescheidenheit. Hoffentlich kann ich die Lochzange auch bald ausgiebig benutzen.

So oder so: Das wird ein günstiges Weihnachten für mich.

11. Woche
Speck in the City

Während ich mich auf dem heimischen Laufband abstrample, sehe ich eine alte Folge von »Sex and the City« auf DVD. Vier erfolgreiche Frauen unterwegs im Moloch New York. Und, wahrscheinlich liegt es an meinem persönlichen Beschäftigungsprogramm der letzten Wochen, es fällt mir erst diesmal wirklich auf: vier Frauen im mittleren Alter, und – o Wunder – keine davon hat auch nur ein Kilo zu viel. Alle vier sind superschlank. Miranda, die Rothaarige, ist die Einzige, die sich, bei sehr strenger Betrachtung, eventuell im unteren Bereich des Normalgewichts tummelt. Die anderen sind alle mindestens idealgewichtig. Carrie, die Hauptfigur, ist dermaßen dünn, dass man es kaum fassen kann. Die Lücke zwischen ihren Schenkeln wäre groß genug, um alle sieben Zwerge gleichzeitig durchkrabbeln zu lassen. Ihre Knie sind so scharfkantig, dass sie waffenscheinpflichtig sein sollten. Und das Erstaunliche: Man sieht sie andauernd gemeinsam irgendwo Kaffee trinken, Cocktails schlürfen und sogar manchmal essen. Wie kann das sein? Wohin verschwinden die Kalorien?

Ulkig ist auch, dass sie nie von Diäten reden und auch nie über Problemzonen (außer über die ganz, ganz große Problemzone Mann). Ist das vielleicht das Erfolgsgeheimnis? Denken wir zu viel über uns nach? Wird man so dünn wie Carrie und ihre Freundinnen, wenn man so manisch mit dem Thema Mann beschäftigt ist, dass man gar keine Zeit mehr zum Essen hat? Oder haben erfolgreiche Frauen in New York generell keinen Speck? Völlig entgeistert renne ich zwei komplette Folgen durch. Wie paralysiert. Ich habe schon wirklich gut abgenommen und würde doch, wenn ich mich in die Szenerie von »Sex and the City« beamen würde, aussehen wie ein lebender Mops an der Seite von top gestylten Windhunden. Dieses Gefühl hat man, wenn man gerne mal Fernsehen schaut, häufig. Dickere Frauen kommen im Fernsehen eher selten vor. Dickere Männer hingegen schon. Frauen im Fernsehen sind dünn und zumeist jung. Das ist der Normalfall. Dabei ist das, ohne jetzt hier über Gleichberechtigung und Co zu jammern, nicht nur unfair, sondern auch noch ziemlich doof von den Fernsehschaffenden. Frauen im Normalformat zu sehen bietet Trost und die Möglichkeit zur Identifikation.

12. Woche
Homeshopping

Diese Woche ist mein Kleiderschrank dran. Was zu groß ist, kommt weg. Auf Wiedersehen, ihr schwarzen Riesenblazer. Ich lade eine Freundin zum Homeshopping Oberreifenberg. »Nimm dir von dem Kram, was du auch immer magst«, offeriere ich. Sie ist skeptisch: »Und wenn du wieder zunimmst, gehst du dann nackt?«, fragt sie besorgt. So viel Zutrauen in meine Willensstärke tut mir immens gut. »Wenn du die Sachen wieder brauchst, kannst du sie jederzeit wiederhaben«, verspricht sie, und ich schwöre mir, diesen Gang nach Canossa keinesfalls anzutreten.

Nach ihrem Ausflug in meinen Kleiderschrank ist sie jedenfalls für alle Beerdigungen in den nächsten zehn Jahren ausreichend gerüstet. Ich habe wirklich fast nur schwarze Sachen getragen. Unglaublich.

Ich werde richtiggehend euphorisch. Ausmisten ist entlastend. Fühle mich, als hätte ich drei Gläschen Prosecco gezwitschert. Probiere alte Teilchen, die seit Jahren ungenutzt auf ihren Wiedereinsatz warten, und fast schon mit dem Kleiderschrank verwachsen sind. Klamotten in Größen, die mir schon lange nicht mehr passen. Von denen ich mich aber nie trennen wollte, weil ich mir ja dann eingestanden hätte, wahrscheinlich nie mehr reinzupassen. Was für eine Logik! Jetzt ist der Moment da. Und tatsächlich: Ich besteige eine Lederhose, an die ich mich kaum noch erinnere, und kann sie sogar schließen. Sie sitzt drall wie eine Wurstpelle, aber ich habe sie an. Feierlich stehe ich vor dem Spiegel.

Ich glaube, das wird mein neues Hobby. Alte Klamotten anprobieren. In Erinnerungen schwelgen. Was habe ich nicht alles damals in dieser Lederhose erlebt. Mann, ist das lange her. Dummerweise sieht man den Zeitsprung auch der Hose an. So richtig trendy sieht die nicht mehr aus. Ich werde diese Hose wahrscheinlich nie mehr tragen. Genau betrachtet ist es einfach nur eine olle, leicht karottig geschnittene Lederhose, die irgendwie sogar ziemlich spießig aussieht. Aber diese Hose beschert mir einen wunderbar triumphalen Abend. Es hat sich doch gelohnt, sie aufzuheben. Es ist eine gute, brave Hose, wenn auch eine hässliche. Wie konnte ich die jemals tragen? War das mal modern? Ich werde sie entsorgen. Sie hat ihre Schuldigkeit getan.

Ich beschließe, alle drei Wochen einen kleinen Kleiderschrankabend einzuplanen. Da gibt es noch viele Fummel, die auf ein herrliches Wiedersehen warten. Ein klitzekleiner schwarz-grüner Rock (giftgrün) ist meine persönliche Herausforderung. Ich glaube nicht, dass ich ihn je wieder in der Öffentlichkeit tragen werde (schäme mich insgeheim dafür, es je getan zu haben), aber ich möchte gerne einmal wieder reinpassen. Eine schöne Beschäftigung und noch dazu so kostengünstig und kalorienarm. Doping der natürlichen Art. Ein kreditkartenentlastendes Klamottenvergnügen.

13. Woche
Männer und Wahrnehmung

15 Kilo sind verschwunden. Weg. Ich fühle mich himmlisch leicht.

Samstagabend, wie jeden Samstag seit Jahren, Radiosendung beim HR. Das HR 3 »Ausgehspiel«. Eine Single-Kennenlernsendung. Mein Producer Christoph, mit dem ich seit 15 Jahren zusammenarbeite, wird zum Testobjekt. Ich stelle mich fragend vor ihn hin: »Na, fällt dir was an mir auf?« Er überlegt. Man sieht, wie es in seinem Hirn arbeitet. Bestimmt drei Minuten Stille. Immer wieder mustert er mich. Von Kopf bis Fuß. Meine Güte, ist der blind oder was? »Und«, hake ich nach. »Hm«, ein Hauch Verzweiflung liegt in der Luft. »Christoph guck mich an! Gründlich.« Er mustert mich weiter. Schließlich rafft er sich auf und sagt: »Ist was mit deinen Haaren?«

Mit meinen Haaren, die ich wegen meiner Naturkrause seit etwa 17 Jahren genau so trage wie im Moment. Mit meinen Haaren ist so was von gar nichts. Gut, ich müsste mal wieder nachsträhnen lassen, aber das kann es ja wohl nicht sein. Meine Güte, hat der Mann Tomaten auf den Augen oder mich in 15 Jahren Zusammenarbeit noch nie genauer angeschaut? »Falsch«, antworte ich. »Mit meinen Haaren ist offensichtlich alles wie immer.« Er merkt, dass ich beleidigt bin. »Jürgen, guck du mal, ob du was merkst«, ruft er sich zur Verstärkung einen Kollegen. Wieder das Gleiche. Gründliche Musterung und dann ein kläglicher Versuch der Deutung: »Du hast so einen schönen Teint«, stammelt Jürgen. Schönen Teint, aha. Sehr interessante These. Habe ich sonst ein Pickelface, litt ich bisher unter Akne, die nur ich nicht bemerkt habe, oder was sieht dieser Mann da? Ich könnte einen Tobsuchtsanfall bekommen. Komme mir vor wie beim Quiz. Müssen die erst noch einen Telefonjoker zu Rate ziehen?

Während der Sendung denke ich über das eben Erlebte nach. Je länger ich überlege, umso tröstlicher erscheint mir die »augenscheinliche Blindheit« meiner Kollegen. Wenn sie nicht sehen, dass ich 15 Kilo weniger habe, dann ist ihnen wahrscheinlich auch gar nicht aufgefallen, wie mopsig ich war. Klar, dass niemand merkt, wenn man drei Pfund verloren hat, aber dass selbst 15 Kilo so wenig ausmachen, kann ich kaum glauben. Erst rege ich mich auf, jetzt bin ich glücklich über diese unaufmerksame Betrachtungsweise. Ist das nicht immens beruhigend?

Eines wird damit wieder deutlich: Nur für die Kerle muss sich niemand so sehr kasteien. In einem gewissen Bereich merken Männer nicht, wenn sich was verändert. Sie gucken einfach meist nicht so genau hin wie die Frauen.

Übrigens: Ich war nicht etwa komplett mit weiten Issey Miyake Fummeln verhängt (ich nehme doch nicht 15 Kilo ab, um mich dann in Klamotten zu hüllen, die auch meiner Altpapiertonne passen würden, davon abgesehen sind die Teile sauteuer), denn Marion, die Kollegin von der Technik, musste nur einmal vom Schaltpult hochschauen und wusste, was Sache ist. »Du hast abgenommen, gell?«

Genau Marion. Danke.

14. Woche
Zäher Stillstand

Ich werde zur Waageboykottiererin. Tag für Tag zeigt mir dieses miese Dreckstück, das ich null Komma null Gramm abgenommen habe. Diät zu halten und gewichtsmäßig zu stagnieren ist ein Grauen. Warum wenig und kontrolliert essen, wenn der Körper wie eine wahnsinnige Klette seine Speckvorräte verteidigt? Wieso tut mein Körper das?

Vielleicht esse ich zu wenig und mein Stoffwechsel ist im Keller? Vielleicht will mein Körper nicht mehr hergeben, weil das, was er da noch so an sich dranhängen hat, gut für ihn ist? Vielleicht sollte ich mal wieder ordentlich essen?

Oder ist das Ganze eine groß angelegte Prüfung für meinen Willen? So oder so, freudlos. Ich hole mir Trost in Büchern. Immer wieder die Botschaft: Wiegen Sie sich nicht dauernd. Der Körper verteidigt seine Reserven oft äußerst hartnäckig. Sie könnten enttäuscht sein. Ja, verdammt nochmal. Ich bin enttäuscht. Aber nicht nur das. Ich bin richtiggehend sauer. Was fällt meinem Körper ein? Sollte nicht *ich* entscheiden, wann es reicht mit dem Abspecken? Muss ich mich jetzt schon von meinem eigenen Körper bevormunden lassen? Schließlich sehe ich noch lange nicht so aus wie Menschen, denen man auf der Straße ein Stückchen Brot zustecken will. Ist das jetzt mein so genannter Set Point? Das Gewicht, das mein Körper für angemessen hält? Könnte sich mein Set Point nicht mal gelegentlich mit meinem Körperfettgehalt und meinem Idealgewicht absprechen?

Die Wut über diese Körpergemeinheit macht mich extrem hungrig. Je mehr ich mich reinsteigere, umso hungriger werde ich. Es entwickelt sich zur Gier, und ich esse eine Tüte Zimtsterne und eine kleine Tüte Butterplätzchen und fühle mich gut. Fast schon als subversives Element. Ätsch Körper! Zwei Stückchen Stollen hinterher, und der Tag ist doch noch mein Freund. Was ist die Vorweihnachtszeit doch für eine schöne Zeit! Da guckst du, bescheuerter Stoffwechsel! Lange nicht mehr so viel Süßkram bekommen. Aber, du wolltest es ja nicht anders. Hast mich quasi herausgefordert. So, hier noch eine schöne Marzipankartoffel.

Ich gehe eine Runde laufen, merke sträflich Butterplätzchen und Christstollen, die sich in meinem Bauch unwürdig aufführen, erfreue mich an der frischen Luft und denke nach. Natürlich war das mit der Fressattacke nicht wirklich klug, denn wenn mein Körper Zeit braucht, um in die nächste Abspeckrunde zu gehen, dann braucht er eben Zeit. Ich sollte sowieso mal an meiner Geduld arbeiten. Die ist von jeher nicht meine herausragende Eigenschaft. Also, Körper, hier die Botschaft: Ich sitze das aus. Du kriegst mich nicht. Mein Kopf gegen meinen Körper. Oder ist es Kopf gegen Kopf? Steuert diese kleine Schaltzentrale da oben einfach alles?

15. Woche
Schnippelfett

Bin zu Gast beim RBB in einer Sendung rund um Schönheitsoperationen. Treffe interessante Menschen. Einer der Talkgäste ist ein plastischer Chirurg. Schon als er mir guten Tag sagt, fühle ich mich wie bei einer gründlichen Musterung. Können Menschen, die von Berufs wegen ständig andere Menschen verschönern oder es immerhin versuchen, einen noch ganz normal angucken? Ohne gleich zu überprüfen, an welchem Körperteil ein mögliches Einkommen zu erwirtschaften wäre? Was geht ihm bei meinem Anblick durch den Kopf? Wie lange könnte der durch mich überleben? Ich gucke zurück. Sehr attraktiv ist er auch nicht gerade. Für einen Mann seines Faches. Was denkt ein solcher Mann, der selbst offensichtlich nichts hat richten lassen, über seine Kundinnen?

Plastische Chirurgen, die hauptsächlich Schönheitsoperationen durchführen, neigen zur übertriebenen Selbstverteidigung, ohne überhaupt angegriffen zu werden. Vielleicht weil sie wissen, dass Helfen und Heilen im

Grundgedanken doch was anderes ist. Auch er erklärt immer wieder, wie sehr seine Patienten leiden. Unter Dingen, mit denen Menschen wie ich schon jahrelang nicht mal schlecht leben. Unter Reiterhosen zum Beispiel. Leiden? Unter Reiterhosen? Dass Reiterhosen (diese unerwünschten Wölbungen seitlich am Oberschenkel) kein herausragendes Schönheitsmerkmal sind, ist klar. Aber leiden? Ist das nicht ein etwas großes Wort? Ist das nicht ein fast schon abartiges Syndrom der Wohlstandsgesellschaft, bei Reiterhosen von Leid zu sprechen?

Man merkt es wahrscheinlich schon: Ich mache mir nicht viel aus Schönheitsoperationen. Schon weil – so zeigen es mittlerweile auch viele Studien – die meisten hinterher doch enttäuscht sind. Sie haben zwar keine Reiterhosen mehr, aber ihr Leben hat sich dadurch keineswegs auffällig verändert. Das, was man sich erhofft, wenn man einen vermeintlichen Makel beseitigen lässt, tritt halt doch nur sehr selten ein. Man bleibt die gleiche frustrierte, unglückliche, nervöse oder unfreundliche Person, nur eben mit weniger Schenkelfett. Hinzu kommt die Gefahr, dass man nicht mehr aufhören kann. Wer einmal die Schwelle zur Schönheitsoperation überschritten hat, tut es häufig wieder. Zu einem Facelift muss ja auch der Hals passen. Oder die Hände. Und alte Brüste sehen zum neuen Gesicht auch nur bedingt gut aus. Schlupflider schon gar nicht. Wer meint, ohne OP nicht zurechtzukommen, soll es tun. Das sollte jeder für sich selbst entscheiden. Für mich kommt es nicht in Frage. Meine Devise: Wer nicht alt werden will, muss jung sterben. Und das ist nun wahrlich keine gute Alternative.

Um eines nochmal klarzustellen: Ich rede nicht von Schönheitsoperationen, bei denen Menschen etwas Entstellendes richten lassen, sich übergroße Hakennasen verkleinern oder Dumboohren auf ein Normalmaß schnippeln lassen. Ich rede von denen, denen das »Normale«

nicht genügt, die ständig noch toller und perfekter sein wollen.

Mit der Diät läuft es in dieser Woche gut. Ich bin viel unterwegs und habe ordentlich zu tun. Das lenkt mich ab. Mit jedem Meter, den sich mein Körper und mein Horizont vom heimischen Kühlschrank entfernen, geht es besser. Im Hotel macht es mir nichts aus, zum Frühstück nur Obst und ein wenig Müsli zu essen. Zu Hause, beim Anblick von Menschen, die frohgemut Nutellabrötchen in sich reinstopfen, ist die Sache halt doch ein wenig diffiziler. Fühle mich gut.

Gehe eine Runde einkaufen. Welch ein Erlebnis! Ich passe in Größe 40. Ich kaufe das Kostüm. Trage nach langer Zeit wieder mal einen Rock. Knieumspielend. Bin nur ganz kurz ein wenig ärgerlich, als die Verkäuferin sagt: »In den großen Größen haben wir immer viel Auswahl.« Ist die noch ganz sauber? 40 – eine große Größe? Ich finde, dass Kleidergröße 40 eine völlig legitime Größe für erwachsene Frauen ist und man sich dafür weiß Gott nicht schämen muss. Und genau das sage ich ihr dann auch. Sie ist verdattert, betont, dass sie natürlich völlig meiner Meinung ist, die meisten ihrer Kundinnen jedoch Größe 36 haben. Warum wohl? Weil sich die anderen gar nicht erst in einen solchen Laden trauen. Darum.

Fühle mich sehr glücklich und bin sehr, sehr stolz. Ich habe geschafft, was ich mir vorgenommen habe. Etwas aus eigener Kraft zu erreichen ist schön. Ich genieße es. Freue mich über Komplimente. Eine Kollegin warnt mich: »Im Gesicht siehst du schon ein wenig eingefallen aus.« Eine erstaunliche Aussage, schließlich wiegt die besagte Kollegin, die geschätzte zehn Zentimeter größer ist als ich, etwa 15 Kilo weniger. Was will dieser Satz mir sagen? »Hör auf abzunehmen, nachher wirst du noch so schlank wie ich, und das geht zu weit. Schlank zu sein steht nicht jedem!« Solche Bemerkungen machen einen stutzig.

Überhaupt sind die Reaktionen auf meinen Gewichtsverlust sehr unterschiedlich. Frauen, die selbst etwas moppelig sind, sind meist die ehrlichsten. Sie wollen wissen, wie ich es gemacht habe, hoffen auf tolle, raffinierte Anleitungen, bei denen man sich kein Stück kasteien muss. Manche gestehen auch freimütig ihren Neid. Das ist mir um vieles lieber als die, die mit leicht verkniffenem Gesicht sagen: »Du hast abgenommen, oder?«, und das war es dann. Kein »Steht dir gut« oder Ähnliches. Merkwürdig! Oft sind es die Dünnen, die wenig entspannt mit der Tatsache umgehen können, dass sich da glatt eine weitere in ihre Richtung bewegt. Wenn man sein Gewicht verändert, gibt es Menschen, für die das auf eine Art bedrohlich ist. Man verlässt den Bereich, in den man gehört, und wird so latent gefährlich.

Eben war man noch die nette Moppelige, die angenehme Gesellschaft, die so weit entfernt war von dem, was man attraktiv nennt. Und jetzt wird man Konkurrenz. Das mögen viele nicht. Und es ist auch Quatsch. Denn auch mit ein paar Kilo mehr ist man kein Wesen ohne jeden Sex-Appeal, das, wenn überhaupt, nur auf der Kumpelebene wahrgenommen wird. Es gibt einige Männer, die mich mit den Pfunden mindestens genauso sexy gefunden haben. Aber das ist für sehr schlanke Frauen nicht vorstellbar. Dass mehr Pfunde nicht direkt zur Entsexualisierung führen. »Schlank« ist kein Synonym für »sexy«. Ob jemand sexy wirkt, eine erotische Ausstrahlung hat, hat keineswegs mit der Kiloangabe auf der Waage zu tun. Aber viele glauben, nur weil man, selbst wohlwollend betrachtet, kein Idealgewicht hat, ist man ein Neutrum. Weit gefehlt.

Wer abnimmt, erkennt wahre Freunde. Die nämlich wissen, wie man sich selbst herausgefordert hat, wie stolz man ist, und haben einen auf diesem Weg unterstützt. Haben sich Gejammer angehört, immer wieder motiviert und Interesse gezeigt. Auch wenn man, wie ich, vielen wahrscheinlich wahnsinnig auf den Geist gegangen ist. Wer Diät hält, ist davon immer auch ein bisschen besessen. Ich habe oft zwanghaft darüber geredet. Das zu ertragen ist eine Prüfung. Insofern ist eine Diät auch in dieser Hinsicht eine interessante Erfahrung. Man sieht, wer zu einem hält. An dieser Stelle: Danke. Danke an meine Tochter Charlotte, die beinahe täglich meine Rückenspeckfalte begutachten musste. Danke, Gert, fürs allabendliche Applaudieren. Danke Mama: Wer dich kennt, weiß, dass Lob aus deinem Mund etwas sehr Kostbares ist. Danke Hubsi fürs An-mich-Glauben, danke Conny, niemand hat so viel Diätgeschwätz ertragen müssen wie du. Danke Eva, danke Stef, danke Tamara, danke Puce. Danke auch an Leonie für die kulinarischen Diätleckereien. Und einen Spezialdank an Robert, meinen fünfjährigen Sohn: Du bist der Einzige, der meinen Speck vermisst. Auch das ist schön. An euch alle: Ich war eine echte Nervensäge und weiß das auch. Ihr habt einen bei mir gut.

Ich habe jetzt alles in allem etwa 20 Kilo weniger als noch im Sommer. 65 Kilo wiege ich allerdings nicht. Aber auf Zahlen sollte man sich auch nicht festlegen. Ich gefalle mir so, wie ich jetzt bin. Jetzt gilt es, das Gewicht zu halten. Ich werde es versuchen. Ansonsten: geht eben alles wieder von vorne los.

Kleidung
Oder: Warum wir bereit sind, den Kampf gegen die Pfunde aufzunehmen

Der Hauptbeweggrund für Frauen, abzunehmen, sich mühselig von ihren Speckröllchen zu trennen oder es wenigstens immer mal wieder zu versuchen, sind nicht etwa die Kerle. Die müssen weit abgeschlagen mit Platz zwei vorlieb nehmen. Denn Platz eins, der Hauptgrund ist die Mode.

Das ist nicht etwa nur meine persönliche Meinung, sondern eine statistische Wahrheit. In Umfragen landet das Motiv »Endlich was Flottes kaufen können« regelmäßig ganz vorne. Verständlicherweise, denn ich glaube nach wie vor, gäbe es ansehnliche und schicke Klamotten in Größen jenseits der 42, wäre der Umsatz der Diätbücher längst nicht mehr so sicher. Welch eine lustige und bequeme Vision: Wir wären fröhliche Moppel in hübschen Fummeln, um die uns auch noch jede Trendsetterin mit Schaum vor dem Mund beneiden würde. Im Moppeleinkaufsparadies würden die Kleiderständer voll hängen mit aufregenden Klamotten, und Größe 32/34 gäbe es nur noch in Spezialgeschäften.

Die Realität sieht jedoch anders aus: Viele von uns treibt die Schmach, in Boutiquen jedes Mal kurz davor zu stehen, die Feuerwehr zu rufen, damit sie einen mit dem Bolzenschneider aus zu engen Klamotten rausschneidet, nicht nur in Rage, sondern mit sofortiger Wirkung in eine neue Diät und eine klitzekleine Seinskrise. Wer nicht in handelsübliche und weit verbreitete Größen wie 34 bis 42 passt, hat in Deutschland einfach Pech. Warum nur ist das so? Was denken sich Klamottenhersteller, oder, was wahrscheinlicher ist, denken die überhaupt? Was rechtfertigt diese merkwürdige Größenauswahl?

Liebe Bekleidungsindustrie: Wollt ihr, dass wir nackt durch die Straßen laufen, oder ist das euer stiller, mieser Beitrag zur allgemeinen Diäthysterie? Dürfen nur Dünne schick sein? Legt ihr fest, was tragbar ist, oder ab welcher Größe eure Designerware doof aussieht? Käme es nicht mal auf einen Versuch an? Mein Vorschlag: Erweitert endlich euer Größensortiment und entdeckt damit ein völlig neues kaufwilliges, nahezu kaufausgehungertes Klientel.

Natürlich könnte ich sagen: Was soll's, dieser ganze affige Zirkus, die können mich mal, dann trage ich eben Jeans und Sweatshirts. Die gibt's immer, die wird es immer geben, und vor allem sind sie in jeder Größe erhältlich. Aber sieht das dann auch gut aus? Ist einem Aussehen egal, bloß weil man eben nicht schlank ist? Nein, auch Moppel sehen, keine erstaunliche Neuigkeit, gerne gut aus. Aber gerade üppige Formen müssen, um einigermaßen gut zur Geltung zu kommen, hübsch verpackt werden. Ein Sweatshirt, in der klassischen Form mit Rundhalsausschnitt und Taillenbündchen und dem dicken Sweat-Stoff lässt einen optisch nochmal mindestens fünf Kilo draufspecken. Der Oberkörper wirkt damit wie eine schöne runde Kugel. Ein dicker, draller Ball. Will man, nur weil man nicht die Silhouette von Victoria Beckham hat, aussehen wie ein Fernsehlogo, ein bunter, dicker, lebender SAT-1-Ball? Nein.

Klar kann man zum Beispiel statt Blusen Männeroberhemden kaufen (habe ich oft gemacht!), aber leider haben diese Teile die üble Angewohnheit, in den Schultern zu breit zu sein (wo sind eigentlich all diese breitschultrigen Kerle, die diese Hemden tragen können?) und dafür über den Hüften zu spannen, und tailliert sind sie auch in den seltensten Fällen.

Wie schön wäre es, einfach so in einen x-beliebigen Laden zu spazieren und etwas vom Ständer zu nehmen. Etwas, das einem gefällt und bei dem sogar die reelle Möglichkeit besteht, dass es passt. Ich habe all die Jahre, in denen mir 42/44 verdammt knapp war und ich eigentlich eine klassische 46 gebraucht hätte, versucht, mich in die 44 zu zwängen, einfach weil mir damit der Gang in Spezialabteilungen erspart blieb und es an sehr guten Tagen in ganz »normalen« Geschäften auch mal eine 44 gab. Meistens allerdings war ausgerechnet die schon weg, weil andere Moppel schneller als ich waren. Auf die Frage, warum die Einkäufer dann nicht mehr in den so genannten »großen Größen« bestellen, wenn die Größen so rasend gefragt sind, zucken Verkäuferinnen gerne mal mit der Schulter und sagen: »Weiß ich auch nicht.«

Könnte sich da nicht mal jemand schlau machen? Darüber nachdenken, warum im Schlussverkauf äußerst selten eine 42 auf dem Ständer hängt, dafür aber massenweise Teilchen in Größe 34? Ist es nicht möglich, aus Erfahrung zu lernen, zu kapieren, dass da einiges mehr an Umsatz drin wäre, wenn Einkäufer gescheiter bestellen würden? Ich denke, die Wirtschaft muss angekurbelt werden?

Das Phänomen: Schrumpfende Größen

Da passieren still und heimlich sehr obskure Dinge in unserem Land, und niemand regt sich wirklich darüber auf. Jedenfalls öffentlich nicht. Der Skandal: Kleidergrößen machen sich dünne. Werden schleichend kleiner.

Ein Schild, auf dem 44/46 steht, hat keinerlei Bedeutung mehr. Es ist nur noch ein Schild, denn wo 44/46 draufsteht, geht noch lange keine Frau rein, die bislang in diese Größe gepasst hat und rein rechnerisch auch noch reinpassen müsste. Die Zahl bedeutet nichts mehr.

Und was ist eigentlich mit XL? Rein rechnerisch müsste XL eine gute 44 sein. Mindestens. S = 34/36, M = 38/40, L = 42/44 und XL dementsprechend sogar 46/48. Wer demnach frohgemut je versucht hat, bei Zara oder Hennes und Mauritz, Mango und Co als Trägerin einer 46 in eine XL-Klamotte zu steigen oder zu schlüpfen, hat sich mit Sicherheit ganz schön umgeguckt. Ich konnte in einer Zara-Bluse der Größe XL erst sowohl ein- als auch ausatmen, als ich auf Kleidergröße 40 runter war. Mit anderen Worten: XL ist oft nur 40. Das muss man sich mal vorstellen: Extra Large – übersetzt »besonders groß« – bedeutet Kleidergröße 40! Jedenfalls in vielen der so genannten Trendy-Läden. Was ist dann Small? Die Kollektion für Besenstiele?

Wer bestimmt überhaupt, wie groß eine 40 ist? Eine 46? Könnten die Damen und Herren aus der Bekleidungsindustrie sich nicht vielleicht mal einig werden und bestimmte Maße festlegen? Was soll das mit den Schrumpf-Größen? Sollen wir uns noch mehr grämen? Soll uns klar gemacht werden, dass weniger mehr ist und auch besser aussieht? Sind Klamottenhersteller jetzt auch erzieherisch tätig? Geht die das überhaupt was an?

Ersatzbefriedigung: Schuhe und Handtaschen

Warum lieben Frauen Schuhe? Ein Rätsel, das Heerscharen von Verhaltensforschern und Männern beschäftigt, aber sehr leicht zu lösen ist. Hätten sie doch mich gefragt, die

Antwort auf Schuhwahn und seine Herkunft ist so einfach. Schuhe haben eine versöhnliche und diplomatische Komponente. Ihre Größe spielt für die Psyche keine Rolle. Ob die 39 oder die 40 passt, ist egal. Schuhe, die zu eng sind, sind nicht mehr als eben nur Schuhe, die zu eng sind, keine persönliche Beleidigung, kein Affront, kein Angriff auf körperliche Ausmaße. Schuhe kaufen geht immer, egal welche Form Bauch und Oberschenkel haben (ich rede hier allerdings nicht von Stiefeln), und schon deshalb sind Schuhschränke von Frauen jenseits der Größe 42 oft wahre Paradiese und würden selbst Imelda Marcos neidisch machen.

Wer kennt das Desaster nicht, man will eine fröhliche Shoppingtour machen, sich mal was richtig Feines gönnen, ein elegantes Oberteil mit einer passenden Hose zum Beispiel, und endet zum Schluss mit dem dritten Paar schwarzer Stiefeletten, weil man nicht völlig gefrustet und ohne jegliches Beutetütchen zu Hause ankommen will. Die Moppeleinkaufsalternativen sind eben beschränkt: Handtaschen, Kosmetika, Schals, Mützen, Hüte und natürlich Schmuck. Dickere Frauen investieren oft genauso viel in ihr Outfit wie schlankere Modelle, kaufen in ihrer Not aber eben andere Dinge. Und ist es nicht beruhigend, von Stilpäpsten und Modegurus jeder Art immer wieder zu hören, dass gerade Schuhe das A und O jeder Garderobe sind? Dass man an den Schuhen erkennt, ob jemand Geschmack hat? Wenn also das Kaufobjekt der Begierde, das luftige, geblümte Flattersommerkleidchen so spannt, dass man das Gefühl hat, in einer Art Folie zu stecken und schon beim Anprobieren ins Schwitzen gerät, dann gibt's eben einen neuen Nagellack und passende Sandalen. Kaum jemand besitzt so viel Ohrringe und Schuhe wie ich, obwohl ich fast nie mit der Absicht, Ohrringe oder Schuhe zu kaufen, das Haus verlassen habe. Es ergab sich eben so. Man nimmt, was man kriegen kann. Zum Glück nur beim Shoppen.

Der Moppel kauft, was bleibt ihm auch übrig, da, wo er etwas Passendes findet. Es gibt zum Glück Ladenketten und vereinzelt sogar kleinere Boutiquen (die den großen Ketten tapfer trotzen oder es immerhin versuchen), die auch Größen jenseits der 42 führen. Im Niedrigpreislevel sind das vor allem Hennes und Mauritz und C&A. Hennes und Mauritz hat sogar eine eigene Linie für die kräftigeren unter uns. BiB nennt sich die Reihe. Big is Beautiful. Nett gemeint, aber leider nicht eins zu eins übertragbar auf das, was Hennes in dieser Reihe so im Angebot hat. Beautiful ist oft was anderes. Trotzdem habe ich viel bei BiB gekauft. Weil BiB immerhin einigermaßen günstig ist und weil die Designer erkannt haben, dass Stretch ein gnädiges Material ist und dass auch dickere Frauen nicht gerne als feuergefährliche Ware verpackt in 100 Prozent Polyacryl rumlaufen. Die Stretchjeans von BiB, modisch mit leichtem Schlag, mit passender Jeansjacke haben mich durch viele Jahre begleitet. Auch Blusen, tailliert mit Stretch, oder Leinenhemden kann man gut da kaufen. Mein persönliches Highlight war ein Nadelstreifenhosenanzug aus reinem Leinen in einem Mittelblau. Ein Knalleranzug, günstig und superchic, und das in 46. Leider sieht man den Sachen (nicht meinem Knalleranzug aber ansonsten) oft an, dass sie günstig sind, und die Knöpfe sind ab, ehe man den Einkauf zu Hause ausgepackt hat.

Bei C&A ist das Problem oft nicht nur der mangelnde Schick, sondern auch das Material. Naturmaterialien tragen sich angenehmer, gerade der Moppel schwitzt gern mal und möchte nicht in reine Synthetik gehüllt sein. Marina Rinaldi ist eine eher hochpreisige Marke für Frauen jenseits der 42. Ich bin auf Marina Rinaldi gestoßen, als ich eine Modestrecke in einer bekannten Frauenzeitschrift gesehen habe. Sehr tolle Lederteile, Hosen, Röcke und irre

Pullover mit witzigen Details, präsentiert von einem äußerst attraktiven Model, das auch nicht aussah wie der typische Hungerhaken. Ich war hin und weg, habe gedacht, ab jetzt werde ich nie mehr Klamottenprobleme haben, das ist definitiv mein Laden. Die Sachen sahen elegant und sportlich aus, hochqualitativ und doch richtig modern. Sogar cool. Welch ein Wunder! Ich war richtiggehend gierig und habe mich sofort auf die Suche nach einem Laden gemacht. Für mich als Hessin eher schwierig. In Hamburg, auf Dienstreise, wurde ich dann fündig. Ein großer heller Laden und noch dazu nette Mitarbeiterinnen. Das Sortiment allerdings war eher eine Enttäuschung. Drei, vier schicke Teile (die aus der Zeitschrift) und der Rest ziemlich langweilig und noch dazu sehr teuer. Dass man dicker ist, als man sein sollte, muss man bei Marina Rinaldi stattlich berappen.

Ein echter Tipp ist Marina Rinaldi jedoch für Stiefel. All die Wadenmoppel, die seit Jahren keine Stiefel mehr anziehen können, haben bei Rinaldi Glück. Ich habe zwei Paar schnieke Winterstiefel erstanden, die ohne Mühe selbst über meine Waden gingen. Leider auch nicht direkt ein Schnäppchen, aber vor lauter Freude, dass sie gepasst haben, und nach jahrelangem Leben ohne Stiefel, war mir der Preis nahezu egal.

Gerry Weber, Basler und Co: Spießig sein ist nichts Schlimmes. Spießige Klamotten zu tragen auch nicht. Wem's gefällt, bitte sehr. Aber warum soll ich mich so kleiden, wie ich es auch mit Mitte 60 noch kann (aber auch dann hoffentlich nicht tun werde). Man kann, wenn man viel guckt, mal was Nettes bei den Erwähnten finden. Man kann. Normalerweise dominieren Pastellfarben, beige und creme und ab und zu was mit Raubtiermuster. Nicht meine Welt.

Eine Alternative, viel genutzt von Moppel-Frauen, sind Versandhäuser. Es gibt einige, die auch große Größen führen, leider eher Neckermann als Conleys. Dazu kommt, ich bestelle nicht gerne aus Katalogen. Ich sehe die Dinge gerne, bevor ich kaufe. Fühle den Stoff. Man kann beim Katalogkauf, und das ist mit Sicherheit ein riesiger Vorteil, zwar in Ruhe daheim probieren, und das ohne zickiges überhebliches Verkaufspersonal, muss den Einkauf aber, wenn er nicht passt oder gefällt, zurückschicken. Angeblich ist das heute aber gar kein Problem mehr, es kommen freundliche Herren und holen die Kartons zu Hause sogar wieder ab. Sollte ich wieder aufspecken, werde ich einen Versuch wagen.

Auch im Internet kann man einiges an Klamotten für Dicke finden. Sowohl bei Ebay als auch auf diversen Spezialseiten. Die meisten Angebote allerdings sind eher günstig. Nicht, dass ein niedriger Preis per se etwas Schlechtes ist (im Gegenteil), aber wenn es ein bisschen schicker oder gehobener sein soll und dazu auch noch so aussehen soll, wird die Lage schon prekärer.

Natürlich kann man, die »mir doch alles egal«-Wurschtigkeit an den Tag legen und kauft dann bei den Moppelshops im Netz, die auch Größen bis 8XXL führen. Hier gibt's dann lustige T-Shirts, auf denen Sätze wie »Meine Diät fängt morgen an« stehen. Ob diese Art der offensiven Haltung von Selbstbewusstsein oder kompletter Verzweiflung zeugt, wer will das schon beurteilen.

Gute Seiten gibt's oft in anderen Ländern, www.alight.com ist so eine Seite. Sehr modische Klamotten in Größen ab 42. Eine einfache Möglichkeit ist es, ein wenig rumzusurfen. Einfach bei Google oder einer ähnlichen Suchmaschine »große Größen, Übergrößen« oder etwas in der Art eingeben und sich überraschen lassen.

Zauberei
Oder: Wie zieht man sich vorteilhaft an und sieht im besten Fall gleich zwei Kleidergrößen dünner aus

Die Lieblingsfarbe der meisten Moppel ist erstaunlicherweise gleich. Es ist – große Überraschung! – Schwarz. Schwarz streckt, Schwarz fällt nicht direkt ins Auge, kaschiert und steht den meisten. Außerdem liegt man mit Schwarz fast immer richtig und es ist als Farbe nie out. Dass man irgendwann einen Kleiderschrankinhalt hat, der aussieht, als würde man im Bestattungswesen arbeiten, was soll's. Alternativ gibt's mal dunkelblau oder dunkelgrau. Alles in allem vorteilhaft, aber letztlich dauerhaft gesehen Tristesse leicht gemacht.

Trotzdem: Schwarz von Kopf bis Fuß macht eindeutig schlanker. Was habe ich all die Jahre getragen?

Wie kann man sich erfolgreich tarnen, ohne wie ein verhängtes Etwas frisch verhüllt von Christo auszusehen, und welche Tricks gibt es?

Eine wichtige Regel: Nichts viel zu riesig, aber auch keinesfalls zu eng kaufen. Es bringt nichts, sich mit kastenförmigen, quadratischen Umhängen zu umhüllen. Auch wenn die Verkäuferin immer wieder betont, wie sehr Ihnen dieses wirklich ausgefallene Teil steht, und wie herrlich es Ihre Figur umschmeichelt. Etwas, das überall gleich weit ist, ist eigentlich nie vorteilhaft. Sie werden darin aussehen wie eine Dicke, die sich tarnen wollte, und jetzt leider noch dicker aussieht. Auch ein moppeliger Mensch sollte so gekleidet sein, dass der Körper eindeutige Proportionen hat. Ist Ihre Taille schmaler als Ihr Po, das kommt auch bei Moppeln vor, besonders bei den birnenförmigen, zu denen auch ich gehört habe, dann betonen Sie Ihre Taille. Nicht mit bauchfreien Tops und breiten knalligen Lackgürteln, sondern mit längeren Oberteilen, die aber eindeutig in der Taille schmaler geschnitten sind. Auch Hosen mit leichtem Schlag, die obenrum eng geschnitten sind, sehen an Moppeln gut aus. Vor allem an größeren Moppeln. Die haben es sowieso einfacher. Lange Blazer, leicht tailliert, sind eine Wunderwaffe. Ich habe eigentlich jahrelang nichts anderes getragen. Am besten welche mit klassischem Schnitt, Ausschnitt, nichts drunter getragen und pobedeckend. Auch lange Röcke sind eine Möglichkeit. Für kleine Frauen allerdings mit Vorsicht zu geniessen.

Wichtig: Betonen, was man an Vorzügen hat. Die meisten Moppel haben ein gutes Dekolleté. Fett setzt sich eben irgendwann überall hin, und im Brustbereich kann das durchaus sehr dekorativ sein. Also her mit den Ausschnitten. Ein glattes, gut gepolstertes Dekolleté ist etwas, um das einen viele Dünne beneiden. Also herzeigen.

Wer lange, relativ schlanke Beine hat, wird von mir beneidet und trägt am besten Rock oder schmale Hosen und oben drüber was Lockeres.

Unifarben sind generell gut. Wenn auffällige Muster, dann besser als Akzent untendrunter. Schuhe in der gleichen Farbe wie die Hose. Auch das streckt. Latzhosen, Sweatshirts, Karottenhosen und Leggings sollten tabu sein. Sie kleiden eigentlich niemanden.

Der Winter macht es den Moppeln leichter. Mehr anzuziehen ist leichter, als wenig anzuziehen und trotzdem angezogen auszusehen. Im Winter schafft man es mit dem Mehr-Lagen-Look, sich gut zu tarnen, im Winter wirkt es auch nicht seltsam, wenn man lange Ärmel trägt und lange Hosen.

Im Sommer schon. Ich habe, egal bei welcher Affenhitze, auch im Hochsommer, beim Gang in die Öffentlichkeit eigentlich immer eine Jacke getragen. Oder ein Hemd über dem T-Shirt. Auch Leinenhemden bieten sich für den Sommer an. Sie kaschieren, sind aus angenehmen Materialien und sehen nicht übel aus. Man kann die Arme hochkrempeln, schwitzt nicht so arg, und sie wirken lässig. Kurze Hosen sind mit Vorsicht zu genießen. Hat man kräftige Oberschenkel, neigen sie dazu, sich an der Innenseite der Schenkel bösartig nach oben zu rollen, als hätte man nachlässig und einseitig gekrempelt.

Hauptsache die Größe stimmt

»Mir passt 42«, hat mir eine etwa gleich dralle Freundin zu meiner Verwunderung immer wieder beteuert. Und tatsächlich, Größenschilder in ihren Klamotten haben die Behauptung belegt. Sie, die wahrlich nicht dünner war als ich, steckte in Kleidergröße 42. Allerdings im wahrsten Sinn des Wortes: Sie steckte. Eingeschnürt und fest verpackt wie in einer Ganzkörperzwangsjacke. Immerhin, sie konnte anderen Moppeln wie mir sagen, *ich* passe in Größe 42. Aber, mal abgesehen vom Gemütlichkeitsfaktor, es sieht nichts aus. Hüftspeckrollen, die über den Hosenbund hängen, Bäuche, die Richtung Achsel verschoben werden, und klaffende Reißverschlüsse machen nicht wirklich schlanker. Vor allem vergessen Größenhysteriker eines: Die Schilder sind, welch Segen, innen in den Klamotten und nicht plakativ außen aufgenäht, es sieht also kein Mensch, dass sie eine 42 tragen, aber was jeder sieht ist, dass sie etwas anhaben, was ihnen nicht passt. Es bringt also nicht wirklich was, sich zu quälen, denn angenehm ist es nun gerade nicht, kaum einatmen zu können, und ein stetiges Druckgefühl auf den Bauch durch eine zu enge Hose ist auch alles andere als erheiternd.

Obwohl ich durchaus ein gewisses Verständnis dafür habe, etwas zu kaufen, in dem eine Kleidergröße steht, die man ansonsten nicht mehr zu kennen glaubt. Es gibt kaum etwas Berauschenderes. Das erste Teil, das mir nach langen Jahren in Größe 40 gepasst hat, hat mir nicht mal besonders gefallen, aber ich habe es trotzdem gekauft. Weil es Größe 40 war. Allein der Gedanke war so fantastisch, dass es auf die Optik kaum mehr ankam. Insofern ist mir die glücksbringende Wirkung eines Größenschildes durchaus nichts Fremdes, auch wenn es natürlich, sobald man darüber nachdenkt, kompletter Schwachsinn ist. Es gibt keine öffentliche Größenschildkontrolle: »Hallo guten Tag, bitte weisen Sie sich größenmäßig aus.« Hauptsache, die Kleidung sitzt. Welche Zahl auf dem Etikett steht, sollte beim Einkauf keine Rolle spielen.

Was ebenso wenig bringt, ist, etwas zu kaufen, weil man glaubt, demnächst »garantiert« reinzupassen. Wer kennt das nicht: Man sieht einen wunderbaren Fummel, etwas, das man einfach umwerfend schön findet, das man schon immer besitzen wollte und das nur mit einem einzigen winzigen kleinen Makel behaftet ist: Das Etwas hat die falsche Größe. Es passt nicht. Nicht bei allem guten Willen. Es ist zu klein. Zu eng. »Was soll's«, denkt man sich, »ich muss dieses Teil haben, es ist für mich gemacht, da hungere ich mich schon rein.« Die paar Zentimeter, die einen von diesem wunderschönen Kleidungsstück trennen, sollten doch einem beglückenden Einkauf keinesfalls im Weg stehen. Obwohl, besser wäre es. Mein Kleiderschrank war voll mit unverzichtbar hübschen Teilen, in die ich »wenn ich schnell ein paar Kilo abnehme« ganz bald reinpassen werde. Das hat dummerweise nie geklappt und macht schon deshalb wenig Sinn. Und noch dazu schlechte Laune: Schließlich hängen diese »Wenn-dann«-Einkäufe vielleicht jahrelang im Schrank, und ihr ungetragener Anblick treibt einen regelmäßig in den Frust, weil man immer wieder vor der Erkenntnis steht, es nicht geschafft zu haben, und ein Heidengeld für Dinge ausgegeben hat, die man weder braucht noch je anzieht.

Eine meiner Lieblingshorrorepisoden habe ich bei Hennes und Mauritz erlebt (so oft, wie ich bei H&M war, kann ich bald ein eigenes Buch dazu schreiben). Ich schlenderte auf der Suche nach etwas, das mir einfach nur passt, ohne dass ich beim Schließen der Hose Erstickungsanfälle oder akute Schübe von schlimmen Blähungen erlebe, und stieß auf die Abteilung Mama. Mama ist die Schwangerenlinie. Eine schöne Einkaufsmöglichkeit auch für keineswegs schwangere Bauchmoppel, Frauen mit der so genannten Apfelfigur: rund um die Mitte rum. Nette Blüschen, die tunikaartig unten auseinander gehen, sowie Gummizughosen, die den Bauch entlasten, aber blöderweise oft am Bein ein wenig spannen. Die »brave« Schwangere nimmt eben nur am Bauch zu!

Meine erste Begegnung mit der Abteilung Mama war eine besonders aparte. Ich raffe alles, was einigermaßen nett aussieht, lege es mir über den Arm und merke, dass eine freundlich aussehende, ältere Frau mich lächelnd beobachtet. Während ich noch darüber nachdenke, ob ich sie vielleicht irgendwoher kenne, kommt sie auch schon auf mich zu. »Hallo, Frau Fröhlich, was für eine herrliche Nachricht.« O mein Gott! Ich muss diese Frau kennen, sonst hätte ich ihr wohl kaum eine Nachricht zukommen lassen. Aber ihr Gesicht sagt mir so gar nichts. Normalerweise kann ich mich an Gesichter gut erinnern, habe meine defizitären Seiten eher bei Namen. Ich entschließe mich, ehrlich zu sein, auf die ein oder andere Peinlichkeit kommt es in meinem Leben auch schon nicht mehr an, und frage sie so gelassen wie möglich: »Welche Nachricht meinen Sie nochmal?« »Na das mit dem Baby«, strahlt sie mich an, und ehe ich mich versehe, hat sie mir auch schon ihre Hand auf den Bauch gelegt. Mein Groschen fällt. Das Geräusch der Erkenntnis hätte man wahrscheinlich noch bis ins nächste Kaufhaus hören können. Diese Frau da denkt doch tatsächlich, ich wäre in anderen Umständen. Schwanger. Ist sie eine Wahnsinnige, die sich tagsüber in Warenhäusern rumdrückt und Frauen beleidigt? Wünscht sie sich ein Kind und projiziert ihre Wünsche auf Frauen wie mich, die rentenmäßig längst ihr Bestes gegeben haben?

Oder – ein grässlicher Gedanke reift in mir: Sie denkt, dass ich schwanger bin, weil ich fett aussehe und noch dazu stapelweise Umstandsklamotten über meinem Arm hängen habe. »Nein, nein«, entgegne ich entsetzt, »es ist nicht so, wie Sie denken. Ich bin nicht schwanger, ich mache nur, also demnächst, vielleicht mal eine Reportage über Kleidung für Schwangere.« Ganz gelogen ist das jedenfalls nicht. Ich meine, schwanger bin ich nicht, und wer weiß, ob ich nicht tatsächlich demnächst mal was über Schwangerenklamotten mache. Für eine Spontanausrede finde ich das nicht mal schlecht. Sie guckt jedoch ungläubig. »Ach so, na dann, alles Gute für Sie und das Kleine.« Ist die denn schwer von Begriff? Ich brülle fast durch die gesamte Etage: » Ich bin nicht schwanger. Ich erwarte kein Kind. Ich habe schon zwei Kinder.« »Ist ja schon gut«, versucht sie mich zu beruhigen, sieht aus, als wäre sie nun sicher, dass ich eine Geisteskranke bin, und zieht endlich von dannen. Ich lasse die Klamotten vorsichtig in einer Nische liegen und trolle mich. Ich habe wenig Lust, an der Kasse Diskussionen über meinen Geburtstermin über mich ergehen zu lassen oder bevorzugte Vornamen zu diskutieren.

Mein allerschlimmstes Erlebnis in Sachen Demütigung beim Shopping habe ich allerdings beim Verlassen eines Ulla-Popken-Ladens gehabt. Ja, ich gestehe jetzt und hier: Ich habe meinen Fuß in ein Ulla-Popken-Geschäft gesetzt. Aus der Not heraus. Wer große Größen trägt, tragen muss, landet irgendwann auch in so genannten Spezialgeschäften für »starke Frauen«. Was für ein Ausdruck! Starke Frauen. Soll freundlich klingen, tut es aber nicht wirklich. Genauso wenig wie rund, kräftig oder stabil. Stabil ist eigentlich der allerblödeste Ausdruck. Stabil klingt plump und unverwüstlich. Als wären Dicke automatisch auch robust. Quatsch.

Zurück zu Ulla Popken und ihrem Laden. Ich brauche ein Outfit für eine Fernsehsendung und habe keine Lust, wie sonst immer im schwarzen gehrockartigen Blazer aufzutreten. Ich hatte langsam das Gefühl, seit Jahren bei öffentlichen Auftritten immer gleich auszusehen. Ich möchte etwas mit Farbe, etwas, das alles sein kann, aber keinesfalls ein Blazer ist, und dazu noch irgendwie fantastisch aussieht und mich schlanker macht. Ulla Popkens Sortiment treibt mich leider nicht direkt in die Ekstase. Wer glaubt eigentlich, dass man, nur weil man ein Moppel ist, jeglichen Geschmack verliert? Applizierte Teddybären mit Strasssteinchen auf einem altrosa Pullover sehen in Größe 34 möglicherweise noch niedlich aus, in 46 garantiert nicht. Davon abgesehen ist man eigentlich sowieso in jedem Alter über sieben raus aus der Teddyzone. Oder sollte es jedenfalls sein. Auch alles Zeltartige kann mich nicht begeistern. A-Form gehört wohl zum Gängigsten in Spezialabteilungen. Sich komplett zu verhängen, oder, wie man in Spezialgeschäften sagt, »die Formen gekonnt umspielen« ist natürlich eine Möglichkeit, jegliche Figur, oder das was davon übrig ist, verschwinden zu lassen, aber vorteilhaft aussehen tut es, wie schon erwähnt, nicht. Im schlimmsten Falle sieht man aus, als hätte man ein farbiges Bettlaken umhängen und oben für den Kopf schnell ein Loch reingeschnitten.

Das Schöne bei Ulla Popken: Mit Größe 46 gehört man zu den Schmaleren. Man stöbert bei den kleinen Größen. Ein nettes Gefühl. Kostenlose Psychopflege. Die Hosenanzüge und die Jacken gehen noch, obwohl, so richtig chic sind sie auch nicht. Ulla Popken ist eben nicht Strenesse. Das Sortiment ist latent spießig, kostet aber dafür verhältnismäßig viel. »Größere Größen, mehr Stoff, höhere Preise«, klärt mich die Verkäuferin auf. Einleuchtend. Das Schöne: Auch die Verkäuferinnen sind keine 34er Figürchen. Ich entscheide mich für ein türkisfarbenes T-Shirt mit schönem tiefen Ausschnitt. Dieses T-Shirt reißt mich modisch zwar nicht aus meiner Misere, wird auch sicher niemals in einer In-Style-Liste unter den »Must Haves« der Saison auftauchen, aber so habe ich wenigstens einen Hauch von Farbe unter dem obligatorischen schwarzen Blazer. Wenn ich mir noch ein paar nette Ohrringe in Türkis dazu kaufe, dann könnte das doch mal wenigstens etwas anders aussehen.

Ich verlasse den Laden, und da passiert es. Ich treffe eine ehemalige Kollegin. Die blonde Pest auf zwei Beinen sozusagen. Eine Frau, die unangenehmer ist als jeder Hautausschlag. Meine Lieblingsfeindin sozusagen. Und das direkt vor der Tür von Ulla Popken, mit der verräterischen Tüte in der Hand. »Na, was hast du denn Schönes eingekauft?«, fragt sie mich mit einem verschmitzten Grinsen auf ihrem makellosen Gesicht. »Ein Geschenk«, lüge ich dreist, »für meine Mutter.« Natürlich zeugt das nicht von wahrer Größe, von Standing, Selbstsicherheit und ausreichend Selbstbewusstsein, aber ich hätte auch sonst bei fast niemandem so geschwindelt. Diese Frau ist eine der wenigen Menschen auf der Welt, die ich richtiggehend scheußlich finde. Ein überhebliches, dummdreistes kokettes Etwas mit dem Intellekt eines Zwergkaninchens. »So, ist deine Mutter auch so stämmig?«, fragt das menschliche Zwergkaninchen da glatt. Eine solche Frechheit mit einem superfreundlichen Gesicht auszusprechen, das hat schon was. Das muss ein Mensch sich erst mal trauen. Auch so stämmig! Mit anderen Worten: Sie findet mich dick. Wenn ihre Figur der internationale Maßstab ist, hat sie wahrscheinlich recht. Für Frauen wie sie ist Kleidergröße 34 erst erschaffen worden. Eine Hexe. Ich könnte ihr auf der Stelle ein paar knallen oder ihr mein neues türkisfarbenes T-Shirt als Knebel in den Mund stopfen. Was erdreistet die sich eigentlich? Eine Frau, die mit Müh und Not ihren eigenen Vornamen fehlerfrei schreiben kann! Aber die Blöße gebe ich mir nicht. Im Gegenteil, ich lache freundlich zurück und starte die Gegenoffensive: »Sag mal, hast du eigentlich jetzt endlich einen Mann gefunden?« Mit anderen Worten: »Okay, ich mag fett sein, aber dafür habe ich einen Kerl. Und was für einen! Und du suchst, trotz schmaler Schenkel, immer noch.«

Was bin ich für ein armes Würstchen. Hacke auf der Ziege rum, gebe mit einem Mann an, nur weil ich die Wahrheit nicht aushalten kann. Wieso kann ich nicht lachend sagen: »Ja wir sind eine Moppelfamilie. Rund und gesund.« Oder noch besser gleich die Wahrheit: »Meine Mutter bin ich. Die trägt gar nichts von Ulla Popken. Die ist nämlich durchaus schlank. Es ist mein T-Shirt, der Rest meiner Familie ist gazellengleich.« Ich sollte echt mal an mir arbeiten, oder soll das hier ein verbaler Ringkampf ohne Reglement und jeglichen Stil werden? Habe ich so ein Gekeife nötig?

Während ich schon zur Reue tendiere, mich ein wenig schäme, legt sie nochmal nach: »Na ja, ist ja praktisch, wenn alle so proper sind, du tauschst ja augenscheinlich oft Kleidung mit deiner Mutter.«

Sie scheint wenig schlichtende Gedanken im Kopf zu haben. Was sollte denn die Aussage jetzt? Heißt das übersetzt so viel wie: »Du bist dick. Deine Mutter sicher auch. Und außerdem siehst du aus wie deine eigene Mutter. Kleidest dich jedenfalls so. Muttihaft eben.«

Ich glaube, dieses Gespräch wird keine freundliche Wende mehr nehmen. Bevor sie mir noch ausgiebig erzählt, dass sie Miss irgendwas geworden ist oder nebenher erfolgreich modelt, mache ich mich vom Acker. Solchen Frauen sollte man einfach aus dem Weg gehen. Sie machen nichts als schlechte Laune. »Ja, dann gehe ich jetzt mal herrlich was Schönes essen«, versuche ich einen kleinen eigenironischen Abschiedssatz, aber die Kuh versteht wirklich gar nichts. »Essen?«, fragt sie entsetzt, als wäre ihr das eine völlig fremde Beschäftigung.

Klamottensprengung

Ein weiteres Highlight im Rahmen der Demütigungen beim Einkauf war mein kleiner Unfall in einer kleinen Designerhose.

Ich betrat einen sehr vornehmen, sehr, sehr teuren Laden mit sehr wenig Klamotten und einer sehr blasierten Dame mittendrin, die wahrscheinlich die Verkäuferin sein sollte. Sie hatte allerdings einen Gesichtsausdruck, als würde ihr das gesamte hochpreisige Label gehören, oder als wäre sie eine Monarchin in ziemlich schlechter Stimmung, die gezwungen wurde, einen Tag den Anblick des Pöbels zu ertragen. Meinen zum Beispiel.

Ihr Blick seziert mich. Geht von oben nach unten, und man sieht ihr an, dass sich ihre Begeisterung über meinen Besuch stark in Grenzen hält. Erschwerend hinzu kommt die Tatsache, dass sie sich gezwungen fühlt, ihr Telefonat zu beenden. »Ich rufe dich zurück, Häschen«, säuselt sie ins Telefon, und ich bin überrascht, dass eine Frau mit so miesepetrigem Gesicht so rumflöten kann. Bei mir wird ihr Ton auch gleich strenger: »Ja bitte«, sagt sie nur. Weiter nichts. Kein: »Kann ich helfen?« oder: »Sie wollen sich sicher mal umschauen, wenn ich was für Sie tun kann, melden Sie sich einfach.«

Ich fühle mich wie 13, verunsichert, klein, falsch gekleidet für eine solche Edelboutique und ärgere mich gleichzeitig maßlos darüber, dass mich eine so doofe Liesel so aus der Fasson bringen kann. »Ich möchte den Hosenanzug, den Sie im Fenster haben, mal probieren«, sage ich mit möglichst fester, selbstbewusster Stimme. »Aha«, ist ihre Antwort. Wieder werde ich gründlich gemustert. »In welcher Größe denn?«, fragt sie nochmal nach. Höre ich da einen süffisanten Unterton? Jetzt ist mir alles egal. Was hat diese Person gegen mich? Bisher war ich doch völlig freundlich. Wenn das so weitergeht hier in diesem Boutiquechen, kann ich jedoch für nichts mehr garantieren. »In Ihrer größten Größe bitte«, sage ich also noch so nett es eben geht. Eigentlich sollten die bei der momentanen Rezession froh um jede potenzielle Kundin sein. Die sieht eher aus, als hätte ich sie soeben grob persönlich beleidigt oder sexuell belästigt. »Wenn Sie Glück haben, ist er in 42 da, manchmal führen wir Stücke auch in ganz groß.« Das war auch eine ganz große Äußerung. Damit wäre sie sicherlich Aspirantin auf den Titel muffigste und giftigste Verkäuferin des letzten Jahrzehnts. Doch sie bequemt sich tatsächlich. Holt mir den Anzug, der in 42 im Lager hing. »Na, da bin ich aber gespannt«, grummelt sie, als sie mir das Teil in die Kabine hängt. Wie schön, dass ich ihrem Leben wenigstens einen Hauch Spannung einverleiben konnte.

Die Umkleidekabine ist das Beste am Laden. Ein großer

rechteckiger Raum mit Tür und ausreichend Spiegeln. Wunderbar. Der Anzug ist zu klein. Das merke ich schnell, habe aber keine Lust, mir die Schmach einzugestehen, und probiere, was mit Gewalt drin ist. Ich zerre und ziehe an der Hose. Und bekomme sie so wirklich über die Hüften. Na also. Geht ja doch. Jetzt Aufgabe Nummer zwei: Bund schließen und Reißverschluss hochziehen. Ich halte die Luft an, lege mich in der Umkleide auf den Boden, bete, dass die Verkäuferin nicht jetzt gerade reinplatzt, und schließe den Knopf. Vorsichtig stehe ich auf. Noch ist der Reißverschluss auf, aber schon jetzt kann ich sehen, dass wie durch ein Wunder die Bundfalten der Hose verschwunden sind. Vom Fett weggebügelt. Leider ist der Stoff des cognacfarbenen Anzugs sehr dünn, und wenn man genau hinsieht, kann man das Celluliterelief auf dem Oberschenkel erahnen. Vielleicht bin ich auch nur schon leicht manisch.

»Passt der Anzug?«, ruft es ungeduldig von draußen. »Ja, ja«, antworte ich nur gereizt und zerre an dem kleinen Stück Metall. Was für ein widerspenstiger Reißverschluss! Ich werde mich ihm nicht beugen. Das wäre ja gelacht. Ein Stück hat er sich schon bewegt. Was will ich mit einer Hose, bei der das Anziehen etwa so kompliziert und langwierig ist wie eine OP am offenen Herzen? Ich will die Hose längst nicht mehr, sie sieht an mir einfach entsetzlich aus, ist definitiv mindestens zwei Nummern zu eng, aber ich will sie einmal schließen. Nur für mein Ego und die Zimtzicke da draußen.

Es kommt, wie es kommen muss, mit einem »Ritsch«, einem fast dezenten Geräusch, gibt der Reißverschluss seinen Geist auf. Trennt sich vom Stoff. Gegen diese Körpergewalt hatte der Arme nun wirklich keinerlei Chance. Was mache ich denn jetzt bloß? Lange bleibt die sicher nicht mehr vor der Umkleide. Da ruft es auch schon: »Und was ist jetzt?« Charmant gefragt. Im Affentempo schäle ich mich, so vorsichtig wie möglich, aus der Hose. Lege sie so zusammen, dass man vom Reißverschluss oder besser dem, was davon übrig ist, so wenig wie möglich sieht. Die Jacke probiere ich nicht mal mehr. Ein ruiniertes Teil ist für den Moment genug. Ich sollte nicht auch noch die Knöpfe der Jacke wegsprengen.

Während ich den Kram zusammenraffe, überlege ich kurz, rauszugehen, ein Geständnis abzulegen und den Schaden zu bezahlen. Schuld war ich allemal. Das war absehbar. Sogar mehr als das. Diese Prozedur hätte nicht mal ein Jeansreißverschluss unbeschadet überstanden. Ich öffne die Tür, und der Herrgott ist mir ausnahmsweise mal gnädig. Das Telefon klingelt. »Lieber Gott, lass es ihr Häschen sein, dann kann ich vielleicht unbeobachtet fliehen.« Ihr Gesicht hellt sich auf. Das scheint tatsächlich Häschen zu sein. »Mein großer starker Kerl«, nennt sie ihn diesmal. Jetzt tut sie mir fast schon Leid. Frauen, die ihre Männer Häschen und mein großer starker Kerl nennen müssen, was haben die wohl für einen Partner? Ich lege den zusammengeknüllten Anzug auf den Tresen, und sie nimmt glatt den Hörer vom Ohr. »Wollen Sie den Anzug?«, fragt sie. »Nein«, sage ich und beschließe, ganz, ganz böse zu sein. »Da ist mir zu wenig Kaschmir drin, ich vertrage Baumwolle nicht gut, meine Haut ist Kaschmir gewöhnt«, und mit diesen albernen Worten verlasse ich den Laden.

Als ich die Schaufensterfront angemessenen Schritts entlanggeschlendert bin, so gelassen wie eben möglich, beschleunige ich. Nichts wie weg aus dem Dunstkreis dieses Ladens. Dem Ort der Misere. Was für eine Vorstellung: Die bemerkt die Reißverschlusssprengung und rennt mir mit dem Corpus Delicti hinterher. Am Ohr immer noch der große, starke Kerl, das Häschen. O nein, hoffentlich hat die mich nicht auch noch erkannt. Erst nach 500 Metern und einige Blocks weiter bleibe ich stehen. Uff, den Laden muss ich mir merken. Da darf ich keinesfalls in den nächsten Monaten wieder auftauchen. Am besten nie mehr. Noch Wochen später habe ich in jedem Café in der Innenstadt ein ungutes Gefühl. Wenn die Verkäuferin jetzt hier zufälligerweise auch sitzt, mich erspäht, aufsteht und durchs ganze Café schreit: »Sie sind doch die, die aus der Hose geplatzt ist.« Horror.

Frau Fröhlich ist dick

Ein gewisser Bekanntheitsgrad ist durchaus angenehm. Ich hasse auch nichts mehr als Menschen, die im Fernsehen auftreten und sich dann wie Bolle wundern, wenn sie jemand erkennt. Wer daran keinen Spaß hat, sollte seinen Kopf nicht in die Glotze stecken. Das ist wahrlich Jammern auf sehr hohem Niveau.

Und fast immer ist es sehr nett, wenn Menschen einen erkennen. Sie grüßen freundlich, manchmal sagen sie sehr liebe Dinge, die man sonst ja auch nicht dauernd hört, und die einem gut tun, man plaudert ein bisschen, und das war's meistens auch schon.

Manchmal aber gibt es Momente, da ist es ziemlich peinlich, keine anonyme Figur zu sein. Mir ging das in einer Filiale von Zara so. Ich will ein nachgemachtes Chanel-Kostümjäckchen. So ein bouclèartiges Etwas. Zu Jeans doch mal eine schöne Blazeralternative. Mit Shopping geübtem Blick schaue ich die Ständer durch. Da taucht eine kleine platinblonde Verkäuferin auf. Sie sieht aus, als würde sie auf einen Marilyn-Monroe-Doppelgängerwettbewerb gehören. Meine Güte, wenn gleich der Rock vom Wind nach oben geweht wird, dann ist sie tatsächlich auferstanden. »Hallo, Frau Fröhlich«, begrüßt sie mich lauthals. So laut, dass zwei Drittel der Kunden im Geschäft jetzt auch informiert sind. Nachdem sie mir drei Minuten lang zauberhafte Sachen gesagt hat, so zauberhaft, dass ich sie erst mal nicht mit mir selbst in Verbindung bringen kann, bietet sie mir ihre Einkaufsunterstützung an. Einer Frau, die so ausnehmend freundlich ist und mir in drei Minuten mehr Komplimente macht als mein eigener Mann in Jahren, der kann ich nichts abschlagen. Hätte sie gefragt, ob ich sie adoptiere, ich hätte es glatt getan. Sie ist eine perfekte Verkäuferin. Zerrt alles von allen Ständern, hängt es mir in die Umkleide und sitzt dann gespannt wie ein Flitzebogen und mit einer Erwartungshaltung, als ginge es um eine für sie immens wichtige Prüfung vor meiner Kabine. Ich hingegen fühle mich etwas unter Druck. Diese Frau hat sich dermaßen viel Mühe gegeben, wenn mir jetzt nichts passt und ich nichts kaufe, dann wird sie sich schlecht fühlen. Will ich, dass sich eine so reizende Person schlecht fühlt? Natürlich nicht. Also hat mir, verdammt nochmal, irgendwas zu passen. Aber die Jäckchen wollen mir diesen profanen Wunsch nicht erfüllen. Sie sträuben sich. Sitzen so eng, dass man denkt, ich hätte noch eine Freundin drunter versteckt. Die meisten kann ich noch nicht mal zumachen. Vor meiner Kabine wartet geduldig eine der nettesten Verkäuferinnen weltweit. Sie drängelt nicht mal. Und ich, ich schäme mich. Schäme mich zuzugeben, dass mir nicht eine der Jacken auch nur annähernd passt. Ich weiß, dass es auch keine Nummer größer gibt. XL ist das größte bei Zara. Was nun? Die arme Frau, die sich so verdammt viel Mühe mit mir gegeben hat, enttäuschen und damit auch öffentlich einzugestehen, dass mir XL nicht passt?

Ich nehme die günstigste der Jacken. Irgendwann, wenn ich denn mal weniger wiege, wird sie mir schon passen. Ist ja ein einigermaßen zeitloses Teil. Die Verkäuferin freut sich dermaßen, dass man denken könnte, sie hätte die Jacke höchstpersönlich designt und genäht.

Ich allerdings frage mich zu Hause, ob ich noch alle Tassen im Schrank habe. Normalerweise habe ich doch auch kein Problem damit, laut und deutlich zu sagen, wenn mir was zu eng ist. Es ist ja sowieso offensichtlich, dass ich nicht in Kleidergröße 36 passe. Was mache ich da für einen Unsinn?

Verkaufspersonal: Ladenschnepfen

Einkaufen ist für Moppel, wie hier lang und breit erörtert, kein wahres und reines Vergnügen. Zu einem kleinen Horrortrip kann es werden, wenn, wie oben, die passenden Verkäuferinnen dazukommen.

Wenn man einen Laden betritt und die Verkäuferin zur Begrüßung nicht etwa »Hallo« oder »Guten Tag« sagt und vielleicht sogar noch den höflichen Satz »Kann ich Ihnen helfen« hinzufügt, sondern stattdessen ungefragt brummelt: »Wir haben nur Kleidung bis Größe 42.« Was übersetzt ja nur heißen kann: »Moppel, mach die Flatter. Dir passt hier eh nix.« Was wahrscheinlich oft stimmt, aber sicherlich wenig aufbauend wirkt. Davon abgesehen kommt man sich in einem solchen Fall schnell vor wie frisch geröntgt und eingescannt. Eine fantastische Vorstellung. Durch die Äußerung ist auch klar, dass man leider nicht nur eine Frau ist, der Größe 42 nicht passt, sondern selbst auf den ersten Blick auch aussieht wie eine Frau, der Größe 42 nicht passt.

Auch eine charmante und fast ebenso gern gehörte Äußerung von Verkäuferinnen: »Ich sage Ihnen erst mal, was das kostet, bevor ich es aus dem Schaufenster hole.« Was will uns dieser freundliche Satz sagen: »Du siehst nicht aus, als könntest du einen Fummel in unserer Preislage bezahlen. Nicht mal, als würdest du einen Kredit dafür bekommen. Ha. Was soll ich mir da die Arbeit machen.«

Auch nervig sind Verkäuferinnen, die alles dufte finden. »Wie für Sie gemacht«, schleimt dieser Typ gerne vor sich hin. Und das, während man sehr zweifelnd vor dem Spiegel steht und einem das Hüftfett seitlich über die Hose hängt. »Ist die nicht ein bisschen eng?«, fragt man, obwohl man es natürlich selbst ganz genau sehen kann. »Ne, die muss so sein. Die soll so sitzen«, antwortet die Fachberaterin und das, ohne auch nur den Bruchteil einer Sekunde zu zögern.

Lügt einem locker und gut gelaunt ins Gesicht: »Größer würde das nicht wirken.« Was würde da nicht wirken? Das Hüftfett?

»Ich würde sie aber doch gerne mal eins größer probieren«, fragt man vorsichtig nach. »Na, größer gibt's die nicht, das ist die größte Größe, die wir haben«, erklärt die Verkäuferin und sagt dann den Satz, den alle Verkäuferinnen lieben: »Die ist für Sie gemacht, die Hose.«

Aha. Für mich gemacht. Mag ja sein, dass die Hose für mich gemacht ist, nur schade, dass man davon nichts merkt und sieht.

Liste 2
Warum es jetzt sowieso egal ist

Weil zwischen mir und meinem Idealgewicht mindestens drei Jahre Wasser und Salat liegen.

Weil man irgendwann kapieren muss, dass Schokolade einfach stärker ist.

Weil ich gerade Chips, zwei Snickers, drei Portionen Chicken McNuggets und sieben Toffifee gegessen habe.

Weil es letztlich ja doch auf die inneren Werte ankommt, und die liegen bei mir definitiv bei 90-60-90.

Weil mein Mann sowieso nicht sieht, ob ich dreißig Kilo mehr oder weniger wiege.

Weil das nächste Klassentreffen erst in neun Jahren stattfindet.

Weil ich nicht weiß, wozu es eigentlich gut sein soll, dass man ständig seine Füße sehen kann.

Weil Sex maßlos überschätzt wird.

Weil ich in meinem Leben schon etwa 123 Kilo abgenommen habe und man trotzdem nichts sieht.

Weil ich mir gerade: »Ich bin rund, na und?« gekauft habe.

Weil meine Freundinnen mir ohnehin allenfalls ein neues Tortenrezept, aber kein Sexappeal zutrauen.

Weil mir alle versichern, dass ich auch so einen Partner finden werde (irgendwann mal).

Weil mir im Bus gerade der Platz für Schwangere angeboten wurde, obwohl ich doch gerade mühsam ein Kilo abgenommen habe.

Demütigungen und Zumutungen, über die Frauenzeitschriften komischerweise Stillschweigen bewahren

Wenn man ein Mops ist, hat man Probleme, die speckfreie Personen nicht haben. Probleme, die nicht wirklich dramatisch sind, aber immerhin nervig genug, um sich einem wie Blei aufs Gemüt zu legen. Sie sind mir, welch Glück, nicht alle aus eigener Erfahrung bekannt, aber ich kenne viele aus Erzählungen und kann mir vorstellen, wie man darunter leidet.

Da wären einmal die kleinen Wollmäuse, die sich mit Vorliebe auf Wollstoffen ansiedeln, und das umso zahlreicher, je größer die Reibungsflächen sind, die man ihnen bietet. Und Dicke haben bekanntlich viele solcher Flächen, an denen jedes Teil dann schnell so aussieht wie frisch aus der Altkleidersammlung. Jeder kennt diese fiesen Wollfussel, die sich mit Vorliebe richtig teure Kaschmirstrickjäckchen als Zuflucht suchen, bevorzugt an den Innenseiten der Ärmel. Bei Moppeln gibt es eine weitere Gefahrenzone: die Innenseite der Schenkel. Das ständige Aneinanderreiben schafft auf Dauer selbst den besten Stoff und lässt ihn zunehmend dünn werden. Deutliche Zeichen der Auflösung: diese kleinen renitenten Fussel.

Was also tun? Es gibt mehrere Methoden. Man kann beispielsweise einfach darüber hinwegsehen. Schließlich guckt Ihnen ja nicht dauernd jemand an diese Stellen. Und wenn, wäre es grob ungezogen und unhöflich. Außerdem sitzen wir Frauen ja seltenst breitbeinig auf Sesseln und Stühlen. Jedenfalls sollten wir es – laut Knigge – besser nicht tun, weil es nicht gerade grazil aussieht und man Perspektiven geboten bekommt, die eigentlich nur dem eigenen Mann vorbehalten sein sollten. Andere Variante: Den Fusseln mit einem Rasierer zu Leibe rücken. Einfach mit dem Einmalrasierer über die Fusselzonen gehen und weg sind sie. Irgendwann macht sich natürlich auch der Stoff dünne, aber welche Hose ist schon für die Ewigkeit gemacht?

Dann die Sache mit der Sitzhaltung. Wer von den dünnen Menschen hat sich darüber je Gedanken gemacht? Warum nur schlagen Moppel so selten ihre Beine übereinander? Weil es einfach nicht geht. Ab einem gewissen Umfang verweigern sich Schenkel dieser für sie so anstrengenden Umschlagakrobatik. Es geht einfach nicht – selbst dann nicht, wenn man eine Kamasutra-Grundausbildung hat. Und weil wir gerade bei Oberschenkeln sind: wirklich unangenehm können sie im Sommer werden. Die Hitze, der Schweiß, die Reibung – sofort sieht man an der Schenkelinnenseite aus, als hätte man sie mit Sandpapier bearbeitet. Man reibt sich, wie es in der Fachsprache heißt, einen Wolf. Abhilfe schafft hier ein Kleidungsstück, das ansonsten modisch zu Recht keine große Rolle mehr spielt: die Radlerhose. Ist der Wolf Ihr Problem, kommen Sie ihm mit einer Radlerhose. Wer Radler nicht kennt, kein modischer Fauxpas, sondern im Gegenteil eigentlich ein Anzeichen für Ihren guten Geschmack: Es handelt sich um so etwas wie oberschenkellange Leggins. Die trägt man als Notwehrmaßnahme unter dem Rock oder auch einer engen Hose und lässt sie dort wahre Wunder wirken. Schenkel eins kann Schenkel zwei zwar berühren, sogar weiterhin recht innig, aber wenn die Haut geschützt ist, bleibt der Wolf aus und man hat eine Horrorvision weniger auf seiner persönlichen Hitliste der Moppelzumutungen.

Aber keine Angst, es gibt Nachschub. Zum Beispiel im

Klinikbereich. »Bei Hüftoperationen brauchen wir manchmal zwei Leute, die die Speckschürze halten«, hat mir ein verwandter Orthopäde erzählt. Mein Schwager, um genau zu sein. Welch eine hübsche Vorstellung. Zwei blutjunge, natürlich extrem gut aussehende Assistenzärzte sind statt mit Lebenretten nur damit beschäftigt, schwabbelige Rollen von der Größe eines Lkw-Reifens zu stemmen. Ein Gedanke, der selbst in Vollnarkose schwer zu ertragen ist. Solche Phantasien machen jeden möglichen Unfall, ohnehin eine schlimme Vorstellung, zusätzlich zu einer Demütigung ersten Ranges: Ich bin betäubt, sabbere munter vor mich hin, jeder kann sehen, ob ich irgendwo noch Zahnstein habe, der längst entfernt sein müsste, und eine komplette OP-Belegschaft mustert mich (splitterfasernackt) in aller Seelenruhe. Dann die zwei, die eigens dazu da sind, meine Speckrollen (die Schürze!) aus dem Weg zu räumen, damit sie die operierenden Ärzte nicht behindern. Werden die am nächsten Abend im Kreise einiger netter Freunde ausführlich berichten, was »die Fröhlich« für eine immense Hüftschürze hat? Bin ich nur extrem eitel oder extrem empfindlich? Könnte es mir nicht schnurzpiepegal sein, was irgendwelche mir unbekannten Ärzte eventuell über mich erzählen? Es könnte und sollte, ist es aber – ehrlich gesagt – nicht.

Deswegen gibt es auch Orte, an denen ich mich lieber aufhalte als im Schwimmbad. Das Schwimmbad ist ein Platz der fast nackten Tatsachen. Gnädige Verhüllung, ein alltäglicher Zustand aller, die sich nicht wirklich ausgewogen proportioniert fühlen, ist im Schwimmbad eine mehr als diffizile Sache. Trotz alledem bin ich schwimmen gegangen. Nicht weil ich das Chlor so liebe, sondern meine Kinder. Die können schließlich nichts dafür, dass ihre Mutter da auf einmal ungewohnt genant wird. Trotzdem: Schwimmbadaufenthalte gehörten nie zu meinem Liebsten, und an dieser Stelle herzlichen Dank an den oder die

Erfinder des Wickeltuchs, den so genannten Pareo, das sich Moppel weltweit um Hüften, Bauch und Oberschenkel schlingen, sobald sie das Wasser verlassen.

Leider kein Albtraum oder auch nur eine Vision war mein folgendes Erlebnis beim Oralchirurgen. Für eine Zahnoperation bekam ich in der Praxis des Chirurgen eine Vollnarkose (ja, ich bin empfindlich!). Eigens für diese Narkose war ein Anästhesist gekommen. Ein netter Kerl, charmant und witzig, der mir noch dazu zu einem herrlichen Schläfchen verholfen hat. Als ich, leicht beduselt, langsam aus der Narkose aufgewacht bin, war derselbe Mann regelrecht aufgelöst. »Sie sind ständig aufgewacht, und ich musste dauernd nachladen. Sie haben meine kompletten Betäubungsmittel aufgebraucht«, erzählt er mir völlig konsterniert. »Ich musste immer wieder zum Auto und Nachschub holen.« Ich bin erstaunt. Wieso bin ich so schwer ruhig zu stellen? Als ich wissen will, woran das liegen könnte, ist er einigermaßen ratlos. »Scheinbar bauen Sie das Zeug ganz schnell wieder ab«, ist seine Erklärung. Heißt das, ich bin Betäubungsmittel gewohnt? Eine Art Betäubungsjunkie? Denkt der, ich dröhne mich regelmäßig zu? Ich betone, leicht lallend, so gut ich das mit dem Rest Anästhetikum in mir kann, dass ich noch nie auch nur eine Schlaftablette geschluckt habe, kaum Alkohol trinke und Drogen eigentlich ablehne. Er gibt sich mit der Erklärung zufrieden. Ich bin noch anderthalb Tage wie mental in Watte gepackt. Vegetiere auf dem Sofa und bereite meiner Familie damit eine große Freude. Noch rückwirkend betonen meine Kinder, wie angenehm ich zu der Zeit war. »Du hast alles erlaubt, super das Zeug. Du solltest öfter mal eine Zahnoperation machen lassen.«

Als ich einige Tage später die Rechnung des Anästhesisten bekomme, also des Mannes, den ich als nett und witzig in Erinnerung hatte, bin ich schlagartig wieder völlig klar. Da steht doch als Erklärung für ungeheure Mengen an Betäubungsmitteln nur ein kleines, winziges, gigantisch grauenvolles Wort: Adipositas. Fettsucht. Wie reizend. Was sollen die bei der Krankenkasse jetzt denken? Wahrscheinlich muss ich demnächst noch eine Risikozulage zahlen. Woher weiß der das mit der Fettsucht? Haben die mich, der Oralchirurg und der Anästhesist, gemeinsam auf die Waage gelegt und mit Schaudern die Zahl abgelesen, oder hat dem Anästhesisten gelangt, was er sah? Ich fühle mich komplett gedemütigt, sehr unvorteilhaft gekleidet und außerdem erniedrigt.

Dürre Zicken

Es gibt wahrlich einiges, was am Moppeligsein nervt. Nicht nur das permanente Diäthalten oder der frustrierende Blick in den Spiegel oder auf die Waage, die schmerzhafte Erkenntnis, dass man bald nur noch bei Ulla Popken einkaufen gehen kann. Das alles wäre noch zu ertragen gegen die größte von allen Moppelheimsuchungen: die DZ – die »dünnen Ziegen« oder auch »dürre Zicken«. (Eine Freundin nennt sie auch gerne »A-Zicken« – als böse Anspielung auf die Körbchengröße.) Wen ich mit dieser anscheinend wenig frauensolidarischen Aussage meine? Sicher nicht die Hand voll Frauen, die schon immer superschlank waren und es weiterhin sein werden, und das einfach so. Die gerne ein paar Gramm mehr auf den Rippen hätten und sich ab und an sogar wahren Mastkuren unterziehen. Die von Gott wohl einfach so dünn gedacht wurden (kann ER da nicht auch mal an mich denken, schließlich zahle ich seit Jahren eifrig Kirchensteuer, und da wäre doch so ein kleines Wunder nicht zu viel verlangt), also Frauen, die sich um Essen nie einen großen Kopf machen mussten, sondern es einfach nur tun. (Neid, Neid, Neid!) Warum die und nicht ich? Wäre es nicht mehr als gerecht, wenn es wenigstens eine Art Teilzeitdünnsein gäbe – das halbe Leben sie, die andere Hälfte ich?

Nein, ich rede nicht von diesen Frauen, sondern von denjenigen, die sich selbst künstlich durch beinharte Entbehrungen auf einem relativ niedrigen Gewichtsniveau halten. Das wäre an sich ziemlich bewundernswert und nicht weiter schlimm, würden sie das in aller Stille, also unter Ausschluss der Öffentlichkeit tun. Doch es genügt ihnen nicht, einfach schlank zu sein, sie müssen auch noch missionarisch tätig werden. Als ob es für einen Moppel nicht ohnehin schon hart genug wäre, stets mit vermeintlich erfolgreicheren und disziplinierteren Esserinnen zu tun zu haben, wird unsereinem von diesen dürren Zicken auch noch wortreich bei jeder passenden und unpassenden Gelegenheit ein Platzverweis erteilt. Als wüssten wir nicht selbst, dass wir trostlose Charakterschwächlinge mit dem Rückgrat einer gekochten Garnele sind, allzeit bereit, für eine Portion Pommes jeden guten Vorsatz an der nächsten Autobahnraststätte auszusetzen. Als hätten wir keinen Spiegel daheim oder könnten eine Pizza mit allem nicht von einem Salatblatt unterscheiden, behandeln uns diese Frauen so, als wären wir nicht nur dick, sondern auch geistig zurückgeblieben oder jedenfalls dämlich genug, ihnen zu glauben, dass sie es ja nur gut mit uns meinen und nicht bloß unverschämt sind. Frauen, die ich meine, sagen Sätze, die zwar beim ersten Hören eher harmlos klingen, manchmal sogar fast schon nett, die aber, wenn man seine Lauscher aufsperrt, oft eine perfide Botschaft enthalten.

Sätze, die wir hassen (aus dem Mund von Frauen, die in Kleidergröße 34/36 stecken)

»Ich glaube, ich habe zugenommen.«

Wahre Bedeutung dieses Satzes:

»O Gott, wenn ich zugenommen habe, was bist du dann erst fett!«

Keinesfalls sagen:
»Du doch nicht. Du bist doch irre schlank.«
Adäquate Antwort:
»Als ich dich eben so gesehen habe, hatte ich den gleichen Gedanken. Es sitzt wohl hauptsächlich an den Schenkeln, oder?«

»Ist mein Hintern in der Hose nicht irre fett?«
Wahre Bedeutung:
»Na, Miss Dickpo, guck dir mal meinen süßen kleinen Knackarsch an.«
Keinesfalls sagen:
»Quatsch! Der sieht so perfekt aus. J Lo wäre neidisch. Fett kann ich da nicht entdecken.«
Adäquate Antwort (an eine Person, deren Po etwa die Größe einer Mango hat):
»Na ja, ehrlich gesagt, in der Hose würde sogar mein Hintern etwas dick aussehen.«

»Mein Stoffwechsel ist toll, ich kann essen, was ich will.«
Wahre Bedeutung:
»Ätschi, ich bin dünn und esse sogar.«
Keinesfalls sagen:
»Boh, hast du es gut.«
Adäquate Antwort:
Keine. Knallen Sie ihr eine. Nicht zu fest. Dünne sind empfindlich. Wenn Sie, wie die meisten von uns zivilisierten Menschen, Gewalt ablehnen, stellen Sie es sich wenigstens vor.

»Nee, Sport mache ich nie.«
Wahre Bedeutung:
»Ich muss mich für mein Superfigürchen nicht mal quälen.«
Keinesfalls sagen:

»Hätte ich nie gedacht, du siehst so was von sportlich aus.«

Adäquate Antwort:

»Habe ich mir ehrlich gesagt schon gedacht, dein Muskeltonus und dein Bindegewebe wirken ein bisschen schlapp.«

»Du, letztlich ist alles eine Frage der Disziplin.«

Wahre Bedeutung:

»Na, du willenlose Schlampe!«

Keinesfalls sagen:

»Ach, ich schaff das einfach nicht. Ich bin ein eher zügelloser Typ.«

Adäquate Antwort:

»Mag sein, dass da was dran ist. Zwanghaften Charakteren wie dir fällt das mit der Disziplin natürlich leichter.«

»Ich nehme nur eine Vorspeise. Ich kann einfach nicht so viel essen und bin immer gleich satt.«

Wahre Bedeutung:

»Ist ja ekelhaft, was du alles in dich reinstopfst!«

Keinesfalls sagen:

»Beneidenswert – ich kann einfach nicht aufhören, wenn ich mal angefangen habe.«

Adäquate Antwort:

»Du musst ja ein trostloses Leben führen, wenn es dir so auf den Magen schlägt.«

Dinge, die dünne Frauen tun und damit dickeren Frauen auf den Nerv gehen

Eine Kollegin, auch eher üppig, kriegt regelmäßig zu viel, wenn ihre Schwester zum Essen kommt. Die Schwester, geschätzte Kleidergröße 164, pickt im mühsam gekochten Gourmetmahl herum, als säße sie mit Daniel Küblböck vor einem Teller Maden. Wendet Essen hin und her, schichtet und schiebt und versucht so zu verbergen, dass sie eigentlich fast nichts davon isst. »Dafür könnte ich ihr den Teller ins Gesicht drücken«, so die Kollegin. »Ich laufe extra über den Wochenmarkt, statt in den Supermarkt zu gehen, kaufe die feinsten Zutaten, koche mir die Finger wund, und dann kommt diese lustlose Rumstocherin. Ich könnte ihr vermutlich auch gekochte Putzschwämme vorsetzen – das Ergebnis wäre dasselbe! Ätzend. Ich hasse es.«

Man fragt sich bei dieser Art Gästen natürlich: Warum lassen die sich überhaupt zum Essen einladen? Wieso sagen sie nicht einfach: Ich esse nicht! Niemals und schon gar nicht montags, mittwochs und freitags und ganz bestimmt nicht nach 14 Uhr? Was soll diese Demonstration des Unwillens? Wollen die einem ein schlechtes Gewissen machen? Ja, irgendwie schon.

Für solche Leute, die wie die Schwester meiner Kollegin unter Genussverstopfung leiden, ist Essen schon fast etwas Unanständiges, da sie es sich selbst ja dauernd verkneifen müssen. Entsprechend hat Essen für sie vor allem etwas mit Kontrollverlust zu tun, und deshalb ist schon die leiseste Andeutung von Hingabe und Begeisterung für Nahrungsmittel etwas ähnlich Abstoßendes, als hätte man sie aufgefordert, vor aller Augen auf dem Esstisch Sex zu haben. Natürlich kann man sich vorstellen, wie solche Menschen andere betrachten, denen es offenbar nicht gelingt, ihre Triebe so vorbildlich unter der Fuchtel eines ziemlich strengen Überichs zu halten – wahrscheinlich mit ähnlich viel Hochachtung, wie man sie vor Einzellern oder Meerschweinchen hat. Entsprechend lautet die Lösung auch nicht, sich weiterhin kulinarische Höchstleistungen abzuverlangen, um irgendwann vielleicht doch noch *das* Rezept, *die* Mahlzeit zu finden, die den Asketen endlich einmal mit Leidenschaft zu Messer und Gabel greifen lässt. Nein, es gibt für den Moppel nur einen Ausweg aus dem Dilemma: Laden Sie diese Leute nie, aber auch nie mehr ein. Um miese Laune zu bekommen, braucht man keine Gäste, da genügt die tägliche Zeitungslektüre. Außerdem sorgt solch trostlose Gesellschaft noch dafür, dass man vor lauter Ärger mehr in sich reinstopft, als man sollte, und dann, beim nächtlichen Aufräumen, auch noch die großzügigen Reste des undankbaren Stücks aufisst. Essen Sie, wenn Sie es sich aussuchen können, mit Menschen, die gutes Essen zu schätzen wissen. Sie kennen ja den Satz »Perlen vor die Säue werfen«.

Auch in meiner Branche, in den Medien, gibt es mehr als genug Beispiele für wirklich zwanghafte Oberlehrerinnen, die so aussehen, als wollten sie noch jenseits der 60 mit Kinderfahrschein U-Bahn fahren. Petra Schürmann und Antje-Kathrin Kühnemann (die Fernsehärztin, die aussieht, als passe sie mühelos in Kleidergröße 32) sind Frauen, die sich schon öffentlich über die Undiszipliniertheit dickerer Frauen geäußert haben. Diese »Wie kann man sich nur so gehen lassen«-Frauen sind die Pest, denn schließlich fragt man sich oft genug selbst, warum man nicht in der Lage ist, sich zu beherrschen, und kann gut darauf verzichten, von solchen Frauen, die offenbar Essen nur vom Hörensagen kennen, abschätzend behandelt zu werden. Erschwerend hinzukommt, dass gerade solche Frauen oft nicht mehr sind als – um es mal positiv zu formulieren – sehr, sehr schlank. Kein Wunder, dass sie sich an dieser Tatsache so berauschen. Wer sonst nicht allzu viel zu bieten hat, definiert sich eben über seine Figur.

Dann gibt es natürlich auch noch männliche Abarten dieses Typus. Kerle wie der Modedesigner Calvin Klein. Der hat sinngemäß gesagt: »Ich möchte nicht, dass Frauen über Größe 42 meine Kleider tragen.« Seine Klamotten sind für Schlanke, betont der Modefuzzi gerne. Sehen nur an kleinen Größen gut aus. Sein Parfüm, das ich bis zu dieser Äußerung gerne benutzt habe, kann er jetzt auch den Schlanken rüberreichen. Mit mir nicht. Es gibt andere Düfte auf dieser Welt.

Echte Nervensägen sind auch all jene Frauen, die in diversen Talkshows rumlungern und auf ihre Bombenfigur angesprochen nie ehrlich sagen: »Ja, ich schinde mich im Fitnessstudio, ja, ich kann mich an meine letzte vollständige Mahlzeit kaum noch erinnern und ja, es ist kein Spaß, sich ständig zu beherrschen.« Nein, diese Frauen betonen stets lachend, dass sie immer essen, was sie wollen, klar auch Schokolade, und sie zum Sport viel zu faul sind. Man weiß, dass sie schwindeln. Doch weil sie wissen, wie viel lässiger und cooler das wirkt, als zuzugeben, dass hinter ihrem Teeniefigürchen ein wahnsinniger täglicher Kraftakt steckt, schwindeln sie, als könnte man allein dabei schon ungefähr 1000 Kalorien verbrauchen.

Übrigens: Obwohl man es vielen Protagonisten nicht ansieht, beim Fernsehen gibt es Menschen, die für das Styling zuständig sind. Eine sehr nette Kollegin, Kleidergröße 40/42, musste mit einer dieser Stylistinnen zusammen shoppen gehen, und da sagt die Stylistin doch tatsächlich, dass es ihr eigentlich unverständlich wäre, dass eine Frau mit solchen Ausmaßen noch moderieren darf!

Natürlich bin ich oft neidisch auf diese dürren Ziegen. Weil ich auch gerne mal Oberschenkel hätte, die nicht ständig so eng zusammenglucken wie Udo Walz und Sabine Christiansen. Und weil ich natürlich auch gerne in einen Laden gehe und mir das kaufe, was mir gefällt, nicht bloß das, was mir passt. Deshalb sind – ich gebe es zu –

oft nicht die Dünnen das eigentliche Problem, sondern ich selbst.

Dünne um sich herum zu haben, macht noch dicker – sie wirken fast wie ein Vergrößerungsglas, das die ohnehin schon ausladenden Formen noch ein bisschen größer macht. Und das ist keinesfalls ein erfreulicher Zustand. Jedenfalls für die Dicken. Für Dünne natürlich schon. Deshalb mögen sie gerne Frauen wie mich neben sich. Da sieht man erst richtig, *wie* dünn sie sind. Sie verlieren so nochmal ungefähr zwanzig Prozent ihres Gewichts – rein optisch. Deshalb werden Dürre auch einen Teufel tun, Sie bei Ihren Bemühungen, abzunehmen, zu unterstützen. Wenn alle dünn sind, wo bleibt da das herrliche Gefühl der Erhabenheit? Diese köstliche Selbstzufriedenheit? Wo sind für Dünne sonst noch so leichte Siege zu erringen wie in Gesellschaft von Dicken? Nirgends!

Liste 3
Wann Sie Ihre Diät beenden sollten

Wenn Sie auf der Straße mit Uschi Glas verwechselt werden.

Wenn Nachbarn Ihnen unaufgefordert Lebensmittel zustecken.

Wenn Brot für die Welt Sie für die Hauptrolle in einem Spendenvideo haben will.

Wenn Sie sich ab Windstärke zwei nicht mehr aus dem Haus trauen.

Wenn Sie mit Ally-McBeal-Darstellerin Calista Flockhart Klamotten tauschen könnten.

Wenn Sie beim Überschreiten eines Gullys die Arme spreizen, weil Sie fürchten, durch das Gitter zu fallen.

Wenn Sie auch im Hochsommer Skisocken tragen müssen, um nicht zu erfrieren.

Wenn Ihnen Männer auf dem Spielplatz Bonbons anbieten.

Wenn Sie sich mit einem Apfel am Tag schon überfressen fühlen.

Wenn Sie bei jeder Schokoladenreklame in Tränen ausbrechen.

Wenn Sie bei der Lektüre der Bunten den Eindruck gewinnen, dass diese prominenten Hungerhaken dort eigentlich ganz schön fett sind.

Wenn Sie anfangen, Polstermöbel zu meiden, weil Sie fürchten müssen, in den Ritzen zu verschwinden.

Wenn Sie Ihr Meerschweinchen ins Tierheim bringen müssen, weil es anfing, Sie als Konkurrenten zu betrachten.

Männer, Kinder und artverwandte Abspeckbremsen

Kürzlich behauptete ein 76-jähriger Inder namens Jani, er habe seit 65 Jahren nichts gegessen und nichts getrunken. Die Öffentlichkeit reagierte natürlich skeptisch, ich aber fand die Meldung durchaus plausibel, schon weil der Asket ganz allein in einer Höhle im westindischen Bundesstaat Gujarat lebt und also niemanden um sich hat, der ungefähr dreimal am Tag die Frage stellt: »Wann gibt's endlich was zu essen?« Niemand wollte Spiegeleier mit Speck zum Frühstück, und keiner setzte sich vor seinen Augen mit einer Tüte Chips, zwei Tafeln Schokolade und einer Flasche Wein vor den Fernseher, und aller Wahrscheinlichkeit nach hatte Jani auch keine Mutter in seiner Höhle, die ihn, kaum hatte er das Wort »Diät« ausgesprochen, mit Waffeln, Linsensuppe und Kartoffelpuffern bombardierte, weil sie meinte, dass ein Kind essen muss, auch wenn es die 40 längst überschritten und mehr Ringe auf den Hüften hat als der Saturn in seiner Umlaufbahn. Als Single ohne jeglichen Anhang hat man also leicht Fasten, sogar jahrelang, wenn's sein muss – jedenfalls leichter als mit Menschen, die behaupten, mit einem verwandt zu sein, und die eigentlich ständig nur das eine wollen: Nahrung, und zwar pronto!

Weil das so ist und Frauen mit Familie bei der Arbeitsteilung im Haushalt immer noch meistens irgendwie in der Küche, also bei der Lebensmittelbeschaffung und -verarbeitung hängen bleiben, ist es für sie besonders schwer, abzuspecken. Immerhin, so behauptet die Statistik, wendet eine Frau in einem deutschen Vierpersonenhaushalt täglich etwa zwei Stunden für die Ernährung der Familie auf. Sie verbringt also im Durchschnitt weit mehr Zeit in der Gesellschaft von Essbarem als mit ihrem Mann, was manches erklärt. Etwa, dass sich manche Ehefrau im Laufe der Jahre einer Schwarzwälder Kirsch näher fühlt als ihrem Angetrauten und ihre Zeit lieber in Gesellschaft von Sauerbraten oder Pudding verbringt, anstatt mit ihrem Mann die Frage zu erörtern, weshalb er noch immer nicht den Parkplatz neben dem Abteilungsleiter ergattert hat.

Ziemlich widrige Umstände also für jemand, der plant, in diesem Leben noch einmal in Größe 42 zu passen, und sich deshalb von Cola, Pizza, Rouladen und Erdnussflips möglichst fern halten sollte. Gut, man könnte einwenden, dass es noch am einfachsten wäre, der ganzen Familie eine Ernährungsumstellung zu verordnen. Mehr Salat statt der Fertiggerichte, mehr Obst statt des Knabberzeugs und mehr Gemüse statt der Schokoriegel. An sich eine herrliche Vorstellung – schon sieht man sich im Kreise seiner Lieben vor leckeren Grünkernfrikadellen sitzen, selbstredend ohne Bratkartoffeln, sondern allenfalls mit Vollkornreis garniert. Die Kinder rotwangig, der Mann so begeistert, dass er beim nächsten Mal unbedingt eine eigene Küchenkreation – vielleicht einen Rohkostsalat – beitragen möchte. Doch spätestens, wenn sich Ihr Siebenjähriger im Supermarkt schreiend auf dem Boden wälzt und vor ungefähr 100 Augenzeugen behauptet, er würde zu Hause nichts zu essen bekommen, und Ihre Schwiegermutter jeden Sonntag mit einem Drei-Gang-Menü mit etwa 15 000 Kalorien vor Ihrer Tür steht, um Sohn und Enkel vor den Grausamkeiten einer gesunden Kost zu bewahren, wachen Sie auf und erkennen die bittere Wahrheit: Eine Familie ist sozusagen das Gegenteil einer Abspeck-Koalition – nämlich eine terroristische Vereinigung, deren oberstes Ziel es ist, zu verhindern, dass Sie auch nur ein Gramm verlieren. Kinder eingeschlossen. Denn die unschuldigen kleinen Wesen, die Sie geboren haben, tragen – kaum hat man ihnen das Leben geschenkt – nach Kräften dazu bei, dass ihre Mutter bald wieder so aussieht, als wäre sie kurz vor der Niederkunft – diesmal allerdings ohne schwanger zu sein.

Mutti = Schwergewicht

Ist es schon ein Blauwal oder noch eine Frau? Dass sich diese Frage oftmals schon ein paar Monate nach der Niederkunft nicht mehr sicher beantworten lässt, liegt unter anderem daran, dass manche Frauen, kaum sind sie Mütter, zu so genannten Tellerleerputzern mutieren, wie der Wissenschaftsjournalist Jörg Zittlau in seinem Buch »Frauen essen anders. Männer auch« die Metamorphose von der Allein- zur Mitesserin beschreibt. Bedeutet: Die frisch gebackene Mama isst nicht nur ihr Tellerchen leer, sondern auch das ihrer Kinder. Alles, was im Schälchen oder Gläschen übrig bleibt, wird von ihr vertilgt. Und das ohne schlechtes Gewissen, denn bei der Kinderernährung achtet sie ja auf Qualität, aber leider nicht auf die Kalorienbilanz. Und so nimmt das Verhängnis seinen Lauf – auch weil die Essenszeiten der Kinder oft nicht mit denen der berufstätigen Erwachsenen kompatibel sind.

Um den Ernährungs- und Geselligkeitsbedürfnissen aller Familienmitglieder gerecht zu werden, führt manche Frau nämlich bald keinen Haushalt, sondern eine Art Familienkantine, in der jeder bestellt, worauf er Lust hat. Mama sitzt dann mit dem jeweiligen Esser am Tisch, leistet Gesellschaft, kostet hier, probiert dort und isst weit mehr, als ihr und ihrer Figur gut tut. Statt drei Mahlzeiten kommen auf diese Weise oft bis zu fünf zusammen: das Frühstück, das man noch gemeinsam einnimmt, das frühe Mittagessen mit den Kindern, das die Mutter eigentlich auslassen wollte, weil sie dann am Abend noch mit dem Mann ausgiebig speist, die »kleine« Mahlzeit, die sie sich trotzdem macht, damit der Tag nicht zu lang wird. Abends bekommen die lieben Kleinen dann ein Extra-Abendbrot – an dem sie sich auch noch beteiligt – schließlich kann es noch dauern, bis der Gatte von der Arbeit kommt. Lange genug jedenfalls, um wieder Appetit zu haben, gern auf eine größere Mahlzeit. Schließlich haben die vielen wirklich winzigen Happen bei ihr den – leider irrtümlichen – Eindruck hinterlassen, eigentlich gar nichts gegessen zu haben (ganz abgesehen von dem doch sehr subjektiven Eindruck, dass so ein Tag mit Kindern einen in dem Glauben hinterlässt, etwa 5000 Kalorien verbraucht zu haben. Was ist dagegen schon eine Tiefkühlpizza und ein Tiramisu?).

Außerdem: Es gibt fast kein Ereignis rund um die Elternschaft, das nichts mit Essen zu tun hat. Denn natürlich werden die langen Nachmittage bei Mitmüttern, die frohen Bastelstunden, die Zeit, die man damit verbringt, die Kinder anderer Frauen beim Atmen zu bewundern und über Monatsfluss und Dammschnitte zu sprechen, nicht bloß mit Selleriestangen und Kräutertee, sondern mit Pralinen, Torten, Keksen, Aufläufen und Eintöpfen bestritten, schon weil man eine deftige Grundlage braucht, um all das zu verkraften. So kann man bald als Rainer-Calmund-Double gehen, während der Kindsvater im Großen und Ganzen weiterhin sein Gewicht hält, und nicht nur, weil er sich nur selten um die Ernährung seines eigen Fleisch und Blut kümmert (sieht man mal von seltenen, aber sehr imagefördernden Besuchen bei einer der großen Fastfood-Ketten ab, denen er den Ruf verdankt, ein prima Vati zu sein), sondern auch wegen der kleinen Unterschiede zwischen den Geschlechtern.

Liste 4
Kalorien-Relativitätstheorie

Wenn man etwas isst und niemand sieht, dass man es isst, hat es keine Kalorien.

Wenn man eine Diät-Cola trinkt und dazu ein Stück Kuchen isst, werden die Kalorien des Kuchens durch den Süßstoff der Cola ausgeglichen.

Wenn man mit jemand anderem isst, zählen die Kalorien nicht – solange man weniger isst als der andere.

Essen auf Löffeln oder Gabeln zählt nicht – solange man es beim Kochen zu sich nimmt.

Durch die Erdanziehung zählen Kalorien, die man im Stehen zu sich nimmt, nicht.

Was man vom Teller eines anderen nascht, ruiniert nicht die eigene Kalorienbilanz – weil alle Kalorien auf dem Teller ja eigentlich jemand anderem gehören.

Nahrungsmittel, die die gleiche Farbe haben, haben auch dieselbe Kalorienmenge: Also Spinat und Pistazieneis, Rote Beete und Rotweinkuchen, Champagner und Sauerkrautsaft.

Alles, was Kinder übrig lassen, kann man beruhigt aufessen, weil es sich ja um Kinderportionen handelt und die darin enthaltenen Kalorien also noch nicht voll zählen.

Kalorien, die man während eines Kinofilmes oder eines Konzerts zu sich nimmt, zählen nicht, weil sie Teil des kulturellen Ereignisses – also bloß geistige Nahrung – sind.

Wo Früchte drin sind, reduziert sich die Kalorienmenge automatisch auf die Hälfte: Schokolade mit Trauben, Erdbeereis, Sauerbraten mit Preiselbeersoße.

Essen als Lorbeerkranz

Männer sind Fleischfresser und lieben es fettig. Nur für den Mann wurde der Schweinebraten nach Mallorca importiert, die Schlachtplatte und das Steakhaus erfunden, und nur ein Mann bringt es fertig, nach einem Schnitzel von der Größe des Eriesees noch Hunger zu haben. Wie bei PS-Zahlen, Phonstärken und Schraubensammlungen lautet die männliche Devise nämlich auch beim Essen: »Viel bringt viel« – im männlichen Kosmos einen Zugewinn an Image und Bestätigung. Für Männer ist Essen nicht nur zur Sättigung da, sondern es bedeutet auch Belohnung, wie Wissenschaftler des Deutschen Instituts für Ernährung festgestellt haben. Demnach bemisst ein Mann die Qualität seiner Leistungen an den Portionen, die ihm daheim und im Restaurant dafür serviert werden. Das erklärt, weshalb die meisten Männer Gourmet-Tempel eher meiden, empfinden sie doch das kulinarische Ikebana, das dort auf den Teller kommt, schon fast als persönliche Beleidigung. Ihm Wachtelbrüstchen auf Apfelscheiben und Foie Gras zuzumuten wirkt nämlich auf das männliche Belohnungssystem ähnlich motivierend wie die Aussicht auf sechs Stunden Wagner – und ist auf keinen Fall ein akzeptables Äquivalent für die übermenschlichen Leistungen, die jeder Mann täglich vollbringt. Was Männer durchmachen, die mit artfremden Nahrungsmitteln konfrontiert werden, hat wie kaum ein anderer Altmeister Alfred Hitchcock in seinem Film »Frenzy« in herrlichen Szenen für die Nachwelt festgehalten. Hier quält die Inspektorsgattin ihren sichtlich angeekelten Ehemann mit Kreationen aus der französischen Küche, bei denen auch der Zuschauer nicht genau weiß, ob all ihre Bestandteile auch wirklich tot sind. Man sieht es dem armen Gatten förmlich an, wie er sich nach fetttriefenden Würstchen, in Butter ertränktem Toast und Spiegeleiern sehnt. Einfach irgendetwas, das ihm sagt: »Du bist ein ganzer Kerl, ein Held, der Arbeit, ein legitimer Nachkomme von Winnetou, Lederstrumpf und John Wayne!«

Ein Stück gegrilltes Fleisch, ein Schwenksteak, eine Fleischwurst tun so etwas. Sie sind nicht einfach Essen, es sind Auszeichnungen, Medaillen, wortreiche Lobhudeleien. Und damit ihnen nicht die Worte ausgehen, legt der Mann beim Essen gern noch mehr Schmeicheleien drauf, indem er das Ganze mit einer Extraportion Pommes und Mayo krönt, falls nicht – noch besser – eine Sahnesoße greifbar ist. Kein Wunder, wenn Männer so gern am Grill stehen, weil hier alles zusammenkommt, was sie am Essen schätzen: Übersichtlichkeit, Menge, offenes Feuer und Publikum. Mit maximal zwei verschiedenen Fleischsorten, drei unterschiedlichen Grillsoßen und einem Kartoffelsalat ist das männliche Bedürfnis nach Abwechslung dann vollkommen befriedigt, und wenn er nach dem Essen um den Mund bis hinter die Ohren so aussieht, als hätte er gleichzeitig mit einer Ketchupflasche und einem Stück Holzkohle Sex gehabt, dann war es eine rundum gelungene Mahlzeit. Kurz: Für den Mann wurden weder Elle Bistro noch Elle Decoration erfunden. Der isst seine Frikadellen nämlich auch vor dem Fernseher und im Jogginganzug aus der Pfanne, und es schmeckt ihm trotzdem.

Was man von seiner Frau nicht sagen kann. Denn sie braucht eine gewisse Basisversorgung an Dekoration, Atmosphäre und auch Hygiene. Nicht umsonst saß beim berühmten Nudel-Sketch von Loriot eine Frau auf der anderen Seite des Tisches, weil man es einem Mann nicht abgenommen hätte, dass er auch nur bemerkt, wenn sich etwa eine Schlange an Loriots Gesicht klammert, von einer kleinen Nudel ganz zu schweigen. Nur eine Frau kann – wie Evelyn Hamann – so fassungslos reagieren, wenn dem Mann gegenüber Essen über die Nase, die Augenbrauen, die Wange und die Ohren wandert. Kurz: Der weibliche Appetit ist eigentlich recht störanfällig. An sich eine gute Voraussetzung, schlank zu bleiben, gäbe es nicht noch andere Faktoren, die das weibliche Essverhalten bestimmen.

Männer wollen es gigantisch – Frauen hübsch. Auch beim Essen. Angenehme Gesellschaft von Menschen, die mit Messer und Gabel speisen, die nicht schmatzen oder sich unter den Achseln kratzen, ein stilvoll gedeckter Tisch, ausgefallene Genüsse, also Augenschmaus und Geschmacksknospenzauber. Das ist so ungefähr die weibliche Vorstellung einer gelungenen Mahlzeit. Es muss nicht viel, aber es sollte erlesen sein, und die Atmosphäre muss stimmen. Denn für Frauen ist Essen vor allem eine Gefühlssache, es steht für Nähe, Fürsorge und ist Ausdruck von Intimität. Deshalb investieren sie in Beziehungen auch so viel Mühe, um ihren Liebsten mit sorgsam zubereiteten

Mahlzeiten, nett gedecktem Tisch und ausgesuchten Leckereien ähnliche Qualitäten nahe zu bringen. So lange, bis der die Feinkostsalate »irgendwie sauer« findet, auf der Gemüseplatte das Schnitzel vermisst und eigentlich lieber Fleischwurst zum Frühstück hätte als eine französische Käsespezialität. Also kommt sie ihm entgegen, wird das typische Frauenessen wie Joghurt, Käse, Gemüse, Geflügel immer öfter mit männlich Deftigem, aber eben auch Kalorienreichem durchsetzt. Nicht umsonst heißt es, dass Liebe durch den Magen geht, und deshalb will es eigentlich keine riskieren, dieses große Gefühl einem Sojaschnitzel oder einem Fenchelauflauf zu opfern.

Dickmacher Ehe

Zumal Männer nichts mehr hassen als Veränderungen. Selbst wenn sie – wie etwa Franz Beckenbauer – öfter mal die Frau wechseln, bleiben sie ihrem Suchprofil doch immerhin so treu, dass die neue glatt die Zwillingsschwester der alten sein könnte –, wäre sie nicht 15 Jahre jünger. Wie bei Möbeln, Freunden, Lieblingspullovern, Unterhosen und Automarken zeigen Männer auch beim Essen ungeahnte Anhänglichkeit und eine tiefe Abneigung gegen alles, was neu in ihr Leben kommt, also was anders schmeckt, als es ihnen ihre Mutter aufgetischt hat. »Virgin-Nest-Syndrom« nennt Jörg Zittlau dieses männliche Beharrungsvermögen im heimischen Bereich, das dringende Bedürfnis, sich auch beim Essen auf das »Wiederkehrende« verlassen zu können. Deshalb reagieren sie so verschreckt, wenn man ihnen die Rouladen statt mit Senf, Schinkenspeck, Gurke und Zwiebeln mit einer exotischen Füllung – etwa mit Ingwer und Zitronengras – offeriert.

Und das sind noch die leichteren Fälle. Es gibt nicht wenige Männer, die zur Gründung eines gemeinsamen Haushalts mehr Essensvorschriften mitbringen, als der ganze Koran zu bieten hat. Da wird behauptet, man könne keinen Fisch essen, ohne vor Ekel sterben zu müssen, Käse kann leider weder auf dem Tisch noch irgendwo anders toleriert werden, weil allein der Gedanke, dass sich ein solches Nahrungsmittel in der Wohnung aufhält, ihm Brechreiz verursacht. Knoblauch? Lieber würde er tot über einem Zaun in Thüringen hängen, als dies Gewürz auch nur einmal wenigstens zu probieren. Der Salat wird verschmäht, das Gemüse nur als Beilage, aber niemals als Hauptmahlzeit akzeptiert, die Soße schmeckt ihm am besten mit Soßenbinder, und ohne Gelbwurst auf dem Frühstückstisch würde er kläglich zu Grunde gehen.

Kochen wird auf diese Weise für manche Hausfrau ein einziger Eiertanz, und bevor sie sich mit doppelter Essensbeschaffung und -zubereitung doppelte Arbeit macht, isst sie halt mit, was ihm schmeckt, einfach weil es zu aufwendig wäre, immer für zwei Personen zwei verschiedene Gerichte zu kochen und es umgekehrt schlicht zu hart ist, sich mit der Salatschüssel zu begnügen, wenn daneben einer sitzt, der genüsslich ein Schnitzel mit Bratkartoffeln in Sahnesoße verzehrt. Und gerade weil Nahrungsmittel für Frauen immer auch Stellvertreter für Beziehungsqualitäten wie Nähe sind und sie auch vermeintlich Trennendes viel schwerer akzeptieren, kommen sie ihren Männern entgegen, kochen, was er wünscht – mit ein paar kleinen Korrekturen. Die immerhin noch dazu führen, dass verheiratete Männer wesentlich gesünder sind, weil sie besser ernährt werden als der Junggeselle, der seine Ravioli auch mal kalt aus der Dose isst und Pizzareste auch nach einer Woche im Kühlschrank immer noch genießbar findet, wenn man ein bisschen Maggie draufkippt.

So bleibt man sich dann vielleicht nahe, aber entfernt

sich leider immer mehr von seinem Wunschgewicht. Frauen ungefähr doppelt so schnell wie Männer. Denn während die sich gut mit den vorgegebenen Essenszeiten begnügen können, müssen Frauen zwischendurch immer mal wieder etwas naschen. Weil sie sich langweilen, Stress haben, sich einsam fühlen, in froher Runde sind oder weil gerade Samstag ist und sie lieber in der Disco wären, als daheim auf dem Sofa ihrem Mann dabei zuzuschauen, wie ihm im Schlaf ein kleiner Speichelfaden das Kinn entlangläuft. So kommt zusammen, was dick macht: Kinder, die regelmäßig gefüttert werden wollen, ein Mann, der gern opulent isst, eine Frau, die ihm diesen Gefallen gern tun möchte, und eine Vorratshaltung, um die selbst die Bundeswehr einen durchschnittlichen deutschen Vierpersonenhaushalt beneiden könnte. Zusammengenommen ergibt das jede Menge Gelegenheiten zuzugreifen, wenn wieder ein Gefühl anrollt und nach Nahrung verlangt. Und während in einem Single-Haushalt oft allenfalls noch ein Joghurt zur Verfügung steht, wenn Frust droht oder der öde Fernsehabend mit Essbarem aufgepeppt werden soll, hat so eine Familienfrau stets und ständig mehr Nahrungsmittel zur Verfügung, als ihr und ihrer Figur gut tun. Ideale Voraussetzungen, um sich figürlich immer mehr einem Teletubbie anzunähern.

Natürlich könnte trotzdem alles so bleiben, wie es ist. Wenn man sich wohl fühlt, wenn man glücklich ist. Will man jedoch in der Ehe die Pfunde abspecken, die man ihr zu verdanken hat, sollte man mit dem Schlimmsten rechnen. Weil man sich mit seinen Salaten, dem Gemüse und den Suppen, jenseits von Süßigkeiten und Sättigungsbeilagen, Soßen und Sahnetorten sozusagen außerhalb der familiären Ernährungsgewohnheiten bewegt, was von manchen Familienmitgliedern fast wie ein unerlaubtes Entfernen von der Truppe missbilligt wird; weil man – wie gesagt – in so einer Familie stets von Versuchungen umgeben ist. Vor allem aber wegen der männlichen Reaktionen auf den Plan, mit dem Essen mal etwas kürzer zu treten. Gut, wenn die Geschlechter getrennt essen würden. Aber die Institution der Ehe und die durchschnittliche deutsche Wohnungsgröße hat uns nun mal zur gemeinsamen Nutzung einer Küche verdammt. Trennung wäre auch keine Alternative, da sich nach einer Erhebung des Ernährungsinstituts der Uni Helsinki das Essverhalten frisch geschiedener Männer und Frauen so weit von den allgemeinen Richtlinien entfernt, die für eine gesunde Ernährung gelten, dass man es schon fast britisch nennen könnte. Bleibt nur, auf alles vorbereitet zu sein, was Männer einem so bieten, hat man erst mal statt einer Praline das böse Wort »Diät!« in den Mund genommen.

Frau macht Diät, Mann macht mobil

So viel mal vorneweg: Ginge es nach etwa 98 Prozent aller Männer, bräuchten ca. 80 Prozent aller Frauen nicht ein Gramm abzunehmen (die restlichen zwei Prozent entfallen auf solche, die sich ihre Frauen passend zum Golfschläger aussuchen). Denn Männer schätzen es durchaus, wenn an einer Frau mehr dran ist als an einem Schlittenhund. Und nicht nur, weil sie mit den blaulippigen Nervenbündeln, die so unterernährt sind, dass sie selbst bei 35 Grad im Schatten vor Kälte zittern, ziemlich überfordert sind. Männer – das sollte sich jede Frau ganz groß auf ihre Waage, ihren Kühlschrank, ihre Diätschokolade und auf ihre Slimfast-Dose schreiben – mögen es durchaus etwas griffiger, und sie bezeichnen Frauen auch dann noch als »schlank«, wenn die glauben, sie könnten demnächst auch als Sumo-Ringer arbeiten (wie übrigens so ziemlich jede einschlägige Studie zum Thema bestätigt). Dazu kommt, dass alle Einschränkungen rund ums Essen von Männern als überaus lästig empfunden werden. Essen muss in größeren Mengen vorhanden sein, es muss unkompliziert sein, und man sollte sich nicht erst stundenlang Gedanken über Kalorien-, Fett- und Nährstoffmengen machen müssen, bevor man damit anfängt.

So ist der weibliche Diät- und Abspeckkosmos der männlichen Bedürfnislage diametral entgegengesetzt, und entsprechend verstört reagieren sie, wenn jemand in ihrem Nahumfeld der Meinung ist, aus etwas so Einfachem wie der Nahrungsaufnahme eine Geheimwissenschaft machen zu müssen. Entsprechend stehen bei Männern alle Alarmzeichen auf Rot, wenn eine Frau verkündet, sich grundlegend, also um etwa zehn Kilo, verändern zu müssen. Weil nun karge Zeiten anstehen, weil es ungemütlich wird, weil Frauen, die hungern, ähnlich sozial verträglich sind wie ein verprügelter Pitbull, und weil es außerdem doch sein könnte, dass der Wunsch nach Veränderung auch den eigenen Mann einschließt.

So sind Männer ziemlich verstört und entsprechend verunsichert, sobald die erste Kalorientabelle in der Küche gesichtet wird, und verspüren gleichfalls Handlungsbedarf. Der reicht von Solidarisierung bis hin zum passiven oder gar aktiven Widerstand. Wobei sich nicht mal sagen lässt, was besser ist: ein Mann, der einen so knallhart antreibt, als würde er sonst als Bundesligatrainer arbeiten, oder einer, dem weder aufgefallen ist, dass wir in den letzten Jahren 30 Kilo zugenommen haben, noch, dass wir sie nun schon seit Wochen wieder los sind. Aber auch ein Mann, der sich aktiv an der Diät beteiligen will, kann manchmal schwer zu ertragen sein. Ganz zu schweigen von denjenigen, die sonst niemals auch nur in die Nähe einer Bäckerei gekommen sind und jetzt plötzlich – seit wir abspecken – ständig Kuchen, Stückchen oder Schokolade mitbringen. Auf jeden Fall muss man sich auf einiges gefasst machen – und für folgende Typen gewappnet sein:

Der Mitmacher

Gut, Männer finden sich auch dann noch attraktiv, wenn sie so dick sind, dass ihr Gesäß die Sonne verdunkelt. Und der britische Forscher Stephen Gray von der englischen Nottingham Trent University fand heraus, dass jeder zweite Mann zu enge Hosen trägt, weil er nicht akzeptieren möchte, dass diese nicht passen. Nirgendwo zeigt sich das Potenzial männlicher Verdrängungsleistung so ungeschminkt wie bei der eigenen Leibesfülle. Männer ignorieren krachende Lattenroste und schwindende Gürtellochkapazitäten meistens erfolgreich – bis ihre Gattin eines Tages eine Diät beginnt.

Eigentlich nicht schlecht, findet der liebende Mann. Nicht, dass er es wirklich nötig hätte, aber ein oder zwei Pfund weniger könnten aus ihm fast so etwas wie den Brad Pitt von Bornheim machen, außerdem wäre es doch ziemlich nett von ihm, seine Frau in ihren Bemühungen zu unterstützen. Vor allem seelisch. Denn all die gesunden Sachen besorgen, Esspläne erstellen und sich um Nährwerttabellen nebst Diätbier kümmern, das wäre dann doch zu viel verlangt. Auch weil Frauen ja viel mehr über die Materie wissen als ein Geschlecht, das dank seiner jahrtausendelangen Diätabstinenz jedes Gefühl für die Relationen verloren hat. Entsprechend schwer wird es ihr gemacht. Muss sie doch beinharte Pionierarbeit leisten. So will er einfach nicht begreifen, dass auch wenig Mettwurst immer noch Mettwurst ist und man dafür eine große Schüssel Salat essen kann. Ganz zu schweigen vom »unhaltbaren Gerücht«, dass ein »winziges Stück« Kuchen schon eine ganze Mahlzeit ersetzen soll. Außerdem findet er, dass er sich nach einem ganzen Tag des Verzichts ein paar Kartoffelchips doch mehr als verdient hat. Geschwächt wie er nun mal ist, kann er sie sich natürlich nicht selbst aus der Küche holen, weil er genug damit zu tun hat, aktiv Hunger zu leiden. Würde Selbstmitleid Fettzellen aufzehren, wäre er schon nach drei Tagen rank und schlank.

Doch leider rührt sich auch nach einer Woche mit zu wenig Einsicht, zu viel Mettwurst und der Frustrationstoleranz eines Zwergkaninchens nichts, während seine Frau immerhin schon zwei Pfund runter hat. »Ist doch alles Bockmist«, befindet er dann und behauptet, dass die Waage ganz bestimmt defekt sein muss, wenn sich der Zeiger – trotz all seiner Selbstkasteiungen – nicht nach unten bequemen will. Jetzt ist der Moment gekommen, wo man als Frau stark sein muss. Denn natürlich ist es mit seinem Ego kaum zu vereinbaren, dass sie irgendetwas besser macht. Dazu noch mit Eigenschaften wie Disziplin, Ausdauer, Konsequenz, für die er doch eigentlich die Exklusivrechte besitzt. Also versucht er nun, ihr nahe zu bringen, dass sie es, genauso wenig wie er, nötig habe, auf die Figur zu achten, und es doch ohnehin viel gesünder sei, nicht ständig über Lebensmittel nachzudenken, sondern einfach ganz spontan zu essen, worauf man gerade Lust hat. Pflichten Sie ihm bei. Denn irgendwie hat er ja Recht – wenn Sie in Zukunft nur noch das einkaufen, was Ihnen schmeckt, werden Sie sicher beide locker abnehmen.

Der Diätextremist

Was dieser Mann tut, das tut er richtig. Da gibt es keine Halbheiten, keine faulen Kompromisse, kein Sowohl-alsauch und auch kein vernünftiges Maß, sondern nur glasklare Entscheidungen, beinhartes Durchziehen und letzte Konsequenz. Wider jede Vernunft. Diese Haltung ist es schließlich, die Männer von Frauen unterscheidet und sie in die Lage versetzt, Übermenschliches zu leisten und ohne Sauerstoffmaske alle Achttausender zu besteigen, ohne sich auch nur einmal die Frage zu stellen, wozu das eigentlich gut sein soll.

Das gilt natürlich auch beim Abspecken und vor allem, wenn die Konkurrenz um die Diätbestleistung sozusagen mit im Boot sitzt, weil man mit ihr verheiratet ist. Sich von Frauen überrunden zu lassen? Da könnte man ja gleich zugeben, dass sie das Wahlrecht verdient haben. Und außerdem taugt gerade eine Abspeckkur wunderbar dazu, den Frauen mal wieder zu zeigen, dass sie von männlicher Überlegenheit sogar auf eigenem Terrain zu schlagen sind. Natürlich nicht etwa in aller Stille und ohne Aufsehen. Nein, wenn ein Mann in neue Sphären aufbricht, dann richtig, also mindestens mit der Aussicht auf Applaus, Publikum und alle nur denkbaren Achtungserfolge. Also macht er auch aus einer einfachen Diät gleich eine Weltreligion, befördert sich selbst zum Abspeckmessias und schreibt dann natürlich nicht einfach nur ein Buch, sondern gleich eine Bibel. So wie Karl Lagerfeld, der mittlerweile so dünn ist, dass man sich mit ihm die Fingernägel sauber machen könnte. Oder Diätguru Dr. Ulrich Strunz, der aussieht, als wäre er ganz und gar aus etwas gemacht, das sechs Monate ohne Wasser und Nahrung unter der Sonnenbank überleben kann und deshalb eigentlich in die Weltraumforschung gehört.

Keine günstigen Voraussetzungen für Frauen wie dich und mich, die einfach so in aller Ruhe und ohne von männlichem Ehrgeiz belästigt zu werden, ein paar Pfunde verlieren möchten. Denn so ein Abspeckmessias nervt einen schon morgens um fünf mit Joggingabsichten in der Größenordnung eines Marathons, macht aus jeder Nahrungsaufnahme eine Biologievorlesung, und erwischt er einen mit einem harmlosen Stück Schokolade, tut er so, als hätte man sich gerade eine Heroinspritze gesetzt.

Natürlich nimmt man mit so einem Mann zwangsläufig ab – allerdings vor allem an Lebenslust. Zum einen ist es ziemlich frustrierend, wie er die eigenen Diäterfolge zu seinen macht, weil sie ohne sein Know-how, seinen unermüdlichen Einsatz für ihre Linie wohl kaum ein einziges Gramm abgespeckt hätte, was er bei jeder passenden und unpassenden Gelegenheit allen verkündet, die nicht rechtzeitig das Weite gesucht haben. Zum anderen ist so ein Diätguru eigentlich nie zufrieden und würde einem nicht mal dann eine Bratwurst gönnen, wenn man schon längst in ein Regenschirmfutteral passt. Dazu kommt, dass so ein Mann, der aus jedem Bissen eine Todsünde macht, leider kaum zum Genießen taugt, und das umfasst bekanntlich auch nichtessbare Dinge wie etwa Lust, Liebe, Sex und Einkaufen. Kurz: Sollte Ihnen dieser Typ bekannt vorkommen, weil er gerade neben Ihnen auf dem Sofa sitzt – dann behalten Sie Ihre Diätpläne einfach für sich und melden Sie ihn für die nächste Weltmeisterschaft im Pfahlsitzen an, oder finden Sie sonst eine schöne Beschäftigung, die seinen Ehrgeiz in Bahnen lenkt, von denen Sie nicht betroffen werden. Die so gewonnene Freizeit können Sie dann nutzen, um gänzlich unbehelligt ein paar Kilo schlanker zu werden.

Der Verhinderer

»Alles soll so bleiben, wie es ist!« lautet seine Devise, und das gilt sowohl für das akribisch ausgetüftelte Ordnungssystem in seiner Sockenschublade wie für seine Frau. Für die hat er eine ganz bestimmte Position in seinem Leben reserviert – irgendwo weit unterhalb seiner eigenen –, und dort soll sie auch bleiben, das heißt: sich nicht bewegen. Denn er mag es übersichtlich, besonders was das Lieben anbelangt – da hält er gern die Fäden in der Hand und sieht es überhaupt nicht gern, wenn sich seine Marionette selbständig macht und eigene Entscheidungen trifft. Entsprechend genügt es schon, wenn sie verkündet, ab morgen weniger zu essen, damit er hellhörig wird, Verrat wittert und Subordination. Man kennt das ja: heute Diät, morgen vielleicht ein eigenes Konto, und übermorgen dann glaubt sie schon nicht mehr einfach, dass er klüger ist als sie, und will Beweise. Schon sieht er sich den Abwasch machen, die Kinder betreuen und sie nach ihren Wünschen fragen, bloß weil er einmal nicht richtig aufgepasst und sie hat abnehmen lassen.

So weit darf es nicht kommen. Nicht, dass er nun mit der Faust auf den Tisch hauen oder gar laut würde. Nein, diese derben Machoallüren sind nicht sein Stil, zumal er ja eigentlich auch keine vernünftigen Argumente dafür hat, dass seine Frau übergewichtig bleiben sollte. Außer, dass er sie so unglücklich, wie sie darüber ist und so schwach, vor jedem Stück Kuchen zu kapitulieren, natürlich viel besser im Griff hat als eine schlanke, zufriedene, lebensfrohe Frau, die gestärkt durch ihre Abnehmerfolge vielleicht noch ganz andere Siege erringen will. Und natürlich ist ihre Dankbarkeit dafür, dass er sich mit einer – wie sie irrtümlich glaubt – so unattraktiven Frau abgibt, auch ziemlich nützlich, vor allem beim Erschleichen von Dienst- und Serviceleistungen. Aber soll er ihr das sagen? Sich diese Blöße geben? Niemals würde er sich so ins Unrecht setzen und zugeben, dass er ihre Schwäche braucht, um sich stark und überlegen zu fühlen.

Deshalb unterstützt er vordergründig seine Frau auch nach Kräften, lobt ihre Entschlossenheit, ihren Kampfgeist, ihre Konsequenz – und belohnt sie vorab schon mal dafür, indem er ihr plötzlich ständig irgendwelche Leckereien mitbringt. Andauernd flüstert er ihr ein, dass sie doch ohnehin die Größte sei und ihren Erfolg, gestern auf die Sahnesoße verzichtet zu haben, heute doch mit einer üppigen Portion Eis feiern kann. Und hat er sich früher höchstens mal eine Dose Ravioli heiß gemacht, kocht er jetzt andauernd dreigängige Menüs und lässt – seit sie Diät macht – abends für beide die Sektkorken knallen.

Schwer, sich da noch durchzusetzen, hart zu bleiben, Verzicht zu üben – und nicht nur das. Schließlich gehört zum perfiden Plan des Verhinderers, dass man ihm nicht mal böse sein darf, weil er ja einfach nur fürsorglich ist. Etwa, wenn man beispielsweise auf einer Party die Nerven verliert, weil er einen mit lauter Häppchen fast schon zwangsernährt. »Hör bloß bald mal auf mit deiner Diät, du bist ja schon total unerträglich!«, heißt es dann. Oder: »Sei doch nicht so undankbar, er meint es doch nur gut! Ich wäre froh, wenn mein Mann sich so um mich kümmern würde.« Irre könnte man werden – und genau das ist die Absicht. Deshalb: Wer Ballast loswerden möchte, der beginnt am besten mit dem Verhinderer. Denn ein Mann, der einen in den eigenen Entscheidungen nicht nur nicht unterstützt, sondern sie sogar noch boykottiert, ist die Anstrengung nicht wert, ihn zu lieben.

Der Ignorant

Ihm würde nicht mal auffallen, wenn Sie mit Ulrich Wickert auf dem Wohnzimmerteppich Sex hätten, während er die Zeitung liest. Von kleineren Veränderungen im Nahumfeld wie den 30 Kilo, die seine Frau in den letzten zehn Jahren zugenommen hat, ganz zu schweigen. Das hat natürlich Vorteile, etwa wenn man wirklich mit Ulrich Wickert Sex haben wollte.

Andererseits: Welche Frau wünscht sich das ernsthaft? Und damit meine ich nicht nur den Sex. Ein Mann, der seine Frau wie eine Parkuhr behandelt, ist schließlich nicht gerade ein Traumtyp, und so erleichternd es sein mag, dass er einen so sein lässt, wie man ist, so schwer wiegen die Bequemlichkeit und die Ignoranz, die dahinter stecken.

Natürlich kann man sich einreden, er mache sich einfach nichts aus Äußerlichkeiten oder könnte hinter all den Speckrollen immer noch die schlanke Frau sehen, die er einstmals kennen lernte – schon weil es eine kalorienverzehrende Anstrengung bedeutet, einem solchen Ignoranten so viel Gutes nachzusagen. Doch das ist auch das einzig Positive. Denn im Grunde geht es diesem Typ in der Beziehung nur darum, dass der Alltag möglichst reibungslos abläuft –, und ob die Person, die dafür sorgt, aussieht wie ein Fesselballon oder wie ein Handkehrer, ist ihm letztlich egal. Solange er in seinen Gewohnheiten nicht gestört wird, kümmert es ihn nicht, ob er mit einer Frau oder mit einem Meerschweinchen verheiratet ist.

Entsprechend untauglich ist dieser Typus auch für jegliche Abspeckbemühungen. Er taugt nämlich weder als Motivationshilfe – wozu schlank werden, wenn es dem eigenen Mann sowieso schnuppe ist? – noch als Erfolgsfeedback. Deshalb sucht man sich am besten beizeiten eine Alternative, die diese wichtigen Aufgaben übernimmt und einem regelmäßig sagt, was für eine wunderbare Frau man ist.

Der Schönling

Früher, da genügten einem Mann Old Spice, Kernseife und eine frische Unterhose – leider nicht immer täglich. Heute sind die Aussichten dagegen durchaus rosig und wohlduftend. Denn nun haben wir den Metro-Sexuellen und also ein männliches Rollenmodell, das sich endlich sehen lassen kann, weil es sich pflegt, dass es nur so kracht, und auch vor Make-up nicht Halt macht. David Beckham, der sich gern mal die Nägel lackiert, und Robbie Williams, der der Männermode den Lidstrich bescherte, sind die wohl populärsten Galionsfiguren dieses Trends, der uns hoffen lässt. Und nicht nur, dass wir demnächst mit unseren Männern auch Frisuren- und Kosmetiktipps austauschen können oder dass sie bei dem Preis für ein paar Damenschuhe nicht mehr ohnmächtig zusammenbrechen. Nein, wir können auch auf Verständnis für unsere täglichen Sorgen wie Cellulite, kleine Speckröllchen und beginnende Lefzenbildung im Bereich der unteren Gesichtshälfte spekulieren und darauf, wie mit einer Freundin gemeinschaftlich bei einem guten Essen darüber lamentieren zu können, dass man immer dicker wird, obwohl man doch eigentlich ständig verzichtet. Das zweite Stück Kuchen verschmäht, den Käse nimmt statt der Leberwurst und ungefähr zwei lange Tage kein Fleisch mehr gegessen hat.

Doch was tut der Schönling? Er macht einem Vorwürfe. »Musst du dir unbedingt ein Schnitzel bestellen?« »Das ist jetzt schon dein zweites Stück Schokolade in diesem Jahr, und wir haben erst Oktober!« »Musst du überhaupt essen?« »Wann hast du eigentlich das letzte Mal auf einer Waage gestanden? Mit 14?« Da nutzt es nichts, dass man eigentlich figürlich durchaus im grünen Bereich ist oder Uschi Glas Konkurrenz machen könnte. Der Schönling ist geradezu gnadenlos besorgt um die Form seiner Liebsten, und zwar nur um diese. Was in ihrem Kopf oder in ihrer Seele los ist, das interessiert ihn weniger, weil man das ja nicht sieht. Ihm geht es hauptsächlich um die Verpackung, der Inhalt ist ihm herzlich egal. Streng genommen braucht eine Frau in seinen Augen nicht mehr IQ, als man benötigt, Nagellack gleichmäßig und an den richtigen Stellen aufzutragen. Denn für ihn ist sie, was für andere der Sportwagen oder die Rolex ist: eine Art Referenz, die edle Fassung, die die eigenen herausragenden Anziehungskräfte erst so richtig zur Geltung bringt. »Seht her!«, soll die weibliche Begleitung sagen, »Ich sehe so gut aus, dass sich die attraktivsten Frauen um mich scharen.« Und entsprechend beleidigt ist er, wenn seine Trophäe, sein Siegespokal Schaden nimmt, und sei es nur durch ein paar Gramm zu viel.

Vielleicht hilft es ja manchen Frauen, wenn ein Mann ihnen jede einzelne Kalorie vorzählt und intellektuell nicht mehr von ihnen erwartet als von einem Naturschwamm. Andererseits ist es ziemlich wenig, bloß ein Schmuckstück sein zu dürfen und mit einem Mann leben zu müssen, der sich für unser Innenleben nur halb so viel interessiert wie für seine Bauchmuskeln. Also: Wenn Sie einen Diätcoach brauchen, dann nehmen Sie lieber den, der Ihnen morgens im Spiegel begegnet – also sich selbst. Auf Dauer legt sich einem nämlich so ein Schönling wie Blei aufs Gemüt, und das wiederum sorgt bekanntlich erst recht für Fressattacken.

Freundinnen, Schwestern, Mütter

Sie haben Freundinnen? Das könnte sich ändern, sobald Sie abnehmen. Denn leider hört die viel beschworene Frauensolidarität, die herrliche Innigkeit und das frohe Zusammensein oft genau dort auf, wo eine Frau eine Diät beginnt. Und zwar in so ziemlich allen Frauenkreisen – außer vielleicht bei den Weight Watchers. Das sollten Sie wissen, bevor Sie anfangen, sich darüber zu wundern, dass Ihr weiblicher Freundeskreis mit jedem Pfund weniger ein paar Grad kühler auf Sie reagiert und Sie sich – sollten Sie Ihr Idealgewicht irgendwann mal erreicht haben – im Kreise Ihrer Freundinnen wie bei einem Fischstäbchentreffen in einem Dreisternekühlfach fühlen werden. Die haben Sie nämlich als Moppel kennen und schätzen gelernt, Ihnen sozusagen die Rolle der ewig Dicken zugewiesen, und die schrieb Ihnen eine bestimmte Position im Freundeskreis zu. Vermutlich war es nicht die des Vamps oder der erotischen Versuchung oder der coolen Verführerin, sondern eher die der robusten Frohnatur, des Kumpels, der Frau in

XXL und dem dazu passenden großen Herz. Von Sexappeal oder verführerischen Formen, von Männern, die Ihnen und nicht den anderen hinterherschauen, war da nicht die Rede.

Sie waren diejenige, mit der man Pferde stehlen konnte und allenfalls um das letzte Stück Kuchen, aber nicht um Männer und Aufmerksamkeit konkurrieren musste. Denn in den Augen anderer, schlankerer Frauen waren Sie als Moppel eine ähnlich große erotische Herausforderung wie ein paar Skisocken. Und falls Sie es noch nicht wussten: Sie waren als Dicke ein ziemlich willkommener Ego-Futter-Stoff für Ihr Umfeld. An Ihnen konnte man sich aufrichten, wenn man bei irgendeiner Sache inkonsequent war, etwa das Rauchen doch nicht aufhören oder den Mann nicht verlassen konnte, der einen gerade mal wieder betrogen hatte. Denn Sie waren dank Ihrer Unfähigkeit, die Finger vom Essen zu lassen, eine Süßigkeit zu ignorieren und keinem Burger aus dem Weg gehen zu können, sozusagen der schlimmste anzunehmende Charakterschwächling, die maximale Niete, ein Niederlagenmonument – in dessen übergroßem Schatten man sich so herrlich in der vermeintlichen Überlegenheit sonnen durfte. Dank Ihrer Hilfe, also Ihres Moppel-Ichs, konnten sich andere stets erfolgreich einbilden, ein bisschen besser, schöner, attraktiver, begehrenswerter, erfolgreicher und – ja auch das – klüger zu sein, als sie es tatsächlich sind. Kurz: Ihre Freundinnen, Ihre Kolleginnen, Ihre Bekannten brauchten Sie – und zwar möglichst dick!

Das nur als Erklärung für etwas, das Ihnen auf dem Weg zu Ihrer Wunschfigur garantiert passieren wird: Dass die Ihnen liebsten Freundinnen so unfasslich unsolidarisch, geradezu gekränkt, beleidigt und manchmal sogar beleidigend auf Ihre Gewichtsabnahme reagieren. Denn für sie ist es eine Art Fahnenflucht, ein unerlaubtes Verlassen der Ihnen zugewiesenen Position, und das wird ähnlich erfreut aufgenommen wie die Nachricht von Brad Pitts Hochzeit. Das gilt übrigens auch für Schwestern und ein bisschen für Mütter. Denn auch die anverwandten Frauen reagieren möglicherweise – gelinde gesagt – etwas verstört darauf, dass Sie sich verändern.

Aber hören Sie nicht auf den Hinweis, Sie würden schon so elend aussehen, dass die UNO demnächst bestimmt Hilfsgüter über Ihrer Wohnung abwerfen wird oder dass Sie doch eigentlich eher dick gedacht wären. Das sind keine Beleidigungen, sondern nur Anpassungsprobleme. Schließlich haben Sie sich mit Ihrer neuen Figur Neuland erobert, die für andere so bequeme Denkschublade vom »fröhlichen Moppelchen« verlassen und sind für Ihre Umwelt vielleicht damit auch etwas unberechenbarer geworden. Das macht andere nun mal ähnlich nervös, als hätten Sie verkündet, demnächst ins Kloster zu gehen oder sich eine CD von den Superstars kaufen zu wollen. Lassen Sie sich davon nicht irritieren oder gar von Ihren Plänen abhalten. Nehmen Sie es einfach als Kompliment, wenn Ihre beste Freundin meint, Sie wären als Dickerchen wesentlich freundlicher gewesen, und ob es nicht mal wieder Zeit für eine Pizza sei – auch Neid muss man sich schließlich erst mal verdienen, und je zickiger Ihr weibliches Umfeld ist, umso sicherer können Sie sein, dass Ihnen Ihre neue Figur wirklich blendend steht.

Der vermessene Körper in Formeln und Zahlen

Ich habe mich nie als wirklich dick empfunden und das, obwohl ich keine Drogen nehme und auch andere bewusstseinstrübende Mittel meide – ausgenommen vielleicht RTL. Mollig – okay. Moppelig, na gut. Kräftig, ja. Stark gebaut, ungern. Aber dick, stabil oder gar fett? Auf gar keinen Fall! Ich war bestenfalls rund. *Etwas* rund, um genau zu sein. Ziemlich freundlich von mir, mich mit so viel Milde zu betrachten, denke ich mir heute und frage mich, ab wann ich eigentlich angefangen hätte, mich als Dickerchen zu beschimpfen? Hätten noch zehn zusätzliche Kilo genügt? Vielleicht die Anprobe eines neuen Bikinis in einer neongrell ausgeleuchteten Umkleidekabine? Das spöttische Lächeln einer Verkäuferin, die offenbar seit zwei Jahren nichts mehr gegessen hat? Kurz: Ab wann fängt man an, sich selbst als figürliche Zumutung zu begreifen? Und: Weshalb leiden die meisten Frauen unter Gewichtsproblemen, obwohl sie keine haben?

Wenn man nämlich 100 Frauen von unterschiedlichstem Gewicht nach einem Blick in den Spiegel zu ihrem Körperbild befragt, finden sich mit Sicherheit mehr als 80 davon zu dick. Wirklich rundlich sind höchstens 20. Was ist mit den restlichen 60? Warum sehen die etwas, das gar nicht da ist? Weil wir mittlerweile jedes Gefühl für unsere Proportionen verloren haben. Wir lassen andere darüber entscheiden, ob wir uns in unserem Körper wohl fühlen oder nicht. Dabei lassen wir Maßstäbe und Normen an uns anlegen, die wir nicht selbst geschaffen haben und die wir gerade deshalb als besonders unbestechlich und objektiv betrachten, beinahe so, als hätte Moses damals vom Heiligen Berg nicht nur die zehn Gebote, sondern auch beispielsweise den BMI mitgebracht, um nur einen Wert zu nennen, nach dem das Gewicht vermessen wird.

Was klingt wie ein Begriff aus der Formel 1 oder wie die Abkürzung des Bundesministeriums des Inneren, ist der Body Mass Index. Er bestimmt das Verhältnis von Körpergröße zu Körpergewicht. Man kann sich seinen BMI selbst ausrechnen, die Formel lautet: Körpergewicht geteilt durch Körpergröße (in Metern) hoch 2.

Beispiel: Eine Frau, 160 cm groß und 60 Kilo schwer, hätte demnach Folgendes zu rechnen:

$60 : 1{,}6^2 = 23{,}4$

Der BMI wäre demnach 23,4.

Wer wie ich in Mathe immer eine Niete war, wem die Rechnerei zu mühsam ist, kann im Internet fündig werden. In die Suchmaschine »BMI« eingeben, und schon hat man zahllose Seiten mit kleinen Tabellen, in die man nur sein Gewicht eingeben muss und der Computer rechnet dann rucki zucki den BMI aus.

Aber welches Ergebnis sollte rauskommen, damit man sich entspannen kann und auf der sicheren, sprich einigermaßen schlanken Seite steht? Alles unter 25 und über 19 ist wunderbar. Unter 19 ist man eindeutig zu dürr (ja das gibt es!). Denn die Weltgesundheitsorganisation klassifiziert einen BMI unter 18,5 als Untergewicht. Unter 17 ist man anorektisch, sprich magersüchtig, und unter 13 bewegt man sich in lebensbedrohlichen Bereichen. In diese Nähe kommen übrigens viele der weltbekannten Models, die bei einer Körpergröße von 1,80 Metern rund 50 Kilo wiegen, also einen BMI von 15,4 haben.

Allerdings kann es nicht nur in den unteren, sondern

auch in den höheren BMI-Regionen unangenehm werden, besonders bei der strengen Auslegung, die Gewichtshardliner oft anwenden. Die sprechen nämlich schon bei einem BMI zwischen 25 bis 30 von Übergewicht, über 30 von Adipositas. Mildere Auslegungen lassen alles bis 30 noch als im Normbereich liegend gelten. Über 40 handelt es sich allerdings definitiv um massive Adipositas. Adipositas ist ein Zustand, der durch übermäßige Fettansammlung im Körper gekennzeichnet ist. Das klingt nicht schön, aber besser als die einfache, oft genannte Übersetzung: Fettsucht.

Der BMI ist heutzutage die gebräuchlichste Rechenformel, um herauszufinden, ob man gewichtsmäßig im grünen Bereich ist. Mit steigendem Alter darf auch der BMI ein wenig steigen. Bei 20-jährigen sollte der BMI zwischen 19 und 24 liegen, bei 40-jährigen ist 21 bis 26 der Bereich des Gewünschten. Alter hat manchmal auch kleine Vorteile.

Vorsicht mit dem BMI nur bei sehr sportlichen Menschen. Der BMI berücksichtigt nämlich nicht das Verhältnis von Körperfett und Muskulatur. Arnold Schwarzenegger hatte zu seiner voll trainierten Zeit angeblich einen BMI von 31, wäre damit also adipös gewesen. Das, was an seinem Körper so schwer war, war allerdings nicht das Fett (und das Hirn können wir in diesem Fall wohl auch getrost aus der Berechnung weglassen), sondern die Muskulatur.

Wegen dieser Schwachstelle im BMI checken ganz gründliche Zeitgenossen zusätzlich noch ihren Fettanteil im Körper. Gern mit einer jener Waagen, die dies angeblich ermöglichen. Sie arbeiten nach der Methode der Bioelektrischen Impedanz. Hier wird ein schwacher Strom durch den Körper geleitet und der elektrische Widerstand gemessen. Strom fließt durch Wasser einfacher als beispielsweise durch Fett, je höher der Widerstand, desto höher der Fettgehalt. Der Nachteil dieser Waagen: Es wird hauptsächlich der Fettgehalt der unteren Extremitäten gemessen. Der Oberkörper spielt also bei diesen Waagen eine eher untergeordnete Rolle. Pech für Sie, wenn Sie oben herum ganz schmal sind und Ihre Speckreserven eher im unteren Bereich sitzen.

Um mehr Objektivität in die Sache zu bekommen, könnte man sich eines jener kleinen Handgeräte anschaffen, in die man Gewicht und Körpergröße, sowie Alter einprogrammiert, um dann die Finger auf kleine Metallplättchen zu legen. Sie geben eher Aufschluss über den Fettgehalt der oberen Körperhälfte. Sehr genau sind diese Geräte allerdings nicht. Die Werte unterliegen starken Schwankungen und sind zum Beispiel abhängig vom Wassergehalt des Körpers. Dieser wiederum hängt von Trinkgewohnheiten und natürlich dem hormonellen Zyklus ab. Um einigermaßen genaue, vergleichbare Werte zu bekommen, sollte man sich immer zur gleichen Tageszeit auf die Körperfettwaage stellen.

Eine weitere Methode, seinen Körperfettgehalt zu bestimmen, ist die Calipometrie. Man benutzt dazu ein Gerät mit dem sympathischen Rufnamen »Fettzange«, auch genannt »Caliper-Zange«. Hier wird die Hautfaltendicke an bestimmten Punkten des Körpers vermessen. Um aussagekräftige Vergleichswerte zu erhalten, muss der Vermessende, derjenige, der einem die Zange an die Polster setzt, jedoch sehr genau an immergleichen Stellen mit der Zange zugreifen. Viele Fitnessstudios und Arztpraxen verwenden die Zange.

Sehr teuer, aber dafür auch sehr genau, ist die Messung mittels Infrarot. Ein Infrarotgerät wird am Oberarm angesetzt und kann, oh Wunder der Technik, den Fettgehalt des Körpers sehr genau bestimmen. Männer haben übrigens generell einen sehr viel geringeren Anteil an Körperfett. Tabellen mit Zahlenmaterial darüber, welche Fettwerte, bei welchem Alter als gut gelten, findet man zuhauf im Internet.

»Waist to Hip« – das ist kein neuer Tanz aus der Videoclipszene, sondern eine weitere Zahl, die Aufschluss darüber geben soll, ob das Verhältnis ihrer Taille zu ihrer Hüfte ein vernünftiges ist. »Vernünftig« meint hier, dass die Taille idealerweise deutlich weniger Umfang haben sollte als die Hüfte – Proportionen von 90–60–90 gelten dabei als geradezu berauschend –, jedenfalls für die Playboy-Abonnenten und die Modedesigner. Den »Waist to hip«-Faktor kann man so ausrechnen: Taillenumfang in cm geteilt durch Hüftumfang in cm. Die errechnete Zahl sollte bei Frauen möglichst unter 0,8 und bei den Männern unter 1,0 liegen. Dann ist alles in Ordnung. Jedenfalls in ihrem Taillen-Hüftverhältnis und nach den Erfindern dieser Methode.

Und dann natürlich die gute alte Broca-Formel. Ihr Vorteil: leicht zu errechnen. Körpergröße in Zentimeter minus 100 ergibt das so genannte Normalgewicht. Alles plus und minus zehn Prozent liegt für Broca noch im Bereich des Normalen. Minus 15 Prozent und man hat das Idealgewicht. Das Beste an Broca: Broca ist nicht so wahnsinnig streng. Würde man allerdings einem 1,80 Meter großen Model sagen, ihr Normalgewicht wären 72 bis 80 Kilo und ihr Idealgewicht etwa 68 Kilo, würde sich das feenhafte, anämische Wesen vor Entsetzen wahrscheinlich direkt vor die nächste Bahn werfen.

Aber egal zu welchen Ergebnissen man mit Broca, BMI und Waist-to-Hip-Zahlen kommt – ein Faktor entscheidet vor allen anderen: die Selbstwahrnehmung! Man fühlt sich beispielsweise ein wenig moppelig, weiß seinen BMI im gefährlichen Grenzbereich und ist dann aber trotzdem beim Anblick von Fotos oft geschockt, wie rund man tatsächlich ist. Ich habe manchmal beim Stadtbummel und beim Blick in Schaufenster gezögert, als ich mich selbst gesehen habe, denn dass ich die Dicke da im Spiegelbild sein sollte, das war dann doch ein starkes Stück.

Wie kommt das? Ist man so realitätsfern? Völlig verblendet? Neigen wir Frauen nicht dazu, uns, wie schon erwähnt, für dicker einzuschätzen, als wir sind, und warum passiert mir dann genau das Gegenteil? Ich neige nun mal zum Optimismus. Und dieser Optimismus, gepaart mit einer gehörigen Portion Großzügigkeit und Selbstverliebtheit, hat wohl dazu geführt, dass ich mir doch immer schlanker vorkam, als ich war. Den meisten Frauen geht es eher umgekehrt. Sie fühlen sich dicker, als sie eigentlich sind. Diesen Frauen kann es möglicherweise helfen, durch Zahlenmaterial endlich zu kapieren, dass ihr Gewicht völlig akzeptabel ist. Solange man sich nicht an Frauen wie Calista Flockhart, der Ally McBeal, misst. Die hat gerade noch einen BMI von 16,5, ist also alles andere als im grünen Bereich. Auch Claudia Schiffer, 1,80 Meter groß, verfügt bei etwa 50 Kilo Lebendgewicht über einen BMI wie eine gut geschminkte afrikanische Hungerkatastrophe. Sich solche Frauen als Vorbilder auszusuchen ist nicht nur schwachsinnig, sondern auch noch ungesund und realitätsfern.

Ich habe mir trotz fiesem BMI immer ziemlich gut gefallen. Nicht grandios, aber auch nicht schlecht. Ich neige nicht zur Unzufriedenheit, und ich kann nur sagen, es macht das Leben um einiges leichter. Ich hätte gern weniger gewogen, hatte aber nicht das, was man Leidensdruck nennt. Es hat mich genervt, aber nicht verrückt gemacht. Mein Gewicht war nie das Wichtigste in meinem Leben. Ich gehörte auch nicht zu der überwältigenden Mehrheit der Frauen, die bei einer amerikanischen Studie angaben, zehn bis fünfzehn Pfund abzunehmen sei ihnen wichtiger als ein befriedigendes Liebesleben oder beruflicher Erfolg. Wenn mich jemand gefragt hätte, hätte ich gesagt: Ich nehme alles, also das Liebesleben, den Erfolg und die gute Figur, und falls ich mich unbedingt entscheiden muss, verzichte ich doch lieber auf die Strapazen einer Diät, wenn ich Erfolg und ein herrliches Liebesleben behalten kann.

Liste 5
Woran Sie merken, dass Sie möglicherweise ein Gewichtsproblem haben

Wenn Sie bei Ebay eine Jacke ersteigern und nachher merken, sie ist von Ottfried Fischer.

Wenn Sie in öffentlichen Verkehrsmitteln einen Platz mit den Worten: »In Ihrem Zustand sollten Sie sitzen« angeboten bekommen.

Wenn die NASA mit Ihnen Kontakt aufnimmt, weil man Sie für einen neuen Planeten hält.

Wenn Sie anfangen, auch die Pille vor dem Einnehmen mit Sahne zu garnieren.

Wenn Ihr Stadtteil zum Erdbebengebiet erklärt wird, nur weil Sie morgens in guter Laune aus dem Bett gesprungen sind.

Wenn Sie Ihre Füße das letzte Mal 1978 gesehen haben.

Wenn Sie sich schon nach zehn Treppenstufen fühlen, als hätten sie zwei Stunden High Impact Aerobic gemacht.

Wenn Ihnen selbst die Handhabung der Fernbedienung schon einen Schweißausbruch beschert.

Wenn man Ihnen im Flugzeug einen Gurt anlegt, der eigens aus dem Frachtraum geholt werden musste.

Wenn Sie glauben, Pilates wäre eine Art Spekulatius.

Wenn alle immer nur Ihr Dekolleté und Ihre gemütliche Art loben.

Wenn das Einzige, was Ihnen in einem gewöhnlichen Klamottenladen passt, der Vorhang der Umkleidekabine ist.

Wenn eine Raumsonde Bilder von der Erde überträgt und man neben der chinesischen Mauer auch Sie ganz deutlich darauf erkennen kann.

Wenn Sie am Flughafen für Übergepäck zahlen sollen, obwohl Sie nur eine winzige Kelly Bag dabei haben.

Wenn ein neues Bundesland nach Ihnen benannt wird.

Wenn die Reibungswärme zwischen Ihren Schenkeln so groß ist, dass Sie aus Brandschutzgründen genötigt sind, ständig einen Feuerlöscher mit sich herumzutragen.

Körpereigene Stolpersteine

Unser Körper macht Dinge, die nicht nett von ihm sind. Man könnte auch sagen, er verweigert Team-Arbeit. Stellt sich unseren Bemühungen in den Weg und macht uns das Abnehmen noch schwerer, als es oft ohnehin schon ist.

PMS

PMS, ausgeschrieben: das prämenstruelle Syndrom, ist eine besonders hinterfotzige Angelegenheit, die die Biologie uns Frauen beschert. PMS, die Tage vor den Tagen, sind eine Zeit des permanenten Appetits. Jedenfalls bei mir. Vor allem macht mir PMS nicht etwa Lust auf ein paar Gemüseschnitze oder einen kleinen Obstteller, sondern auf Süßigkeiten. Ich habe richtiggehende Schokowahnanfälle. In PMS-Zeiten kommt es vor, dass ich abends, schon im Bett liegend, solche Gelüste auf Schokolade habe, dass ich – obwohl bereits schlaffertig – nochmal in die Küche taumele und sie mir verschämt, aber doch beglückt rippenweise reinziehe. Ein wirklich schlechtes Gewissen habe ich dabei nicht. Ich bin, was soll man anderes sagen, ja nicht mehr als ein Opfer meiner Hormone.

Was man dagegen tun kann, außer zu versuchen sich zu beherrschen oder den Gatten zu bitten, die Küche zu verbarrikadieren, auch auf die Gefahr hin, dass man ihn dafür leider umbringen muss, weiß ich nicht. Sollte jemand eine vernünftige Antwort auf diese Frage kennen, bitte Bescheid sagen.

Auch nicht schön vom PMS ist es, dass man in PMS-Zeiten mehr wiegt. Der Körper lagert mehr Wasser ein, als man braucht, um die Sahelzone zu fluten. Man hat also nicht nur miese Laune, auch ein Zeichen von PMS, sondern ein Gefühl, als wäre man mit ungefähr zehn zusätzlichen Kilo beschwert.

Eine Konsequenz aus diesen unerfreulichen Tatsachen ist, keinesfalls während PMS eine Diät zu beginnen. Es sei denn, man ist irgendwie ziemlich selbstquälerisch veranlagt.

Schwangerschaft

Ich habe zwei Schwangerschaften hinter mir und war eigentlich beide Male sehr gerne schwanger. Habe den Zustand sogar rundherum genossen, denn schließlich gehört das Dickerwerden dazu, ist absolut legitim und sogar erwünscht. Mir ging es während der Schwangerschaften gut, und ich hatte immerzu einen Eins-a-Appetit. Besonders bei der ersten, vor etwa 13 Jahren.

Der positive Schwangerschaftstest war so etwas wie ein ersehntes Startsignal, eine Generalabsolution für alle Kaloriensünden: Bitte essen Sie ab jetzt so viel und so gut, wie Sie wollen! Das habe ich dann auch getan. Mit dem Resultat, dass ich gut 25 Kilo zunahm. Mir hat es aber auch jederzeit geschmeckt. Außer in den Minuten vor dem obligatorischen Wiegen beim Frauenarzt. Ich habe jedes Mal versucht, mich davor zu drücken. »Äh, also ich weiß mein Gewicht, ich kann es Ihnen sagen, da muss ich gar nicht auf die Waage für«, mit diesen fadenscheinigen Ausreden kam ich aber nie durch. Ich habe, wenn dann die Stunde der Wahrheit nahte, das Wiegen im Beisein der Arzthelferin auf dem Plan stand, wirklich alles von mir geworfen, was irgendwie abzulegen war. Sogar den Gürtel. Trotzdem war mein Arzt immer mal wieder ein wenig streng. »Bitte aufs Gewicht achten«, hat er mir ins Gewissen geredet, und ich habe es mir auch tatsächlich immer wieder vorgenommen. Aber kaum hatte ich die Praxis verlassen, hatte ich auch schon Hunger. Und soll eine Schwangere hungern? Das kann ja nicht Sinn der Sache sein. Wochenlang hatte ich Abend für Abend einen solchen Gibber auf Eis, dass mich mein Liebster zu einem ganz bestimmten Eissalon in Frankfurt fahren musste, damit ich ungehemmt riesige Mengen in mich reinschaufeln konnte.

Im Prinzip war mir mein Gewicht in der Schwangerschaft erstmals seit Jahren richtiggehend schnuppe. Das einzig Ärgerliche war, dass ich meinen Mutterpass nicht gerne vorzeigte, obwohl ich so schrecklich stolz auf dieses kleine hellblaue Etwas war. Aber leider steht da dick und fett das Gewicht drin. Und auch das, was man zu Beginn der Schwangerschaft hatte.

Ich habe eine Bekannte, die zeitgleich mit mir schwanger war. Eine sehr dünne Person. Ihr Hauptnahrungsmittel in der Schwangerschaft war Quark. Einfach nur Quark. Nicht zum Nachtisch oder als Imbiss zwischendrin, sondern als Mahlzeit. Es gab immerzu Quark. Ihr Kind (wahrscheinlich mit einer Kalziumdosis ausgestattet, die bis zur Rente reicht) kam etwas früher als meins, etwa drei Wochen lagen zwischen den Geburten, und bis ich ebenfalls Mutter war, hatte sie ihre sieben Kilo Gewichtszunahme schon wieder runter und sah aus, als wäre nie was gewesen. So wie all die Promi-Frauen, die montags niedergekommen sind und am Donnerstags schon in Topform in der Bunten erscheinen. Die, eben noch hochschwanger, jetzt mit einem frisch geborenen Säugling auf dem Arm, aussehen, als könnten sie das Kind nur adoptiert haben. Das macht enormen Druck und ganz, ganz schlechte Laune. Ist das was Genetisches? Sind die letztlich nur charakterfester als ich? Oder ist ihnen ihr Gewicht einfach wichtiger und sie stehen deshalb morgens um fünf gut gelaunt auf, um zum Joggen zu gehen, egal, ob sie vorher in der Nacht bereits dreimal das Kind füttern mussten? Ich nämlich sah nach der Entbindung aus wie etwa im 6. Monat. Der Bauch war nur schlaffer als während der Schwangerschaft. »Macht nichts«, haben mich damals erprobte Entbinderinnen getröstet, »warte ab, wenn du stillst, dann fallen die Pfunde nur so von dir ab.« Ich habe gestillt, und die Pfunde blieben. Wer stillt, muss schließlich auch ausreichend Nährstoffe zu sich nehmen, und diese Empfehlung habe ich sehr, sehr ernst genommen.

Nach meiner ersten Schwangerschaft war ich erst bei der Einschulung meiner Tochter wieder wirklich schlank. Vermutlich, weil ich schon zu Beginn der Schwangerschaft nicht ganz idealgewichtig gewesen bin. Am Anfang der zweiten Schwangerschaft war ich allerdings für meine Verhältnisse sehr schlank und hatte mir fest vorgenommen, diesmal alles anders zu machen. Gesunde Kost, aber kein maßloses Vollstopfen. Bis zum siebten Monat habe ich mich sehr gut gehalten. Ich bin regelmäßig moderat gelaufen und habe einigermaßen ausgewogen gegessen. Dann passierte es. Ich hatte mit meinem Schwangerenbauch keine Lust mehr aufs Joggen und habe beschlossen, dass eine Couch eigentlich ein wesentlich angenehmerer Aufenthaltsort ist. Das Resultat: wieder über 20 Kilo Gewichtszunahme. Nach der Geburt stand mir der Sinn nach vielem – außer nach Diät. So eine Geburt und das Leben mit einem Säugling sind verdammt anstrengend. Muss man sich da noch zusätzliche Herausforderungen aufladen? Ich wollte gerne schlanker sein, sicher, hatte aber so was von gar keine Lust, mich in irgendeiner Form einzuschränken, dass ich im Laufe der Jahre sogar noch ein paar Kilos draufspeckte. Man gewöhnt sich einfach an das viele Essen. Hinzu kommt, dass Nahrung auch Trost, Ablenkung und Entspannung sein kann – also all das, was man als Moppel so nötig hat.

So oder so, Schwangerschaften sind, das ist definitiv klar, keine figurförderlichen Maßnahmen. Das Bindegewebe, sowieso ein unberechenbarer Zeitgenosse, leidet, der Bauch profitiert auch nur selten. Kurz: So ganz ohne körperliche Spuren bleibt das Ganze fast nie. Das ist zwar ärgerlich, aber doch eigentlich in Ordnung. Ich hätte bei den Ausmaßen, die mein Bauch angenommen hatte, nie gedacht, dass er jemals wieder einigermaßen normale Formen annimmt. Eine Schwangerschaft ist nun mal eine große Herausforderung für den Körper. Wer Kinder will, muss mit dieser Tatsache leben.

Wechseljahre

Tja, die Wechseljahre. Noch ist es bei mir nicht so weit, aber das, was mir Freundinnen erzählt haben, lässt auf nichts Gutes hoffen. »Man nimmt schwerer ab, der Stoffwechsel fährt in den Keller, man lagert Wasser en masse ein und schwitzt selbst in einem Kühlraum wie in der 95-Grad-Sauna.« Das klingt nicht sehr verlockend. Warten wir es ab.

Die Gene

Lange Zeit hat man Menschen belächelt, die gesagt haben: »Es sind die Gene. Bei uns liegt Übergewicht in der Familie.« Heute weiß man, dass es tatsächlich eine genetische Disposition für Übergewicht gibt. Manche von uns sind runder gedacht als andere. Auch die Verteilung von Fettpolstern hat genetische Ursachen. Bitte jetzt nicht das Buch zuklappen und sagen: »So, ich habe es gewusst, ich kann nichts dafür und vor allem nichts dagegen tun.« Ganz so ist es nicht. Der *Hang* zum Übergewicht kann genetisch bedingt sein, das Übergewicht selbst ist es nicht. Verhalten und Umwelt bestimmen, ob die Gene auch wirklich durchschlagen. Mit anderen Worten: Es muss nicht unbedingt etwas mit den Genen zu tun haben, wenn in bestimmten Familien besonders viele Übergewichtige vorkommen. Eine bestimmte Art, sich – falsch – zu ernähren, wird auch erlernt. Das heißt: In Familien mit Übergewicht wird meistens auch anders gegessen als in Familien mit Normalgewicht. Mit vernünftiger Ernährung muss niemand dick sein. Egal, was die Gene so sagen.

Schade, wieder eine Ausrede weniger.

Liste 6
Wieso ich meine Waage zur Adoption freigebe

Weil ich sie häufiger sehe als meine Kinder.

Weil sie mich ständig anlügt.

Weil sie mich sogar häufiger anlügt als mein Mann.

Weil mein Mann sich langsam Sorgen um seinen Ruf in der Nachbarschaft macht, wenn ich weiterhin ständig im Badezimmer randaliere.

Weil meine Freundinnen schon eifersüchtig sind.

Weil meine Krankenkasse keine weitere Therapie nach Waagenaufenthalten mehr bezahlt.

Weil ich mich nicht gern ständig beleidigen lasse.

Weil es Johanniskraut nicht in den Mengen rezeptfrei gibt, die ich brauche, um zu ertragen, was meine Waage mir zu sagen hat.

Weil ich mir von einem bösartigen Stück Metall, dessen Horizont nur bis 150 reicht, nicht vorschreiben lasse, wie ich zu leben habe.

Weil ich keine Masochistin bin.

Weil ich lieber Dieter Bohlen gucke, wenn ich was richtig Fieses sehen will.

Lernen von den Dürren

Was machen die, was wir nicht machen?

Dünne sind, genau betrachtet, auch nur Menschen, bloß eben dünne Menschen. Manche haben Glück gehabt und bessere Gene erwischt, verbrennen massig Kalorien, wenn sie sich bloß am Kopf kratzen oder in der Badewanne liegen. Aber was ist mit den anderen? Die, die eine ähnliche Grundausstattung haben wie wir, aber trotzdem anders aussehen. Was tun die, was unsereins nicht tut? Kann man von Dünnen etwas lernen? Was ist ihr Geheimnis, und wie schaffen sie es, schlank zu bleiben und trotzdem zu genießen?

Wenn Dünne essen gehen

Ja, auch Dünne gehen auswärts essen. Aber: Dünne fressen nicht den Brotkorb leer, bevor das eigentliche Essen kommt. Sie essen im Normalfall überhaupt kein Brot. Warum auch? Sie haben sich ja ein Essen bestellt. Brot hätten sie auch zu Hause essen können. »Ich will mir doch meinen Appetit aufsparen für das Essen«, ist eine typische Dünnenantwort, wenn man sie fragt, mit welcher immensen Willenskraft sie das Brot unberührt lassen. Ein gutes Vorbild! Deshalb: Wer glaubt, den Anblick des Brotkorbes mental nicht ertragen zu können, bittet den Kellner, den Korb wieder mitzunehmen. »Ich brauche kein Brot, vielen Dank«, genügt da schon. Sie müssen dem Servicepersonal nichts über Ihre Diät erzählen, keine Kohlenhydrattheorien verbreiten, sondern einfach nur sagen, dass Sie kein Brot wollen. Warum, geht niemanden etwas an. Es gibt keinerlei Rechtfertigungszwang. Sie wollen kein Brot, basta. Was nicht da ist, kann man nicht essen. So einfach ist das.

Dünne lassen außerdem gerne Reste auf dem Teller. Immer. Ihre Teller sehen nie aus, als wären sie abgeleckt und könnten ohne Zwischenstopp in der Spülmaschine direkt wieder in den Schrank. Sie tunken keine dicken Scheiben Baguettebrot in übrig gebliebene Soßen. Wie auch? Sie essen ja kein Brot, und Soße auflecken, das machen nicht mal Moppel.

Dünne essen häufig sogar Nachtisch. Sie bestellen eine Mousse au chocolat, die allerdings mit mindestens vier Löffeln, und teilen mehr als großzügig. Schaut man genau hin, essen sie oft nur ein, zwei Bissen, einfach, um den einmaligen Geschmack zu genießen. Das genügt ihnen, zumal der ja auch nach dem 20. oder 30. Löffel nicht besser wird. Im Gegenteil.

Dann: Dünne essen langsam. Sie schaufeln niemals in Rekordzeit alles in sich rein. Oft essen sie so lahm, dass man sie am liebsten anschreien würde: »Iss endlich. Mach hin.«

Manche regt ein solches Essen in Slow-motion so auf, dass sie den Lahmessern gerne nachhelfen würden. »Wenn ich sehe, wie die isst, möchte ich ihr den Kram gerne höchstpersönlich in den Mund stopfen.« Verständlich, aber klüger wäre es, selbst auch ein paar PS aus dem Esstempo rauszunehmen.

Wieso schaffen es ausgerechnet dünne Frauen, so laaaangsam zu essen? Sie wissen, dass ihnen keiner ungefragt was vom Teller klaut, und davon abgesehen macht sie der Gedanke daran auch nicht komplett kirre. Sie haben, auch wenn sie aus einer Großfamilie kommen, keine Angst, zu kurz zu kommen. Aber auch alle anderen könnten sich eigentlich beruhigen: Die Kindheit ist vorbei, Geschwister sind nicht in der Nähe, und man wird sehr wahrscheinlich auch morgen wieder eine Mahlzeit bekommen (wenn nicht, umso besser für die Kalorienbilanz).

Ein weiterer Trick, um schön langsam zu essen, ist: viel zu reden. Beim Zuhören kann man erstaunlich ungestört essen. Wer die Unterhaltung bestreitet, braucht ein Mehrfaches an Zeit, um sein Tellerchen leer zu essen. Also reden Sie. Reden Sie viel. Und legen Sie zwischendrin mal das Besteck ab. Bauen Sie bewusst Esspausen ein. Bei Schnellessern hat man oft das Gefühl, ihre Hände wären mit Messer und Gabel verschweißt. Dünne kauen gerne ausführlich. Wer lange an einem Bissen kaut, hat mehr davon. Die Zeit, die Dünne mit einem Bissen verbringen, langt bei tatkräftigen Essern oft für den halben Teller. Und: Wer langsam isst, ist schneller satt. Bis das Hirn merkt, hoppla, da ist ja Nahrung angekommen, vergehen im Schnitt 20 Minuten. Also lassen Sie sich Zeit. Dumm, wenn Sie in dieser Zeit drei Portionen vertilgt haben, obwohl Sie eigentlich satt gewesen wären – hätten Sie Ihrem Gehirn nur die Gelegenheit gegeben, Ihnen das auch mitzuteilen.

Dünne sind geschickt. Sie wissen zu verbergen, dass sie eigentlich fast nichts essen. Natürlich nehmen sie ein Stück Kuchen, gar keine Frage. Gerne sogar. Aber das, was sie dann auf dem Teller mit dem arglosen Kuchen veranstalten, grenzt an eine Beschäftigungsmaßnahme. Sie zerteilen ihn, essen ein, zwei Bissen und schieben den krümeligen, bröckeligen Rest auf dem Teller herum. Das alles natürlich ganz gemütlich, während normale Esser locker mindestens zwei Stück Kuchen vertilgen. Erst beim Abräumen merkt man, dass – wenn man all die Bröckchen wieder zusammensetzen würde – kaum ein Happen vom Kuchenstück fehlt.

Dünne essen gerne Dinge, die nach mehr aussehen. Sie ernähren sich nach der Devise, das Auge isst mit – sozusagen von optischen Täuschungen. Carpaccio zum Beispiel. Ein ganzer Teller voll mit Fleisch oder Fisch, im Endeffekt aber nur wenige 100 Gramm. Das dünn geschnittene Etwas auf dem Teller ist, wenn man hinschaut, trotzdem ein voller Teller. Nur steckt in diesem Teller voll mit hauchzarten Scheibchen eben weniger an bösen Kalorien als in einem tellerbedeckenden Braten. Essen Sie also Dinge, die nach viel aussehen, es aber in Wahrheit gar nicht sind. Das Lustige: Man kann auf seine eigenen Täuschungsmanöver durchaus reinfallen.

Viele Dünne lieben aufwendiges Essen. Nahrung, die Arbeit macht, weil man sie beispielsweise erst schälen, entkernen oder mühsam entgräten muss. Etwas, das man nicht gleich aufreißen und verzehren kann, sondern das einer sorgfältigen Zubereitung bedarf, die gern bis zu einer Stunde dauert und nicht die zehn Minuten, die man für eine Tiefkühlpizza oder dafür braucht, sich einen Döner zu besorgen. Ziemlich clever. Denn so lernt man Frustrationstoleranz – also nicht jedem Hunger oder Appetit sofort nachzugeben. Eine Haltung, die sich überaus wohl tuend auf die Kalorienbilanz niederschlägt.

Schauen Sie mal genau hin, und Sie werden feststellen: Dünne machen aus Essen oft eine Zeremonie. Sie zelebrieren Essen mit Muße und durchaus auch mit viel Genuss. Eine Einstellung, die oft dazu führt, dass man sich ganz automatisch qualitativ hochwertigeren Produkten zuwendet und das ganze Fastfood aus dem Speiseplan eliminiert. Angeblich gibt es dünne Frauen, die nur zur Vegetarierin geworden sind, weil sie damit einen Haufen Kalorien sparen können. Die Tiere sind ihnen – so das Gerücht – wurscht, was sie stört, sind die Kalorien in den Tieren.

Durch diese Maßnahme fallen nämlich jede Menge extrem fettige Gerichte weg: Schnitzel, Hackbraten, Gans, Bratwurst und Co. Keine Ahnung, ob es stimmt – aber es scheint mir nicht der schlechteste Weg zu sein, auf Dauer etwas abzunehmen und trotzdem den Spaß am Essen zu behalten.

Die Dünnenküche und der Dünnenkühlschrank

Dünne haben alle eine Teflonpfanne. Dünne mögen keine Haut am Hähnchen, verachten Panade auf Fleisch, diese Fettaufsauger, und ekeln sich vor Speckrändern. Das ist in den seltensten Fällen angeboren, sondern antrainiert. Sie pulen noch das kleinste bisschen Fettrand am Schinken ab, verschmähen die Salami und essen niemals Frittiertes.

Dünne sind raffiniert. Sie haben bessere Ausreden, warum sie bestimmte Lebensmittel keinesfalls essen können. Das Beste, weil Unangreifbarste, ist immer noch eine Allergie. Sie haben aber nun mal keine? Na und, dann legen Sie sich einfach eine zu. Gegen das Argument Allergie kann niemand an. Ob Sie tatsächlich allergisch sind, ist völlig unerheblich, und es wirkt viel besser, zu sagen: »Schade, ich würde schrecklich gerne ein Stück Kuchen essen, leider habe ich eine Weißmehlallergie.« So sparen Sie sich all die Diskussionen darüber, dass Sie doch wenigstens mal probieren könnten. Niemand wird je wieder versuchen, Sie zum Essen zu überreden, denn Sie armes Ding sind ja nun mal allergisch und könnten am Ende am Kaffeetisch mit dem Erstickungstod ringen – das will keine Gastgeberin riskieren.

Dünne werfen außerdem niemals irgendein Lebensmittel in heißes Fett, um es auszubacken. Dünne dünsten oder braten ohne Fett. Dafür sind sie überaus großzügig im Umgang mit Gewürzen und Kräutern. Selbst an sich faden Lebensmitteln kann man so die Illusion von Geschmack einhauchen. Dazu kommt: Sehr scharfes Essen verbrennt mehr Kalorien!

Dünne im Alltag

Dünne zappeln gerne rum. Sind ständig in Bewegung. Angeblich kann man dadurch bis zu 500 Kalorien am Tag mehr verbrauchen als ein eher ruhiger Mensch. Also spannen Sie die Muskulatur an, während Sie vor dem Computer sitzen, laufen Sie hin und her, zappeln Sie auf dem Stuhl und führen Sie sich auf wie ein hyperaktives Kind.

Das mag blöde aussehen, aber 500 Kalorien sind 500 Kalorien, und etwas mehr Bewegung kann uns allen nicht schaden. Vor allem, wenn man bedenkt, dass allein die Erfindung des Handys uns jährlich 16 Kilometer Fußweg erspart. Weil wir nun nicht mehr zum Telefon gehen müssen, sind wir mit unseren Bewegungen ganz hübsch im Defizit. Ein schriller Tipp aus einem Schlankheitsbuch: Stellen Sie sich vor, Ihr Gürtel brennt und Sie müssen den Bauch dauerhaft einziehen, damit er den Gürtel keinesfalls berührt.

Dünne kauen gerne Kaugummi. Der hat so gut wie keine Kalorien, man bewegt Mund und Kiefer, benutzt die Zähne und hat ein Gefühl, als würde man essen, kann aber, während man Kaugummi kaut, nichts anderes mehr im Mund haben – es sei denn, man steht auf exotische Geschmacksvarianten wie Pfefferminz-Currywurst oder Pfefferminz-Hühnersuppe. Nachteil: Man produziert während des Kauens Speichel, und deshalb glauben manche, dass man davon erst richtig Hunger bekommt. Schließlich denkt der Magen, da kommt gleich was Schönes runter. Und: Kaugummikauen sieht extrem blöde aus und ist laut meinem Stiefvater »das Unsexieste überhaupt«. Wer fest sitzende Kronen und Plomben hat, sollte jedoch mal einen Versuch riskieren. Wenn es Sie nicht hungrig macht, kann es nützlich sein.

Aus dem Reich der Mythen rund ums Abnehmen

Rauchen

Viele dünne Frauen rauchen. Aber auch viele Dicke. Rauchen selbst hält nicht schlank. Natürlich befriedigt es gewisse orale Bedürfnisse. Vielleicht kann man sich so auch vom Essen ablenken. Auch der Stoffwechsel profitiert. Aber mit dem Rauchen anfangen, um weniger zu essen? Gut, vielleicht verlieren Sie ein, zwei oder auch drei Kilo. Aber um welchen Preis: für fahlere Haut und allermieseste Gesundheitsprognosen? Tun Sie es nicht. Wenn Sie eh schon rauchen, dann warten Sie mit dem Aufhören bis nach der Diät. Essen *und* Rauchen aufzugeben ist wirklich eine sehr trostlose Angelegenheit und erfordert fast übermenschliche Willenskräfte.

Sex als Fatburner

Ein reges Sexleben ist mindestens so gut wie regelmäßiger Sport. Das klingt recht verlockend, ist aber bei näherer Betrachtung ziemlicher Blödsinn. Wenn die Kalorienverbrennung Ihr einziges Argument für Sex ist, dann lassen Sie es lieber bleiben. Denn ein Orgasmus verbrennt zwar angeblich etwa 400 Kalorien. Allerdings in der Stunde. Aber wer hat schon einstündige Orgasmen? Mit ausgiebigem Knutschen kann man ungefähr die Kalorien eines halben trockenen Zwiebacks verbrauchen. Ein leidenschaftlicher Akt, mit Akrobatikeinlagen und allem Drum und Dran vernichtet etwa 250 Kalorien. Das dreimal täglich, und Sie könnten vielleicht wirklich ein wenig abspecken. Wenn Sie allerdings weiter einer geregelten Arbeit nachgehen wollen und außerdem auch noch anderes wie etwa einen Haushalt zu erledigen haben, dann ist diese Methode vielleicht doch etwas zu zeitintensiv.

Kälte verbrennt zusätzliche Kalorien

Wenn der Körper friert, kurbelt er seinen Stoffwechsel an und verbrennt mehr Kalorien. Eine Bekannte kleidet sich deshalb oft besonders leicht. Natürlich kann man so nicht nur Kalorien, sondern auch jede Menge Heizkosten sparen, aber nur sehr robuste Naturen können diese Hardcore-Maßnahme dauerhaft verkraften. Natürlich kann man darauf spekulieren, sich mit dieser Frostdiät noch eine Blasenentzündung oder eine schwere Grippe einzufangen und dadurch nochmal zwei bis drei Kilo zu verlieren, aber macht das tatsächlich Sinn?

Nackt essen

»Wenn ich echt abnehmen muss«, hat mir eine Dünne erklärt, »dann esse ich nur noch nackt vor dem Spiegel.« Ich kann mir vorstellen, dass man mit dieser reichlich seltsamen Diätvariante durchaus abnehmen kann. Schließlich isst man auf diese Weise niemals in Gesellschaft. Außer vielleicht in FKK-Clubs – aber das ist meines Erachtens auch nicht gerade appetitanregend. Und so spart man so oder so natürlich Mengen an Kalorien. Außerdem schlägt es selbst hartgesottenen Frauen auf den Magen, wenn man beim Essen ständig irgendwelche Speckfalten vor Augen hat. Vor allem die eigenen.

Dschungelleben

Für B-Klasse-Promis bietet sich ein Aufenthalt im RTL Camp an. Reis und Bohnen, dazu eine Hand voll Mehlwürmer lassen die Pfunde auf jeden Fall schrumpfen. Auch Kakerlaken haben erstaunlich wenig Fett und Kalorien, und ein gewisser Ekel kann den Hunger ziemlich bremsen. Dazu die Zwangsgesellschaft von Frauen, die den ganzen Tag in winzigen Tangas um Sie herumspringen. All das könnte dazu führen, dass einem wirklich der letzte Appetit vergeht. Leider kann man seine neue schlankere Silhouette dann doch nirgends vorführen, da man nach einem Auftritt in einem solchen Format eigentlich vor Scham die nächsten Jahre zu Hause bleiben muss.

Ferien

Es gibt tatsächlich Frauen, die ihr Urlaubsziel rein aus kulinarischen Erwägungen heraus aussuchen. Sie fahren allerdings nicht etwa in Länder mit besonders guter Küche, sondern in Gebiete mit möglichst ausgefallenen Gerichten, gern mit subtropischem Klima – weil sich beim Anblick von Frischfleisch, das halbe Tage in der Sonne liegt, ungefähr 80 Prozent aller Hungergefühle von selbst verflüchtigen und man die restlichen 20 Prozent vorsichtshalber mit Kohle- und Magentabletten bestreitet. Eine Küche also, die für uns westliche Geschmäcker ähnlich gewöhnungsbedürftig ist wie die tiefgrünlichen so genannten »1000-jährigen Eier«, die man in Bangkoks Garküchen bekommt, die gekochten Würgeschlangen oder die frittierten

Ratten, die man in manchen Teilen Chinas verspeist. Für manche Frauen sind solche Mahlzeiten reine Disziplinarmaßnahmen, weil die Entscheidung Durchfall oder Hunger ziemlich leicht zu fällen ist. So kommen dann in drei Wochen durchaus mindestens drei bis vier Kilo Gewichtsverlust zusammen.

Liebeskummer, Scheidung und Co

Es gibt Frauen, die bei welchem Kummer oder Stress auch immer ausgezeichnet abnehmen. »Wenn eine Prüfung ansteht, kriege ich keinen Bissen mehr runter«, hat mir eine Freundin beteuert. »Ich hasse diesen Stress, liebe aber in der Zeit meine Waage mehr denn je.« Auch Verlassenwerden oder andere aufreibende Dinge wie ein monströser Umzug oder pubertierende Kinder lähmen bei vielen Frauen den Appetit. Aber Vorsicht: Es gibt auch Frauen, die Frust und Kummer mit Essen kompensieren. Die in dieser Phase massenweise Trost-Nahrungsmittel in sich reinschaufeln. Zu welchem Typ man gehört, weiß man leider immer erst nach solch einer Katastrophe – und dann hat man unter Umständen nicht nur den Frust, sondern auch ungefähr 20 Kilo zu viel. Also: Bevor Sie eine Scheidung anzetteln oder sich für eine Promotion einschreiben – überlegen Sie, ob ein bisschen Zurückhaltung beim Essen nicht doch die bessere Methode zum Abspecken ist.

Konsequenzen

Sollten Sie tatsächlich je die Gewichtsklasse wechseln und auf einmal in den Club der Dünnen gehören, denken Sie immer daran, was Sie an diesen Frauen jahrelang genervt hat (sonst werden die Nochmoppel Ihnen leider keine Komplimente für Ihr erfolgreiches Abspeckunternehmen machen können, sondern Sie stattdessen nach Kräften hassen). Nur weil Sie dünn sind, müssen Sie keine dünne Zicke werden. Davon gibt's nun wirklich schon genug, also reißen Sie sich gefälligst zusammen.

Bandwürmer und andere Hoffnungsträger

»Wenn ich du wäre, ich würde mir das gerade mal wegschneiden lassen, du hast doch die Kohle«, höre ich bisweilen. Stimmt zwar, aber genauso könnte ich es mir leisten, dass man mir die Nase auf den Rücken transplantiert oder den ganzen Körper tätowiert. Will sagen: Möglich ist vieles, bloß weil etwas machbar sein soll, muss es aber noch lange nicht gut sein. Obwohl es natürlich keinen Moppel auf der ganzen Welt gibt, der nicht davon träumt, dass ihn irgendein magisches Hilfsmittel von seinen Pfunden befreit und nebenbei von der Doppelmoppelbelastung.

Denn irgendwie ist man ja gleich zweifach gestraft. Weil zum Frust, sich zu dick zu fühlen, auch noch die Mühen des Abnehmens kommen. Und die sind gar nicht hoch genug anzusetzen, weil die Kluft zwischen dem aktuellen und dem angestrebten Gewicht mindestens so groß ist wie das Ego von Dieter Bohlen. Selbst wenn einen in Wahrheit bloß zwei Kilo vom Idealgewicht trennen. Es ist einfach gemein, wie man sich dafür schinden muss, einigermaßen manierlich auszusehen, und dass es einfach keine Abnehmmethode gibt, die auch nur annähernd in den Bereich dessen fällt, was ein Mensch mit ganz normalen Gelüsten nach Chips und Schokolade, Eis, Pizza und Schweinsbraten auf Dauer erträglich findet.

Und selbst wenn man endlich mal sein Ziel erreicht hätte, bedeutet das ja nicht, dass man sofort alle Disziplin fahren lassen, sich umgehend bei seinem Fitnesscenter abmelden und fortan in Freuden prassen, faulenzen, schwelgen kann. Nein, gesunde Ernährung und Bewegung sind Dinge, die einem lebenslänglich erhalten bleiben, und das ist eine ziemlich frustrierende Vorstellung. Zumal die so gar nicht zu einer Welt zu passen scheint, in der es angeblich für alles und jedes Problem eine schnelle Lösung gibt und sich die Werbung geradezu überschlägt, einem zu suggerieren, dass das schöne Leben eines ohne Verzicht und ohne Knapsen ist, man sich im Gegenteil ständig was gönnen können soll.

Entsprechend gilt es als ziemlich uncool, sich irgendetwas verkneifen zu müssen und grässlich unchic, kniebig Kalorien zu zählen und den anderen so den Spaß an der Völlerei zu verderben. Warum sonst behaupten die Dürren immer tapfer, dass sie nicht darben, sondern im Gegenteil täglich mehr Lebensmittel verputzen, als Somalia im Monat zur Verfügung stehen? Und ist Ihnen schon mal aufgefallen, dass Prominente angeblich nie durch beinharte Diäten abnehmen, um es auf einen Fettanteil zu bringen, der noch unter dem von Pinocchio liegt? Natürlich dürfte man denen kein Wort glauben, schon weil man es eigentlich besser wissen müsste und manche wie Christina Ricci, Melanie Griffith, Geri Halliwell oder Janet Jackson es auch zugeben: Dass einen nur massive Essstörungen dazu bringen, wie ein Strohhalm mit Haaren durchs Leben zu gehen.

Verständlich, wenn der Moppel nicht einsieht, wieso ausgerechnet er den steinigsten aller Wege – den des dauerhaften Verzichts – gehen soll und entsprechend anfällig dafür ist, jedem Heilsversprechen – und sei es auch noch so dämlich, riskant oder teuer – zu glauben. Nur von überschüssigen Pfunden Geplagte können davon überzeugt werden, dass man mit einem bestimmten Pulver oder einer bestimmten Kapsel in zwölf Tagen acht Kilo abnehmen kann, ohne gleichzeitig an einer tödlichen Krankheit zu leiden oder sich wichtige Körperteile amputieren zu lassen. Moppel hoffen einfach, dass manches Produkt größere Wunder vollbringt als Jesus in seiner ganzen aktiven Zeit. Und deshalb führen Behauptungen wie die, dass es »noch nie so leicht war abzunehmen«, »Abnehmen im Schlaf«, »Algen, die Fett verschlingen«, »Abnehmen ohne weniger zu essen« auch nicht zur sofortigen Entmündigung des Urhebers oder wenigstens zu einer Anzeige wegen Volksverdummung, sondern zum erhöhten Absatz noch der absurdesten Methoden.

Beim Abspecken sind alle Mittel erlaubt, auch und vor allem die, die eigentlich ernsthafte Fragen nach der Zurechnungsfähigkeit ihrer Anwender aufwerfen, würde es in unserer Gesellschaft nicht als ganz normal empfunden, die verrücktesten Dinge zu tun, nur weil man sich als zu dick empfindet. So wie Maria Callas, die sich einen anderthalb Meter langen Bandwurm einsetzen ließ. 28 Kilo soll sie auf diese Weise verloren haben – eine sehr beeindruckende Menge, zugegeben, aber doch ziemlich teuer erkauft mit dem Gedanken, dass sich in den eigenen Eingeweiden gerade ein Parasit den Bauch mit Halbverdautem voll schlägt und vielleicht noch Eier legt, weil er seinem Nachwuchs so ein Schlaraffia nicht vorenthalten möchte und es in einem Sängerinnendarm doch zu einsam ist, um auf Dauer ohne Familie auszukommen.

Es gibt eben nichts umsonst. Außer man gehört zu den zwei Prozent Frauen, die nie Gewichtsprobleme haben und alles essen können. Für die anderen gilt: Schlanksein hat immer seinen Preis, und der ist oft besonders hoch, wenn er besonders günstig erscheint. Eine der erträglichsten Nebenwirkungen dieses Irrglaubens ist noch, dass all diese Wundermittel den Moppel in einer Haltung bestärken, die der eigentliche Dickmacher ist: Dass man mit totaler Bewegungslosigkeit und ohne Verzicht auf Chips und Hamburger zu seiner Wunschfigur kommen könnte.

Lieber tot als dick?

Vergleichsweise harmlos erscheinen da noch all die Apfelessig- und Zitronensaftkuren oder Spargelkapseln oder Fett schmelzenden Cremes. Die kosten bloß Geld und nutzen nichts, wie die Gesellschaft für Ernährungsmedizin (www.ernaehrungsmed.de) immer wieder betont. Deshalb hier noch einmal für alle zum Mitschreiben: Fett kann man nicht mit dem Urin ausscheiden (wichtige Nährstoffe allerdings schon) und sicher bringt Entwässerung einen – kurzfristigen Gewichtsverlust –, aber den würde man auch damit erreichen, dass man sich endlich mal alle Hornhaut von den Füßen raspelt und sich alle Pickel ausdrückt.

Etwas effektiver, aber auch kein Zauber, ist das als Rettungsring für alle Dicken zur »Gewichtskontrolle« gefeierte Medikament, das vor einigen Jahren auf den Markt kam. Es sorgt dafür, dass größere Mengen der durch die Nahrung aufgenommenen Fette nicht vom Körper aufgenommen, sondern mit dem Stuhlgang ausgeschieden werden. Das hat unter anderem zur Folge, dass man auch wichtige Nährstoffe nur noch in verringertem Umfang bei sich behält. Weitaus unangenehmer können Blähungen, Unwohlsein, »üble Gerüche« sein und – wenn man entgegen der Auflage, fettarm zu essen, doch mal etwas Fettiges erwischt oder gesündigt hat – ein Durchfall, bei dem es die Betroffenen nicht mal mehr dann rechtzeitig aufs WC schaffen würden, wenn sich die Kloschüssel praktisch gleich neben dem Esstisch befände.

»Unwillkürlicher Abgang von öliger Flüssigkeit aus

dem After« wird übrigens eine weitere Nebenwirkung beschrieben. Was die Frage aufwirft, ob es nicht sozial verträglicher wäre, einfach weniger zu essen, ohne das Risiko, in froher Runde plötzlich zum olfaktorischen Supergau zu mutieren und sein Schlanksein – so es entgegen aller Prognosen eintritt – fortan ziemlich einsam genießen zu müssen. Welch grausige Vorstellung: In einem Alter, in dem man der Windel längst entwachsen ist und in dem man noch nicht wieder eine tragen muss, auf einmal in die Hose zu machen. Möglichst im netten weißen Leinenhosenanzug. Schon diese kleine mögliche Nebenwirkung hat es mir erleichtert, auf diese Hilfe zu verzichten.

Für diejenigen, die mit einem BMI über 30 als adipös gelten – in Deutschland immerhin jeder fünfte – und somit ein erhöhtes Risiko tragen, etwa an Diabetes zu erkranken, mögen diese Pillen eine Starthilfe sein, zumal sie verschreibungspflichtig sind und idealerweise unter ärztlicher Kontrolle eingenommen werden sollten. Aber das kostet. Mit circa 100 Euro im Monat ist das Medikament nicht billig und enthebt einen letztlich auch nicht von der Verpflichtung, dauerhaft seine Ernährungsgewohnheiten umzustellen. Deshalb stellt sich die Frage, weshalb man nicht gleich damit beginnt – ohne Medikamente. Zumal sich in Studien gezeigt hat, dass bei Einnahme und Einhaltung einer fettarmen Ernährung eine langfristige Gewichtsreduktion von durchschnittlich zehn Prozent zu erwarten ist, ein Absetzen der Therapie aber oft eine erneute Gewichtszunahme zur Folge hat.

Das klingt nicht gerade sensationell, jedenfalls nicht in den Ohren jener, die glauben, dass man sich Schlankheit kaufen könne, und deshalb mehr für Diätpillen bezahlen als für ihre jährliche Heizöllieferung. Fünf Millionen Packungen Schlankheits- und Entwässerungsmittel werden in Deutschland jährlich verkauft. Die Auswahl ist ja auch gigantisch, und wenn das eine nicht wirkt, dann besorgt man sich eben das Nächste. Fruchtpulver, Pu-Erh-Tee, Kräutermischungen, Extrakt aus Rehschwanz sind dabei noch die harmlosesten Mittelchen (so man mit dem Gedanken leben kann, Bambis Puschel zur Gewichtsabnahme zu missbrauchen), sieht man mal davon ab, dass sie einen in der trügerischen Sicherheit wiegen, wir könnten abgenommen werden, statt selbst abzunehmen.

Aber manche verfahren anscheinend sogar nach der Devise: Lieber tot als dick. So beim Diätpillenskandal Mitte der 90er Jahre. Ärzte hatten eine gefährliche Mixtur zusammengebraut, an der mehrere Menschen starben. Trotzdem: Noch als einem der Ärzte der Prozess gemacht wurde, demonstrierten vor dem Gericht Frauen dafür, ihn sofort freizulassen. Was ist auch das bisschen Schlaflosigkeit, Durchfall, Herzprobleme, Verlust der Libido und Tod – alles Risiken, die Diätpillen innewohnen können – gegen die Hoffnung, sich quasi über Nacht ohne Darben, Strapazen oder einen einzigen Joggingkilometer mal eben Gazellenbeine, einen Knack-Po und einen straffen Teenagerbauch zuzulegen?

Allein die Vorstellung, sich sommers endlich wieder mal im Bikini am Strand zu räkeln, anstatt sich wie sonst so im Sand zu verstecken, dass man schon mit einer Wanderdüne verwechselt wurde, lässt all die Gefahren und Risiken, die mit den Heilsversprechungen verbunden sind, doch gleich in einem überaus milden Licht erscheinen. Was sind schon verdrahtete Kiefer als Essbremse, Hypnose und Magenverkleinerung, Stromschläge in die Bauchmuskeln? Zu verführerisch ist die Aussicht, eine schnelle und einfache Methode zu finden, die einem die mühsame und langwierige erspart und so leicht macht, dass man sogar in Milch schwimmt.

Sicher, bei Menschen mit einem BMI oberhalb von 40 (das sind etwa 120 Kilo bei einer Größe von 1,73 Meter) fallen Eingriffe wie das Anbringen eines Magenbandes unter die lebenserhaltenden Maßnahmen. Eigentlich lohnt es sich nur, wenn es gesundheitlich wirklich ernst wird, die Begleiterscheinungen und Risiken eines solchen Eingriffs auf sich zu nehmen: die komplizierte Operation oder dass man sich sofort übergeben muss, wenn man zu viel isst. Und so sollte man annehmen, dass ein Mensch, der so etwas über sich ergehen lassen muss, wenigstens danach klüger wird. Aber die Erfahrung zeigt, dass viele Patienten versuchen, ihr Magenband und damit sich selbst auszutricksen, indem sie etwa kalorienreiche Flüssigkeiten schlucken, weil fester Nahrung der Zugang zum Magen verweigert wird. Auch mit Magenband muss man lernen, weniger zu sich zu nehmen.

Also: Legen Sie den Keks gaaanz langsam wieder hin!

Die Rolle der Frau als Spickbraten

Ach – Sie haben da etwas von einer anderen Methode gehört? Ganz easy? Total ungefährlich? Und gar nicht teuer? Macht doch jeder. Also etwa 100 000 Deutsche im Jahr: sich mal eben etwas Fett absaugen lassen, also mal eben eine kleine »Lipo«, wie Insider die Liposuktion mit Kennerschaft bezeichnen, vornehmen.

Ist das nicht toll? Sich einfach auf den OP-Tisch legen, wegdämmern und ein paar Stunden später wird man schon mit Kate Moss verwechselt. Kein Wunder, dass die Liposuktion derzeit zu den häufigsten kosmetischen Eingriffen zählt. Noch vor Brustveränderung oder dem Lifting. Selbst Männer lassen diesen Eingriff immer häufiger vornehmen und bekennen sich sogar wie Zlatko (der aus »Big Brother«) dazu. Bedenkt man, dass Männer sich beim Zahnarzt schon für das Ausfüllen des Patientenfragebogens eine Betäubungsspritze geben lassen, kann eine Liposuktion also gar nicht so schlimm sein.

Und dann ist das Ganze mit Preisen zwischen 1000 und 5000 Euro ja auch noch ziemlich erschwinglich. Besonders, wenn man glaubt, dass man mit Oberschenkeln gestraft ist, bei denen der Seitenaufprallschutz sozusagen serienmäßig eingebaut zu sein scheint. Dann macht man eben mal einen Termin beim Schönheitschirurgen, um diese Kleinigkeit erledigen zu lassen, so beiläufig wie man zur Kosmetikerin, zum Friseur oder ins Fitnesscenter geht. Schließlich wird einem ja überall suggeriert, dass sich das bisschen Speck-weg wie von allein erledigt und das auch finanziell. Längst sind es nämlich nicht mehr nur die oberen zehntausend, die sich solcherlei Eingriffe leisten. Auch Supermarktkassiererinnen, Bankangestellte oder Kosmetikerinnen »lassen« mal eben etwas »wegmachen«, wie es so harmlos heißt. Und reicht das Budget nicht, greift man eben zum Kleinkredit.

In den USA – wo die Kinosessel um zwölf Zentimeter verbreitert wurden, um dem Gewichtszuwachs in der Bevölkerung Rechnung zu tragen – bedienen Kreditinstitute bereits gezielt eine eher einkommensschwache Klientel mit entsprechenden Angeboten zur Ratenzahlung bei Schönheitsoperationen. Gut, man könnte sich jetzt darüber auslassen, wie verrückt es klingt, wenn wir hier in den Industrienationen viel Geld dafür ausgeben, uns erst voll zu stopfen, um uns dann das überschüssige Fett absaugen zu lassen, während auf der Welt täglich 24 000 Menschen an Hunger sterben, davon 75 Prozent Kinder unter fünf Jahren. (Da haben Sie eine schöne Beschäftigung, wenn Sie auf dem OP-Tisch liegen: Eine Liposuktion dauert etwa zwei Stunden – wie viele Menschen kommen in dieser Zeit mangels Nahrung um? Etwa 2000.)

Wie dekadent sind wir eigentlich? Fressen uns erst voll und lassen es uns dann wieder wegmachen. Andererseits gilt man mit solcherlei Bedenken gleich als Spaßbremse mit Gallenproblemen und bekommt die Frage gestellt, was es den Kindern etwa in Indien wohl nützt, wenn man hier den Moralisten gibt, also auf sein Menschenrecht verzichtet, sich Fett absaugen zu lassen? Die Sache ist außerdem auch ohne Gewissenskonflikte hart genug.

Wie man aus leidvoller Erfahrung weiß, ist der weibliche Körper extrem anhänglich, wenn es darum geht, sich auch nur von einer seiner 40 000 Fettzellen zu verabschieden. Die Fettzellen, die unser Körper mal angesammelt hat, behält er auch gerne. Sie loszuwerden geht auf die Schnelle nur mit roher Gewalt. Entsprechend sieht es dann auch ziemlich brachial aus, wenn das Fett durch zahllose Kanülen in den Beinen oder im Bauch abgesaugt wird. Das kann einem im Prinzip egal sein, weil man sich ja ohnehin in einem gnädigen Dämmerzustand befindet. Und sagte nicht ein großer, sehr dicker Deutscher, dass ohnehin nur wichtig sei, was hinten rauskommt?

Aber genau das ist eben auch nicht immer so erfreulich, wie man sich das vorher vorgestellt hat. Auch weil mancher selbst ernannte Spezialist nur eben mal einen kleinen Wochenendkurs im Absaugen belegt, kann es beim Fettabsaugen zu erheblichen Komplikationen kommen. Vor kurzem etwa rammte – laut Spiegel – ein Mediziner einer Kundin die Kanüle in den Dünndarm. Die Patientin starb. Auch Thrombosen, Embolien oder Herzstillstand gehören zum Risikopaket. In den USA gab es bei 500 000 Eingriffen immerhin schon 95 Tote. Die Dunkelziffer, das schreibt die Zeitschrift »Brigitte«, soll noch höher sein, nämlich bei 1:1000 liegen. Und nun stellen Sie sich mal vor: Sie würden dann als Opfer einer missglückten Liposuktion vor dem Himmelstor stehen, neben all den Krebs-, Unfall-, Kriegsopfern, und müssten sagen: Also ich, ich wollte mir eigentlich nur ein bisschen Fett am Oberschenkel absaugen lassen. Ist das nicht wirklich ein grottenpeinlicher Gedanke? Kurz: Es gibt Glanzvolleres, als wegen einer Reiterhose sein Leben zu riskieren.

Aber auch, wenn's gut läuft, zeigt die Liposuktion nicht immer den gewünschten Erfolg. Bei der am häufigsten angewandten Methode, der Tumeszenz-Technik – der »feuchten Technik« – wird nämlich das Fettgewebe mit einer Infusion großer Mengen einer Kochsalz-Wasser-Lösung aufgeweicht. Die Flüssigkeitsmenge kann dabei, etwa am Oberschenkel, leicht drei Liter oder mehr betragen, sodass man ziemlich aufgedunsen aussieht – etwa wie eine tote Kuh in Indien, die seit Wochen am Straßenrand liegt.

Wegen der geschwollenen Konturen aber ist es ziemlich schwierig, festzustellen, ob das Fett wirklich gleichmäßig abgesaugt wird. »Bis zu 25 Prozent der Patienten«, so schreibt der Spiegel, »steigen nach der Abheilphase entgeistert aus den Stützmiedern.« Je nach Hautbeschaffenheit und Alter zeigen sich da nämlich Beulen und Dellen, hässliche Löcher und Furchen, die einem erhalten bleiben, weil Fettzellen nicht nachwachsen. Im schlimmsten Fall sieht man dann aus wie der Grand Canyon vom All aus betrachtet, im besten wie ein lebendiger Spickbraten, der aus allen Poren tropft. Denn die angewandte Salzlösung sickert einem noch tagelang aus der Haut.

Dazu darf man nicht vergessen, dass das Fett nur an der Oberfläche abgesaugt werden kann – die größeren Fettreserven sich aber in tieferen Regionen verstecken. Außerdem können die abgesaugten Zellen zwar nicht mehr dick werden, denn sie sind ja weg, das gilt aber leider nicht für die anderen Körperregionen und ihre restlichen Fettzellen. Die nehmen dann einfach mehr Fett auf, und man nimmt genauso zu wie vor der Liposuktion, bloß eben an anderen Stellen. Seriöse Ärzte empfehlen darüber hinaus, maximal drei Kilo Fett pro Sitzung entfernen zu lassen. Drei lächerliche Kilo! Deshalb: Auch wenn es irrtümlich so klingt, ist Fettabsaugen eigentlich kein Mittel zum Abnehmen, sondern allenfalls dazu geeignet, die Körperkonturen etwas auszugleichen.

Und lohnt sich dafür das Risiko? Nur damit wir am Ende wieder am gleichen Punkt sind: Nämlich dass einen kein Mittel der Welt vor der Einsicht bewahrt, dass der Weg zur dauerhaften Gewichtsreduktion mit so etwas Trostlosem wie ausgewogener Ernährung und Bewegung gepflastert ist. Will man sich bei solcherlei doch eher trüben Aussichten wirklich auf den OP-Tisch legen? Tut es nicht einfach auch ein Bauchweghöschen? Aber selbst das hat seine Tücken. Statt einem den Bauch elegant bis unter die Brust glatt zu bügeln, rollt es sich nämlich gern etwa auf Nabelhöhe zu einer hässlichen Wurst zusammen, über der sich der unten mühsam zusammengepresste Speck in gigantischen Wülsten erhebt, sodass man aussieht wie ein Elefant, der in einem Aquarium feststeckt.

Was hilft, wenn nichts mehr hilft

Schlankheit lässt sich auf Dauer nicht kaufen. Dicksein schon. Denn was wir mit all den Wunderdrogen und Hilfsmittelchen letztlich finanzieren, ist der Irrtum, dass man ganz ohne Bewegung und ohne langfristige Ernährungsumstellungen auskommen könnte, und das ist mit ein Grund, weshalb wir zunehmen. Kurz: Es ist, als wolle man auf die Spitze des Mount Everest. Leider erreicht man sie nicht, weil einem irgendjemand glaubhaft versichert hat, dass es da eine Rolltreppe gäbe. Also vergeudet man seine gesamte Zeit und Energie damit, nach dieser leichten Methode des Aufstiegs zu suchen. Leider verpasst man so nicht nur den Gipfelsturm, sondern wird nie erfahren, ob man es nicht auch aus eigener Kraft geschafft hätte. Anders formuliert: Je mehr wir in die falsche Richtung marschieren und Schlankheitsmittel nur konsumieren, desto mehr entfernen wir uns von dem Einzigen, das wirklich funktioniert.

So ist es zu erklären, dass die allgemeine Gewichtszunahme mit dem finanziellen Aufwand wächst, den wir betreiben, um genau das zu verhindern. Wir kaufen die absurdesten Pillen, riskieren Gesundheit, bisweilen Leben, lassen uns in Algen wickeln oder schwitzen in kuriosen Röhren, die aussehen wie eine künstliche Lunge – und dennoch kann man den Deutschen beinahe beim Dickwerden zusehen. Setzt sich der Trend fort, wird im Jahr 2040 die Hälfte der erwachsenen Bevölkerung adipös, also fettsüchtig sein. Natürlich hätte das auch Vorteile: Größere Umkleidekabinen, endlich Platz im Flugzeug, und man könnte selbst mit zehn Kilo Übergewicht noch als schlank durchgehen. Andererseits ist es doch ziemlich demütigend, wenn im Bus zwei aufstehen müssen, um einem Platz zu machen.

Deshalb kommt jetzt der zwar nicht sehr spektakuläre, aber doch hochwirksame Satz des britischen Ernährungsforschers James Garrow zum Einsatz: »Vernünftiges Abnehmen ist wie eine Sprache lernen. Jeder ist dazu in der Lage, aber es kostet Zeit und Anstrengung.« Wem das zu viel ist, der wird eben weiterhin am Fuße seines privaten Speck-Mount-Everest stehen bleiben und darauf hoffen müssen, dass ihm einer eine Rolltreppe baut – allerdings wird er nach der Wartezeit vermutlich eher einen Lastenaufzug brauchen.

Liste 7
Methoden, mit denen man garantiert Gewicht verliert

Sich beim Essen nackt vor einen Spiegel setzen – auch wenn Gäste da sind.

Eine Kuhglocke tragen.

Täglich 1,5 Stunden kalt duschen.

In der Tiefkühltruhe schlafen.

Nur noch Lebensmittel essen, die mit einem »Z« beginnen, wie Zunge oder Zierfisch.

Beim Kochen Modern Talking hören.

Einmal pro Stunde den Kopf gegen die Wand schlagen (150 Kalorien!).

Im Restaurant dem Kellner übers Gesicht lecken.

In der ganzen Wohnung Vergrößerungsspiegel aufstellen.

Nur noch essen, was man selbst geschlachtet hat.

Sich trennen.

Sich verlieben.

Täglich einen Blick in ein Männer-WC werfen.

»Das Problem ist nicht die Pizza, sondern die Grenze zu ziehen«

Gespräch mit Jocelyne Reich-Soufflet, die in Frankfurt eine Praxis für medizinische Ernährungsberatung und Ernährungspsychologie unterhält und Ernährungsseminare durchführt.

Susanne Fröhlich: Warum haben wir mit so etwas Selbstverständlichem wie der Nahrungsaufnahme überhaupt so große Probleme?

Weil Essen und Trinken Leidenschaften sind und weil ich glaube, dass in uns auch ein Wolf ist – der sehr gierig sein kann und mehr in sich aufnehmen möchte, als vielleicht gut für ihn ist. Dann müssen wir uns entscheiden, wann wir genug haben. Und das ist eine der schwersten Wahrnehmungen. Nicht nur beim Essen und Trinken übrigens, sondern in allen Lebensbereichen.

Dann ist das Problem, Grenzen zu ziehen?

Ja, es ist einfach schwierig, das eigene Maß zu finden – oder besser gesagt, wiederzufinden. Worauf habe ich wirklich Hunger? Wann ist es für mich genug? Worauf bezieht sich mein Hungrigsein? Wirklich bloß auf Essen oder eigentlich auf andere Lebensbereiche?

Ich esse mir meine Defizite weg?

Dieser gierige Wolf in uns bezieht sich auch auf die Liebe, der bezieht sich auch auf Anerkennung – auf ganz viele Bereiche. Nur dass seine Gier in manchen Bereichen eben scheinbar einfacher zu stillen ist als in anderen. Dass es uns beispielsweise einfacher vorkommt, etwas zu essen.

Wogegen ja an sich nichts zu sagen wäre, weil es ja beispielsweise sehr viel mehr leckeres Essen als nette Männer gibt.

Ja, und es wäre auch kein Thema, wenn ich beispielsweise mal eine halbe Tafel Schokolade esse. Wenn das nur punktuell vorkommt, mit Genuss zelebriert wird und kein Kontrollverlust damit verbunden ist. Schwierig wird es, wenn wir unser Maß verlieren, nicht mehr selbst Grenzen setzen können.

Es gibt aber auch einfach zu viele Versuchungen.

Das ist richtig. Es ist auch so, dass die Gesellschaft starke Trends setzt und dass wir gar nicht so sehr von individuellen Bedürfnissen geleitet werden, wie wir immer glauben. Sei es der Trend, dass die Mengen, die angeboten werden, immer größer werden. Zum Beispiel die Joghurtbecher. Die lagen früher zwischen 100 und 125 Gramm. Heute gibt es 500 Gramm. Wie will da etwa ein Kind für sich noch erfassen, was seine individuelle Dosis ist. Und ähnlich geht es auch den Erwachsenen.

Wie stark werden wir von Vorbildern geprägt?

Stark, und das Fatale daran: Es gibt eigentlich keine Vorbilder für ein »normales« Essverhalten. Wir haben Vorbilder, die fast anorektisch aussehen. Die praktisch davon leben, auf fast alles zu verzichten. Wer solchen Vorbildern nachstrebt, bei dem wird Essen nicht mehr allein über das Lustprinzip definiert. Der kippt dann in das andere Extrem.

Wo ist dann der Punkt, wo man sagen kann oder muss: Ich habe ein Essproblem? Lässt sich das irgendwie messen? In Kilo?

Es gibt zweifelsohne von medizinischer Seite Grenzwerte. Die gab es schon immer. Aber wenn ein Klient zu mir kommt, dann interessiert ihn wenig, was für einen BMI er hat. Was ihn interessiert, ist das deformierte Selbstbild, unter dem er leidet, das Gefühl, sich in seiner Haut nicht mehr wohl zu fühlen, eine Grenze überschritten zu haben. Das ist individuell sehr verschieden. Aber sicher ist es schon ein Indikator, wenn ich ein Vermeidungsverhalten bei mir feststelle – wenn ich nicht mehr schwimmen gehe, nicht mehr in die Sauna, wenn ich merke, mein Spielraum ist viel kleiner geworden und alles dreht sich nur noch um das Thema »Waage«.

Was tun Sie dann?

Meine Arbeit bezieht sich natürlich auch auf das Thema Körperbild und Körperschema. Es geht um die Fragen: Was ist mir wichtig, wie möchte ich mich spüren, wo habe ich meine Grenzen überschritten z. B. im Rahmen meiner inneren und äußeren Haltung, wie sehe ich den Raum, den ich einnehme, was hat sich im Rahmen der Beweglichkeit oder eben im Rahmen der Vermeidungsstrategie bei mir verändert?

Das klingt nach harter Arbeit.

Zu mir kommen die Klienten meist erst, wenn sie schon mehrmals gegen die Wand gelaufen sind – im übertragenen Sinne natürlich. Die meisten haben schon einiges ausprobiert, bevor sie hierher kommen. Wobei die Lektüre von Ratgeberbüchern noch das Harmloseste ist. Weil mir ein Buch Zeit lässt zu reflektieren, eine gute Möglichkeit für mich ist, in mich zu schauen. Viel heikler sind die so genannten Basar-Ernährungsberatungen, die in unserer Gesellschaft so verbreitet sind. Diese ganzen Pulver oder Esspläne. Die sind hochgradig gefährlich. Denn sie vermitteln jemandem, der an Selbstwert ziemlich eingebüßt hat: Wir wissen, was für dich gut ist! Sie vermitteln das Gefühl, wenn du an der Wand bist, dann gebe ich dir eine Leiter und dann kannst du über die Wand springen. Dahinter aber ist wieder eine Wand. Ich denke, wenn Leute mal ein paar Wände hinter sich haben, dann kommen sie hierher und dann ist meine Aufgabe nicht, die nächste Leiter aufzustellen, sondern meine Aufgabe ist, ihnen so viel Düngemittel zu geben, dass sie wie ein Baum wachsen.

Muss man also die Hoffnung auf eine Wunder-Diät aufgeben?

Lösungen gibt es nicht von außen. Nur von innen. In dem Moment, in dem ein Prozess in Gang ist, indem ich entschieden habe, ich habe einen Spielraum – und nicht andere werden an mich mit Werkzeug dran gehen, sondern ich muss daran arbeiten. Im Fall der Ernährungspsychologie heißt das, ich arbeite an dem Thema der Wahrnehmung, ich arbeite an dem Thema der Grenze – arbeite an den Automatismen.

Wie prägt mein familiärer Background mein Essverhalten?

Es hat natürlich auch immer etwas mit unserer Biographie zu tun, was wir als akzeptabel befinden. Ich kann mir vorstellen, dass eine Frau, die aus einer Familie stammt, in der alle sehr dick wurden, Erwartungsängste hat, in diese Entwicklungslinie zu geraten. Vielleicht bekommt sie immer gesagt »du wirst mal genauso dick« oder »Bei mir hat es auch erst mit 35 begonnen nach den Schwangerschaften«. Das sind schon Mechanismen, die zu einer Angst führen können, zu einer Unsicherheit.

Dem kann man ja kaum vorbeugen.

Sicher, da können wir keine präventive Arbeit leisten. Erst wenn es zum Thema wird und wenn man außerdem bereit ist, das mit einer fachkompetenten Kraft anzusprechen, kann so etwas bearbeitet werden. Oft ist es so, dass solche Fixierungen schon Automatismen in Gang gesetzt haben. Ich habe viele Klientinnen, die sich normal ernährten, und als sie anfingen, sich an ihren Makeln festzuhalten, einen zarten, kleinen Diättourismus begonnen haben und daraus in ein gestörtes, krankhaftes Essverhalten reinrutschten.

Es ist allerdings auch ziemlich schwierig, sich dem zu enthalten. Eigentlich sind wir doch alle dazu angelegt, mehr zu essen, als uns gut tut, schon weil die meisten nicht mehr körperlich hart arbeiten. Ich beispielsweise könnte dreimal am Tag Pizza essen. Bedeutet das nicht, dass ich mich ständig kontrollieren, also permanent Diät halten muss, um nicht total zu verfetten?

Okay, nehmen wir die Pizza. Gegen die ist eigentlich nichts zu sagen, wenn ich mir ihren Ursprung anschaue. Dann stelle ich mir vor, wir essen in Italien ein Stück Pizza, das ungefähr so groß ist wie ein Taschentuch. Wir genießen es, in ein warmes, gut gewürztes Brot zu beißen. Das ist der eigentliche Genuss. Wenn wir allerdings hier eine Pizza bestellen, ist die so groß wie unser Gesäß, und da fängt schon das Dilemma an. Eigentlich genügt mir ja eine halbe Portion – aber was mache ich mit der anderen Hälfte? Für die habe ich schließlich bezahlt! Esse ich die auf Reserve – schon mal für die nächste Mahlzeit mit? Das funktioniert nicht, weil ich am nächsten Morgen nicht um eine halbe Pizza weniger Hunger habe. Sie sehen – schon bin ich in einem unguten Mechanismus drin. Das Problem ist nicht die Pizza, sondern die Grenze zu ziehen. Die brauchen wir für alle Lebensbereiche, in denen wir fit sein wollen.

Geht es also um die schlichte Frage: Soll ich es essen oder nicht?

Nein, da bin ich schon mitten drin in der Fixierung und weg von der beobachtenden Aufmerksamkeit und von der Abwägung der äußeren und inneren Umstände. Es geht nur um eines: Kann ich es lassen oder nicht? Dann ist man entweder ein Nichtkönner oder man wird ein totaler Könner des Weglassens. Der totale Könner ist vielleicht ein gut dressierter Zwanghafter, und der totale Nichtkönner ist möglicherweise jemand, der ständig seine Triebe nicht kontrollieren kann.

Klingt kompliziert. Darf ich die halbe Pizza also doch essen? Oder bloß ein Stück davon?

Man kann ruhig beides tun, wenn damit nicht ein starres Kontrollverhalten oder die Angst vor Kontrollverlust verbunden ist. Es geht um die Fähigkeit, zu beobachten, aufmerksam zu sein, eine Fixierung zu vermeiden. Wobei Diäten nichts anderes sind als Krücken der Fixierung. Oft sind sie die Lösung, die erst das Problem verursachen. Denn das Problem eines jeden Ernährungsplanes ist, dass er ein Plan ist – wie ein geliefertes Fertighaus.

Aber erleichtert es die Sache nicht sehr, wenn mir erst mal jemand sagt, was gut für mich ist, womit ich abnehme?

Viele, die sich über einen längeren Zeitraum nicht die Mühe geben wollen, aufmerksam zu sein, empfinden das als Entlastung, von jemandem, der fachlich fit ist, gesagt zu bekommen, so und so machst du was. Es ist, was Kant die selbst gewählte Unmündigkeit nannte. In dem Moment, in dem ich mich in die Hände von jemandem begebe, der mir sagt, was ich zu tun habe, und mir verspricht – das ist das eigentlich Verlockende –, so und so viele Wochen musst du darben, und dann bist du frei!

Manchmal funktioniert es doch auch.

Klar, das kann funktionieren. Wenn wir sehr folgsam sind. Das Problem aber ist, dass diese Leidenschaft Essen und Trinken uns ein Leben lang begleitet, und wenn ich mich sechs Wochen später vom Meister entferne, ist wieder der Wolf da, und dann wird er lauter, und was mache ich dann mit ihm? Ohne die Mündigkeit, die darin besteht, dass ich meinen eigenen Spielraum erfasse? Ich muss selbst innerhalb meines eigenen Spielraums die Regeln aufstellen. Diese Arbeit ist eine harte – eine schöne, aber auch eine harte.

Warum haben Frauen eigentlich mehr Probleme mit dem Essen?

Es gibt zwar einen Wandel in puncto Rollenverteilung – aber im Grunde genommen hat es mit unserer ursprünglichen Rolle zu tun. Wir beschaffen Nahrung, wir bereiten sie zu – wir haben unsere potenzielle Droge also immer in unserer Nähe. Daher ist die Wahrscheinlichkeit, dass wir aus dieser Lebensquelle eine Suchtquelle machen, größer als bei Männern, weil wir einfach mehr mit dieser Materie befasst sind. Dafür sind Männer wahrscheinlich mehr im Bereich der Arbeitssucht gefährdet.

Vielleicht ist das ein Grund, weshalb manche Frauen gar nichts mehr mit Essen zu tun haben wollen und Küchen schon vom Aussterben bedroht sein sollen?

Ja, solange Frauen den Bereich delegieren, also oft essen gehen können. Aber spätestens wenn ein Kind da ist, wird das schwierig. Da finden die meisten Entgleisungen im Bereich des Körperschemas statt. Denn dann haben sie sich zehn Jahre lang in der ersten Phase der Karriere vollkommen frei gemacht, und nun merken sie, dass sie gar nicht wirklich gelernt haben, für sich zu dosieren. Dazu hat man andauernd einen offenen Mund, der nach Futter verlangt, und man hat immer die notwendigen Nahrungsmittel daheim. Damit muss man umgehen lernen. Das ist gar nicht so einfach.

Und vielleicht auch eine Typenfrage. Schließlich gibt es beispielsweise Frauen, die gut auf Schokolade verzichten können, und andere wiederum könnten sich ausschließlich von Süßem ernähren.

Mit großer Wahrscheinlichkeit haben wir eine Prägung, die in Richtung süß oder sauer, salzig oder bitter gehen kann. Es gibt aber auch Leute, die eine multiple Prägung haben, also süß-salzig-bitter-sauer gleichermaßen bevorzugen. Es ist nur so, dass die Geschmacksrichtungen bitter-salzig-sauer relativ schnell ihren Reiz verlieren. Es gibt von einem Dr. Wundt etwas, das nennen wir die »Wundt'sche Kurve«, das ist der Punkt, wo wir merken, eben reicht es mir. An diesem Punkt geht das Bedürfnis nach dieser Geschmacksrichtung zurück. Beim Süßen gibt es eine Ausnahme. Wer da eher eine Neigung hat, hat mehr Schwierigkeiten, weil die Kurve da sehr lange auf einem relativ hohen Niveau bleibt – wie auf einem Plateau – und wir es gut aushalten, noch mehr davon zu essen.

Also endlich eine Entschuldigung für alle Süßfans?

Nicht ganz. Der eigentliche Unterschied ist, dass die Gesellschaft das Süße noch nie wirklich verteufelt hat. Man wird schnell freigesprochen, wenn man etwas Süßes braucht. Dagegen macht man sich bei fetter Wurst beispielsweise schnell der Maßlosigkeit verdächtig. Das führt zu bestimmten Bildern. Was ich darf und was nicht. Kurz: Ich erlaube mir selbst Süßes eher – und das macht Süßes zu einer einfach angenehmeren Form, Fett zu mir zu nehmen. Denn darum geht es meistens: Der Suchtbereich Fett ist ein deutlich stärker vertretener Bereich, weil Fett ein Beruhigungsmittel ist. Entsprechend hängt die Lust nach dem Süßen vor allem an dem Fett, was im Süßen drin ist.

Schade eigentlich ...

Nicht wirklich. Auch Schokoladenkonsum ist eine Frage der Dosis. Wenn ich sage, diese Praline tut mir jetzt gut, weil sie ein Symbol für Ruhe, Lust und Pause ist, dann ist das völlig in Ordnung. Bloß wenn ich mir die ganze Schachtel geben muss – dann funktioniert das nicht mehr. Dann kommen wir in den Bereich der Schuldfrage. Ich denke, das ist es auch, dass wir immer wieder beschäftigt sind mit dieser Thematik. Wir wollen die Schuldfrage los sein, und deswegen müssen wir uns das Ganze geben – sozusagen die Schuld aus der Welt schaffen, indem wir die ganze Packung vernichten und auch das Papier sofort eliminieren, weil uns Reste an unsere Schuld erinnern könnten.

Haben sich nicht auch die Bedingungen für normales Essverhalten ungemein erschwert, einfach weil es so viel Essen gibt? Als ich Kind war, gab es noch keinen McDonald's und allenfalls zehn Prozent der Schokoriegel, die es heute gibt.

Das Essen ist nach außen verlagert worden. Das hat beispielsweise Mütter entlastet, weil sie die Schuldfrage loswurden, wie bekomme ich meine Familie satt, bekommt sie alles, was sie braucht? Mache ich alles richtig? Das war sicher am Anfang befreiend. Wenn ich keine Lust habe zu kochen, dann gebe ich meinen Kindern ein, zwei Euro, und die kaufen sich ein Sandwich. Das Problem ist jetzt nur, dass wir einen Bereich, der so viel Raum einnimmt in unserem Leben, der auch einen kulturellen Hintergrund bietet wie das Essen, gar nicht nach außen verlagern können. Jedenfalls nicht in eine Welt, die so unverantwortlich mit den Gefühlen der anderen umgeht, in der es nur um wirtschaftliche Macht geht. Es wäre ein Trugschluss zu denken, ich verlagere diesen Bereich, der so viel mit Intimität zu tun hat wie kaum ein anderer, nach außen und hoffe, dass die Außenwelt das schon für mich richtet. Aber das funktioniert nicht.

Bleibt die Verantwortung also doch an mir hängen?

Was die Versorgung der Familie betrifft, wie wir Aufgaben verteilen – sicher. Solange nichts geändert wird. Ich komme aus einem Land, wo es Kantinen gibt in den Schulen, was eine große Erleichterung ist, weil dadurch wenigstens eine in der Regel ausgewogene warme Mahlzeit gesichert ist. Das ist schon eine große Entlastung. Hier wissen die Mütter in vielen Familien gar nicht mehr, was normal ist. Sie fragen die Kinder, was soll ich kochen, weil sie nicht frustriert werden wollen, wenn sie etwas Neues ausprobieren, das dann keinem schmeckt. Aber so fehlen neue Anreize – es wird immer das Gleiche wiederholt. Und das ist ein Problem, auch bei der Entwicklung eines normalen Essverhaltens.

Frauen also zurück an den Herd?

Darum geht es nicht. Das ist nicht die Frage. Die Frage ist: Ob wir nicht von Staats wegen eine Regelung treffen, dass in der Schule ein Essen geboten wird, dass eine Regelmäßigkeit eingeführt wird und dass wir auch bei unserem eigenen Essverhalten umdenken. Wir schauen zu sehr danach, was Zeit spart, Arbeit spart und damit auch Kreativität. Es ist schon so, dass wir mit einer Generation zu tun haben, die es daheim nicht vorgelebt bekommen, dass man selbst etwas machen kann. Wie herrlich es ist, wenn man ein Haus betritt, in dem frisch gekocht wurde und man schon am Eingang raten kann, was es gibt.

Man spart sich aber viel Arbeit mit Vorgefertigtem, Konserviertem, mit Fastfood und Snacks.

Und dafür gibt man die Kontrolle ab für einen der existenziell wichtigsten und auch lustvollsten Bereiche. Zu einer Leidenschaft gehört auch die Dimension Zeit und Raum. Ich kann vielleicht mal Liebe in der Waschküche machen – aber dauerhaft brauche ich einen Raum für diesen Zweck. Mit einer Mahlzeit ist es das Gleiche. Wenn Mahlzeiten im Bus, beim Telefonieren, auf der Straße eingenommen werden, so nebenbei, dann verkümmert die leidenschaftliche Ebene. Man verwahrlost. Essen ist aber auch eine Form von Zuwendung für mich und von Respekt. Das gebührend zu würdigen, indem ich ihm Raum und Zeit gebe, das ist auch eine Form von Schutz der eigenen Intimität. Und wenn ich wieder ein Gespür für meine eigene Intimität habe, dann kann ich auch ein Gespür dafür entwickeln, wann ich genug habe. Dann sagt mir nicht die Fünf-Minuten-Terrine mit ihrer abgezählten Menge, wie viel ich zu essen habe, sondern ich selbst.

Ist das nicht auch ein Privileg – eines, das sich nicht alle leisten können, schon aus Zeit und Geldmangel?

Ich glaube das nicht mal. Essen delegieren zu wollen, diese Tendenz verteilt sich auf alle Schichten. Wir können uns in allen Preisstufen schlecht und gut ernähren. Schließlich ist Nahrung der geringste Posten im monatlichen Budget, der geringste finanzielle Faktor. Also hat jeder einen Spielraum zu entscheiden, ob er sich beispielsweise gute oder schlechte Milch besorgt.

Allerdings scheint das Bedürfnis nach moralisch und ökologisch unbedenklicher Nahrung in den oberen Schichten größer zu sein. Sind Menschen, die sich nur von gesunder Kost ernähren, vor Essstörungen gefeit?

Wenn ich Lebensmittel in Gut und Böse unterscheide, lebe ich insgeheim mit der Angst, vergiftet zu werden. Viele Reiche dieser Welt sind der Meinung, dass sie sich vergiften könnten – dabei vergiften sie sich überwiegend mit ihrer Einstellung und nicht durch das Essen. Und das ist natürlich auch eine Ebene, die zu Essstörungen führt, dass die Leute anfangen, eigene Listen zu führen, was gefährlich sein könnte. Das ist eine andere Ebene, die ursprünglich scheinbar gesund erscheint, aber unheimlich krank machend ist, weil man sie obsessiv betreibt. Immer wenn ich anfange, meine Leidenschaft zu verwalten, fängt es an kritisch zu werden.

Leider unvermeidlich: Sport

Ich hätte es Ihnen und natürlich auch mir gerne erspart, aber ohne Sport läuft es nun mal nicht. 90 Prozent aller Ratgeber propagieren Bewegung und das zu Recht. Wer abnehmen will, sagen die Bücher und meine Erfahrung, muss sich bewegen. Denn nur wer sich aus dem Sessel quält und in irgendeiner Form sportlich betätigt, verbraucht Kalorien. Und wer mehr verbraucht, als er benötigt, nimmt ab. So weit, so einleuchtend.

Bewegung ist gesund, Bewegung strafft den Körper, und Bewegung macht Spaß. Behaupten jedenfalls die, die sich bewegen. Dass Bewegung, also Sport, ein wichtiger Bestandteil jeder Diät, oder besser Ernährungsumstellung sein sollte, ist keine irrsinnige Neuigkeit. Jeder Moppel weiß das. Nur zwischen Wissen und Tun liegen Welten, die mit Sofas, Sesseln, Fernseher, Fernbedienung und Ausreden wie »Morgen ist auch noch ein Tag« bevölkert sind. Um Sport zu treiben, muss man sich aufraffen. Sport braucht Zeit, die man sich nehmen muss und die einem ansonsten fehlt. Vor allem für die angenehmen Seiten des Lebens. In der Zeit, in der man Sport treibt, könnte man auch herrliche andere Dinge tun: schlafen, essen, fernsehen, lesen usw. Sport strengt an (sonst ist es kein wirklicher Sport), Sport bringt einen zum Schwitzen, man riecht danach wie ein räudiger Iltis und sieht währenddessen manchmal sogar so aus.

Eine positive Seite des Sports: In der Zeit, in der man

sich sportlich betätigt, isst man nicht. Sport kann Spaß machen. Sport hilft immens beim Abnehmen, und Sport macht ein gutes Gefühl. Ein Gefühl der Überlegenheit. Man ist eben nicht so faul wie die anderen. Hat sich im Griff und verbrennt sogar danach noch mehr Kalorien pro Stunde als Menschen, die keinen Sport machen. Regelmäßiger Sport fördert die Muskelbildung. Muskeln vertreiben Fett, sehen definitiv um einiges besser aus und verbrauchen selbst im Ruhezustand Kalorien. Sport ist außerdem gut für die Haut. Ein Plus an Durchblutung sorgt für einen besseren Teint. Auch das Bindegewebe ist empfänglich für Sport. Ich will nicht behaupten, dass Cellulitis komplett verschwindet, wenn man zweimal die Woche Sport treibt, aber die unschöne Dellenstruktur wird immerhin nicht noch schlimmer.

Cellulitis, auch sehr charmant Orangenhaut genannt, ist etwas von der Natur Gegebenes. Jedenfalls die Veranlagung für schwächelndes Bindegewebe. Für mich wirklich beruhigend war das, was mir meine Schwester erzählt hat. Sie, die Diplomsportstudentin, hat gesagt, selbst manche ihrer extrem sportlichen Kommilitoninnen hätten unter schlimmer Cellulites gelitten. Es gibt eben Dinge, gegen die man zwar ancremen und turnen kann, die aber letztlich vorprogrammiert sind. Kleiner Trost: Sogar Männer sind mit Orangenhaut geschlagen. Die, die eben ein wenig mehr Östrogen in ihrem ansonsten testosterongeplagten Körper haben.

Tja, das Einzige was wirklich gegen Cellulitis hilft, ist, die Hosen anzulassen.

Für den Moppel, der Gewicht verlieren möchte, ist Ausdauersport das Beste.

Vor etwa sieben Jahren habe ich deshalb beschlossen zu laufen. Man nennt es auch Joggen. Laufen hat einen Haufen Vorteile: Es ist billig. Man muss nirgends Mitglied werden. Man kann es alleine, aber auch zu mehreren machen. Man kann es überall und bei jedem Wetter tun (ausgenommen vielleicht minus 20 Grad oder auf komplett vereisten Böden). Man muss keine Halle buchen, ist zeitlich völlig unabhängig und flexibel. Man macht erstaunlich schnell herrliche Fortschritte. Man kann dabei gut nachdenken. Man muss es aber nicht. Man ist danach gut gelaunt. Man schläft saugut. Man braucht kein großartiges Equipment.

Viele finden Laufen sterbenslangweilig. Auch ich war dieser Meinung (und es ist ehrlich gesagt auch was dran!). Was soll auch schon spannend daran sein, mutterseelenallein durch die Pampa zu rennen? Ich war nie verrückt aufs Laufen.

Schon die 1500 Meter bei den Bundesjugendspielen waren für mich ein Albtraum. Ich glaube nach wie vor, dass ich die einzige Person meiner Generation bin, die niemals in ihrem Schülerleben auch nur die Aussicht auf eine Ehrenurkunde gehabt hat.

Aber die Euphorie rund ums Laufen, von der mir andere berichtet haben, hat mich letztlich davon überzeugt, es zu probieren. Hat nicht alles eine Chance verdient? Auch eine erneute Chance. Ist es nicht irgendwann zu spät für das ständige Herausreden mit Kindheitsniederlagen? Ist nicht gerade das eine besondere Herausforderung?

Als Erstes habe ich mir Schuhe gekauft. Nicht nur, weil das Schuhekaufen sowieso eine meiner Lieblingsbeschäftigungen ist, gute Joggingschuhe sind, das kann man in jedem Laufbuch nachlesen, das A und O. Sie dämpfen, man knallt nicht völlig ungeschützt mit all seinen Kilos auf und schützt so, wenigstens ein bisschen, Gelenke und Co. Zu den Schuhen habe ich dann eben noch den passenden Jogginganzug, Laufsocken und das nette kleine Stirnband eingekauft. Wenn schon Sport, dann wenigstens in einem hübschen Outfit. Wer sich quält, muss ja nicht auch noch doof aussehen.

»Du musst im richtigen Pulsbereich laufen, sonst bringt das Ganze nichts«, hat mir ein wohlmeinender Ausdauerfreak erklärt. Also noch eben eine Pulsuhr angeschafft. So ausgerüstet ging es dann los. Im kompletten Dress, kurz vor dem Start in mein neues sportliches Leben, kam ich mir toll vor. Irre motiviert und sportiv. Wahnsinn.

Mein erster Lauf sollte über die Felder rund um meinen damaligen Heimatort gehen. Die Route war genau festgelegt. Von unserem Reihenhäuschen bis zum Feld waren es ungefähr 300 Meter. Dort sollte es dann eine hübsche Schleife vorbei an Mais, Zuckerrüben und Getreide werden. Mehr als 30 Minuten wollte ich mir beim ersten Mal nicht zumuten. Von den guten Wünschen meiner Familie begleitet (leichter, dezenter Spott inklusive) ging es los. Da einige Nachbarn unterwegs waren, bin ich gleich schön abgezischt, schließlich wollte ich keinesfalls als lahme Schnecke gelten. Ein bisschen Ehrgeiz steckt in jedem. In mir eher ein bisschen mehr. Am Feld angekommen war ich fertig. Bei allem Ehrgeiz. Fix und fertig.

Mein Puls war auf 165, und mein Kopf hatte eine Farbe wie das Fruchtfleisch einer reifen Wassermelone. Atmen erschien fast unmöglich. Ich hatte Seitenstechen und habe mich gefühlt, als hätte ich zumindest einen Marathon hinter mir. Es war das Grauen. Ich war so was von ausgepumpt. Habe geschnauft und mich schrecklich gefühlt. Wie kurz vor dem Infarkt. Zum körperlichen Unwohlsein kam die Schmach. Ich war im Höchstfall 350 Meter gerannt. Völlig ausgepumpt stand ich da. Was nun? Weiterlaufen? Warten, bis zufällig vorbeikommende Spaziergänger den Notarztwagen rufen? Unmöglich. Undenkbar. Der Gedanke, auch nur noch einen Meter zu rennen, hat in mir Ängste ausgelöst. Fast schon Panik. Wer möchte schon mit Anfang 30 am Feldrand eines Frankfurter Vorortes, nahe der S-Bahn-Schienen tot aufgefunden werden? Verendet beim ersten ernsthaften Versuch, sportlich zu sein?

Es sollte wohl nicht sein. Ich habe umgedreht und bin heimgelaufen. Gewalkt. Eher gegangen. Ganz gemächlich. Am liebsten wäre ich gekrochen oder hätte mir ein Taxi bestellt, so am Ende war ich. Zehn Minuten nach dem Start war ich wieder daheim, zurück am Ausgangspunkt. Eben noch euphorisch, jetzt komplett erledigt und das immer noch mit einem Puls von 135. Dazu völlig frustriert und entsetzt über meinen körperlichen Zustand. Ich muss sagen, dass war wirklich eine schlimme Erkenntnis. Ich wusste, ich bin nicht gerade in Topform, aber ich hatte mich als sportliche Person in Erinnerung, und das eigene Idealbild so ruiniert zu sehen, war schon eine bittere Erfahrung.

Jetzt gab es zwei Möglichkeiten.

Möglichkeit eins: Einsehen, dass man nicht zum Sportlichsein gemacht ist und die Karriere direkt wieder beenden. Jogginganzug verbrennen, Pulsuhr verschenken und das Stirnband beim nächsten Rave auftragen.

Möglichkeit zwei: Jetzt erst recht.

Ich entschied mich, nach einem zähen internen Kampf und einem langen Blick auf meine Schenkel, für die zweite Möglichkeit. Schon weil mich das Erlebnis schockiert hat.

Mein Plan war schnell gemacht: Regelmäßig moderat, also wirklich gemütlich in niedrigem Pulsbereich laufen. Mindestens dreimal die Woche. Nicht so schnell aufgeben. Weil der Mensch ein Ziel braucht, habe ich mir eines gesucht: Ich will in vier Wochen so in Form sein, dass ich 30 Minuten am Stück laufen kann.

Der Plan war das Einfachste an der Sache. Dann bin ich los und habe mir Laufbücher besorgt. Anleitungen für die einfachste Sache der Welt. Dass man ganze Bücher über etwas schreiben kann, was an sich jeder von früh an täglich tut, ist erstaunlich. Aber, wie an mir selbst festgestellt, man kann tatsächlich einiges falsch machen beim Laufen. Das Schöne, es gibt wirklich ausgesprochen gute Bücher zum Thema. Und viele Anleitungen, wie man lernen kann erfolgreich zu joggen.

Regel Nummer eins: langsam laufen. Es geht nicht ums Sprinten, um neue Kurzstreckenrekorde, sondern ums Laufen. Zu Beginn Gehpausen einlegen, auch wenn es dämlich aussieht und man sich vor allen, die den eigenen Weg kreuzen oder lächelnd überholen, schämt. Egal.

Ich habe beschlossen, dass meine ersten Trainingseinheiten immer 30 Minuten lang sind. Drei Minuten laufen, dann eine Minute gehen, und das im Wechsel. Ehrgeizlinge wie ich müssen sich zu Beginn sehr zügeln. Es geht nicht um Geschwindigkeit, es geht nicht um die Streckenlänge, es geht nur um eine halbe Stunde Bewegung. Das muss man sich immer wieder sagen. Wie ein Mantra. Mit den Gehpausen zwischendrin ist eine halbe Stunde gut machbar.

Über Atemtechniken und Laufstil habe ich mir erst mal überhaupt keine Gedanken gemacht. Wer in moderatem Tempo läuft, atmet. Ob man vier Schritte lang ein- und dann fünf Schritte lang ausatmet oder auch nur vier Schritte lang, spielt keine Rolle. Sich an starre Atemregeln zu halten macht einen kirre. Außerdem ist das Atmen etwas sehr Individuelles. Nur weil irgendwer, der seit Jahren läuft, einen ganz bestimmten Rhythmus propagiert, muss man selbst noch lange nicht so atmen. Ein guter Test ist, ob man beim Laufen noch in der Lage ist, sich zu unterhalten. Wenn man das kann, ist das Tempo okay. Wer kaum mehr seinen eigenen Namen aussprechen kann, ohne zu hecheln wie bei einem akuten Asthmaanfall, ist mit Sicherheit zu schnell unterwegs.

Das Schöne am Laufen: Man macht sehr schnell immense Fortschritte. Der Körper begreift, ist lernfähig. Und die Fortschritte motivieren. Nach vier Wochen konnte ich die halbe Stunde am Stück laufen – ohne Gehpausen. Allerdings ehrlich gesagt in einem Tempo, in dem jeder geübte flotte Spaziergänger mithalten konnte. In meiner anfänglichen Euphorie musste ich mich immer eher bremsen. Nicht nur, was das Tempo angeht, auch was die Häufigkeit betrifft. Zu Beginn der neuen Sportlichkeit reicht es, drei oder höchstens viermal die Woche zu laufen.

Seitdem laufe ich. Jetzt seit gut sieben Jahren. Meistens fünfundvierzig Minuten in einem mittleren Pulsbereich. Je nach Tagesform auch mal länger oder kürzer. Mal schneller, mal extrem gemütlich. Ich habe mir verschiedene Strecken ausgesucht, die Landschaft gründlich erkundet und versuche Abwechslung in mein Programm zu bringen. Immer die gleiche Strecke zu laufen kann verdammt langweilig sein. Obwohl man auch auf der immergleichen Strecke überrascht werden kann. Wie sehr sich Landschaft durch Jahreszeiten verändert, wie unterschiedlich es je nach Wetter riecht, all das sind Lauferkenntnisse.

Wenn mir nach Unterhaltung ist, laufe ich in Gesellschaft. Hat keiner Lust, dann eben mit Radio oder Discman. Mal höre ich Musik, mal Hörbücher. Es ist herrlich, sich den Zauberberg vorlesen zu lassen und dabei durch den Wald zu traben.

Ich wohne auf dem Land und laufe zu Hause deshalb fast nur im Wald. In der Natur ist für mich nach wie vor am schönsten. Bin ich auf Reisen, laufe ich allerdings durchaus auch mal durch Innenstädte. Das mag luftmäßig zwar nicht so wahnsinnig gesund sein, aber es ist eine interessante Art des Sightseeings. Joggend eine Stadt zu erkunden macht Spaß. Oft laufe ich morgens von einem Hotel irgendwo in diesem Land los und renne einfach 25 Minuten in eine Richtung. Dann drehe ich um und versuche in den folgenden 25 Minuten, mein Hotel wiederzufinden. Unterwegs kann man eine Art schnelles Schaufenstergucken betreiben, vormerken, wohin man später nochmal in aller Ruhe und mit Kreditkarte bewaffnet gehen sollte, oder sich einfach nur Straßen und Menschen anschauen. In fremden Städten zu laufen ist spannend. Und Laufklamotten kann man überallhin mitnehmen. Laufen ist nun mal einfach praktisch.

Jeder Sport, der unaufwendig ist, bietet eine größere Chance dafür, dass man durchhält. Und wenn Sie abnehmen wollen und vor allem das neue Gewicht dann auch eine Weile halten wollen, dann wird Ihnen nichts anderes übrig bleiben, als Sport zu treiben. Dauerhaft.

Da ich das weiß, renne ich eben. Nicht immer voller Begeisterung. Aber ich tue es trotzdem. So wie man sich die Zähne putzt. Man macht es eben. Nicht bei allem im Leben sollte das Lustprinzip entscheidend sein. Man kann sich daran gewöhnen, etwas in den Alltag zu integrieren, auch wenn es nicht die Erfüllung schlechthin ist. Ich renne, weil es mir hilft, mein neues Gewicht zu halten. Weil es gesund ist. Weil ich mich hinterher so toll finde. Das muss langen. Wenn man solch eine Entscheidung trifft, sollte man ab diesem Moment überhaupt nicht mehr darüber nachdenken.

Viele Moppel haben Angst vor dem Joggen und ganz besondere Angst um ihre Gelenke. Ich habe es einfach probiert und nie Gelenkprobleme bekommen. Bei wirklich dicken Menschen könnte die Angst jedoch begründet sein. Moppel allerdings sollten das mit dem Laufen wenigstens ein paar Wochen ausprobieren. Joggen ist einfach effektiv. Wenn es am Anfang ein wenig ziept, nicht gleich aufgeben. Der Körper ist natürlich erstaunt über Ihre plötzliche

Sportlichkeit. Und das Ächzen und Ziepen ist eine Art Zickerei und heimliche Abwehr. Meistens ist nach wenigen Trainingseinheiten Ruhe.

Die Alternative: Natürlich kann man auch walken. Walken kann jeder. Flottes Gehen, das ist Walken, schadet auch den Allerdicksten nicht. Wenn Sie nicht zu arg rumtrödeln, verbrennt auch Walken ganz ordentlich Kalorien.

Wer das zu öde findet, kann Nordic Walking probieren. Nordic Walking ist die neue Trendsportart – auch für Menschen jenseits der 50. Man geht mit einer Art Skistock in jeder Hand. Wer sich schnell geniert, ist mit Nordic Walking vielleicht falsch beraten, es sieht nun mal etwas bescheuert aus, aber man beansprucht jede Menge Muskulatur und wer drei- bis viermal die Woche 40 Minuten flott mit den Stöckchen durchs Gelände marschiert, kann in der restlichen Zeit ein absolut gutes Gewissen haben.

Apropos Zeit: Viele Moppel reden sich mit dem Zeitfaktor raus. »Wann soll ich denn noch rennen, bei dem, was ich den ganzen Tag zu tun habe?« Wenn Sie zu diesem Menschenschlag gehören, denken Sie dran: Unser Außenminister rennt. Und wenn der Zeit dafür hat, haben Sie auch Zeit.

Übrigens: Ein Gerücht unter Frauen besagt, dass Laufen angeblich hässliche knorpelige Füße verursacht. Bisher kann ich davon nichts bemerken. Aber – ich beobachte die Sache.

Schwimmen

Auch Schwimmen verbrennt einiges an Kalorien. Schwimmen schont die Gelenke und ist generell ungefährlich (außer Sie schwimmen in Haizonen). Ich habe prinzipiell nichts gegen Schwimmen, finde es aber, außer man hat das Meer oder einen herrlichen See vor der Nase, furzlangweilig. In einem Becken entlang immergleicher Kacheln seine Bahnen zu ziehen, hat mir noch nie besonders viel Spaß gemacht. Befürworter sagen jedoch, Schwimmen entspannt gerade deswegen extrem. Ich treibe allerdings weniger wegen der Entspannung Sport, denn wenn ich mich entspannen will, lege ich mich aufs Sofa.

Moppel treiben Sport, um Kalorien zu verbrennen und die Figur zu richten. Schwimmen verbraucht ganz ordentlich Kalorien. Aber nur wenn man flott und lange schwimmt. Ein wenig Geplantsche am Beckenrand zählt leider nicht.

Ein weiterer eklatanter Schwimmnachteil ist die Tatsache, dass mir Schwimmen Hunger macht. Sobald ich aus dem Wasser steige, könnte ich eine komplette warme Mahlzeit essen. Oder wahlweise eine große Portion Fritten oder zwei bis fünf Schokoriegel. Es gibt mehr Leute, denen das so geht, und eine Theorie, warum das so sein könnte, ist die, dass die Kälte daran schuld ist. Man kommt aus dem Wasser, friert, und deshalb will der Körper Nahrung.

Leider beherrsche ich auch nur Brust- und Rückenschwimmen. Kraulen mit Kontaktlinsen ist schwierig. Bei jemandem wie mir, mit minus 9 Dioptrien, ohne Kontaktlinsen jedoch gefährlich oder nur machbar, wenn man im eigenen Schwimmbad unterwegs ist und sicher sein kann, dass sonst niemand im Wasser ist. Schwimmen gehen ist oft ein großer logistischer Aufwand. Hinfahren, umziehen, schwimmen, duschen, wieder anziehen, Haare föhnen und heimfahren. Das alles kostet Zeit, die man eigentlich besser in die eigentliche sportliche Aktivität als in ihre Vor- und Nachbereitung stecken könnte.

Trotzdem, wenn Schwimmen Ihnen Spaß macht, tun Sie es.

Radfahren

Viele Ärzte empfehlen kräftigen Menschen das Radfahren. Weil es, wie auch das Schwimmen, wenig belastend für die Statur ist. Das Körpergewicht wird vom Rad getragen, und die Gelenke danken es einem.

Radfahren hat durchaus eine Menge Vorteile. Man kann ordentliche Strecken zurücklegen und sieht erheblich mehr von seiner Umgebung als beim Schwimmen. Ich wohne allerdings im Mittelgebirge, und das bedeutet ständige Steigungen und damit ein großes Plus an Anstrengung. An sich wünschenswert, denn je mehr Anstrengung, desto mehr Kalorien.

Ich fahre nicht ungern Rad, hasse aber die Materialpflege. Rausspringende Ketten und platte Reifen sind eine sehr nervige Angelegenheit. Dazu kommt, dass ich bis heute nicht gut schalten kann. Außerdem habe ich mir beim Radfahren schon mal die Nase gebrochen, neige seitdem ein wenig zur Ängstlichkeit beim Bergabfahren, und unter uns und weil vermutlich keine Kinder in der Nähe sind: Ich finde, es gibt kaum etwas, das so hässlich macht, wie diese Sicherheitshelme für Radfahrer.

Inlineskaten

Orthopäden lieben Inlineskater. Man kann sich die herrlichsten Brüche und Prellungen zuziehen. Wer nicht ängstlich oder extrem ungeschickt ist, sollte es trotzdem ausprobieren. Inliner fahren macht nämlich durchaus Spaß. Man fühlt sich jung, kann beachtliche Strecken zurücklegen und bei den Skaternächten etwa in Frankfurt viele nette Menschen kennen lernen.

Skilanglauf

Sicherlich eine nette Alternative zum Joggen. In unseren Breitengraden, vor allem nördlich des Mains eine sehr angenehme Sportart, schon weil man sie ja nur äußerst selten ausüben kann. Beim Skilanglauf werden irrsinnig viele Muskeln gefordert, und man verbrennt Unmengen an Kalorien. Auch der Muskelkater nach dem ersten Versuch ist irrsinnig. Probieren Sie es aus.

Aerobic, Stepp, Bauch – Beine – Po und Konsorten

Ich bin von jeher eher eine Grobmotorikerin. Arme und Beine getrennt voneinander in verschiedenen Richtungen zu bewegen, ist für mich eine logistische Herausforderung der besonderen Art. Schon deswegen bin ich die geborene Lachnummer in jedem Kurs und für alle Trainer ein gefundenes Fressen.

Ich habe fast alle Varianten der Fitnessstudiokurse ausprobiert. Ganz bescheuert angestellt habe ich mich beim Stepp. Ein kleines Bänkchen, auf das man in vielfältigen Schrittfolgen steigen muss und dabei die Arme durch die Luft kreisen lässt. Obwohl ich niemals vorne direkt vor dem gestrengen Auge der Trainer geturnt habe, hat doch jeder Trainer innerhalb der ersten fünf Minuten gemerkt, dass da hinten in Reihe vier eine dickliche schnaufende Person Probleme hat. Innerhalb von höchstens zehn Minuten hatte ich die komplette Aufmerksamkeit des gesamten Kurses. »Nein, die Arme jetzt hoch, nein noch eine Drehung«, so ging das die gesamte Zeit. Wenn die Trainer bemerkten, dass ich es einfach nicht kapiert habe, kam dann die ganz demütigende Anweisung, die Arme wegzulassen. Selbst dann forderte ein Steppkurs meine höchste Aufmerksamkeit. Eine demütigende Erfahrung.

Alle haben betont: »Das wird schon. Man lernt es. Mir ging es am Anfang auch so.« Mag sein, aber ich habe nie eine Person gesehen, die sich so bescheuert angestellt hat wie ich.

Fitnessstudio

Ich kenne kaum eine Frau, die in ihrem Leben noch nicht Mitglied in einem Fitnessstudio war. Viele neigen genau wie ich dazu, sich höchst engagiert anzumelden, ohne zu klagen die Aufnahmegebühr zu bezahlen, sich für ein Jahr zu verpflichten und dann mit der Zeit immer seltener hinzugehen. Das ist, schon aus finanzieller Sicht gesehen, äußerst ärgerlich, denn wer es schafft, mindestens dreimal die Woche in ein Studio zu fahren, kann dort mit Sicherheit tolle Trainingserfolge erzielen.

Gute Studios haben gute Trainer, die einem ein effizientes Programm zusammenstellen. Und das Schöne beim Training an den so genannten Geräten ist, dass man schnell sieht, wie sich was tut. Für sehr konsequente Menschen ist das Fitnessstudio also sicherlich gut. Oder für sehr geizige, die es nicht ertragen können, Geld für etwas auszugeben, was sie dann nicht machen.

Deutsche Keller sind so etwas wie der Gnadenhof für Millionen von Heimtrainern. Da stehen Fahrräder, Stepper, Laufbänder, Rudergeräte und Crosstrainer, eben noch euphorisch angeschafft, stauben langsam vor sich hin und hatten doch so sehr auf ein aktiveres Leben gehofft. Dabei ist der Grundgedanke, daheim, möglichst vor dem Fernseher, eben mal ein Stündchen vor sich hin zu schwitzen, ohne Anfahrt, Abreise und ungemütliche Umkleiden, ein verlockender Gedanke. Sport kann so prima in den Alltag integriert werden und fordert ein Minimum an Aufwand. Warum nur klappt das mit dem Heimtraining so selten?

Die Geräte sind hässlich und groß. Sie nehmen sehr viel Platz ein. Und sind selten besonders dekorativ. Ein Laufband im Wohnzimmer ist keine Zierde. »Wenn du das hier aufstellst, ziehe ich aus«, hat mein Mann gedroht, als das riesige Teil angeliefert wurde. Natürlich könnte man sagen: »Wow, prima, da schlage ich zwei Fliegen mit einer Klappe, ein neues Gerät im Haus und der Alte weg.« Wer jedoch seinen Mann behalten und wegen mangelnder landschaftlicher Voraussetzungen daheim drei Pyrenäenpässe auf der neuen sportlichen Herausforderung namens Laufband erledigen will, muss dann eben sehen, dass das Ding irgendwo anders einen Stellplatz findet.

Deswegen landen all diese Teile gerne im Keller. Dagegen ist an und für sich nichts zu sagen. Nur, wer geht schon gerne in den Keller, setzt sich in einen muffigen Raum und trainiert mit Blick auf Konservendosenregale oder Weinflaschen dumpf vor sich hin? Eine halbe Stunde ohne neue Aussicht und wirkliches Vorankommen kann fürchterlich lang sein. Und unendlich fade. So ein Training regelmäßig durchzuführen erfordert viel Langmut. Deshalb ist es sinnvoll, irgendeine Ablenkung einzubauen, etwa einen Zweitfernseher aufzustellen oder eine Stereoanlage, sonst landet Ihr Trainingsgerät sehr bald auf dem Sperrmüll oder in den Kleinanzeigen unter »Verkaufe«.

Ich schaue, wenn ich denn auf mein Laufband gehe, gerne DVD. Eine Folge von »Sex and the City« ist etwa 25 Minuten lang. Zwei Folgen rennen und man hat sein Soll erfüllt und sich dabei auch noch gut amüsiert. Gerade für Frauen mit Kindern, die ansonsten für ihr sportliches Engagement immer einen Babysitter brauchen und deshalb oft schon allein durch die Logistik in ihren sportlichen Ambitionen ausgebremst werden, sind Heimtrainer eine gute Alternative. Ob Sie lieber rudern oder Fahrrad fahren oder auf einem Stepper kämpfen, ist an und für sich egal. Hauptsache, Sie tun es. Aber wenn Sie sich ein Gerät anschaffen, dann kaufen Sie ein gutes. Geben Sie lieber etwas mehr Geld aus, denn ein klappriges Teil dämpft doch sehr die Motivation.

Übrigens: Wer in einer Etagenwohnung lebt, sollte mit der Anschaffung eines Laufbandes vorsichtig sein. Selbst die teuren machen einen ziemlichen Krach und sind irre schwer. Die Nachbarn unter Ihnen könnten glauben, in ein Erdbebengebiet gezogen zu sein.

Yoga, Tai-Chi, Chi-Gong, Meditation und Co

All das sind herrliche Beschäftigungen. Sie werden in eine völlig neue Seinsebene gelangen, und Ihr Karma wird Ihnen ewig dankbar sein. Wenn es Ihnen jedoch ums Abspecken geht, müssen Sie leider Ausdauersport betreiben.

Natürlich können Sie auch Tennis, Squash oder Badminton spielen, Karate oder Aikido lernen oder auch Hockey spielen. Auch Fußball, Handball, Basketball oder Volleyball bieten sich an. Wer viel Zeit und Geld hat, kann es auch mit Golf probieren.

Aber: Sie müssen es regelmäßig tun. Alles, was einen Partner erfordert, ist schwieriger im Zeitplan unterzukriegen. Bei einem Mannschaftssport gibt es vorgeschriebene Trainingszeiten.

Übrigens: Es macht die Sache, das Durchhalten, leichter, wenn Sie sich eine Sportart aussuchen, die Ihnen wenigstens ein bisschen Spaß macht.

Fazit: Treiben Sie Sport. Egal welchen. Schach gilt allerdings nicht.

Liste 8
Warum ich dick bleiben will

Weil ich mich daran gewöhnt habe.

Weil ich nur mit diesem Gewicht Aussichten habe, Blockspielerin beim Frauenfootball zu werden.

Weil die Diätmargarinewerbung doch ständig sagt: Du darfst!!

Weil es andere Moppel enorm tröstet, dass ich noch dicker bin.

Weil die Schokoladenindustrie sonst noch mehr Arbeitsplätze abbauen müsste.

Weil ich gerade meine Waage entsorgt habe.

Weil ich mir eben ein neues Outfit in Größe 48 bestellt habe.

Weil sich sonst vielleicht Männer für mich interessieren könnten.

Weil man nur beim Essen sicher sein kann, dass man auch bekommt, was man bestellt hat.

Weil ich von Essen noch nie enttäuscht worden bin.

Weil ich sowieso zu alt bin, um an der Miss-Germany-Wahl teilzunehmen.

Weil ich schon einen Mann habe.

Weil es keinen Trost unter 1000 Kalorien gibt, der den Namen verdient.

Weil mein Stoffwechsel es nicht zulässt, dass ich abnehme.

Weil ich dick gedacht bin.

Weil ich meinen Seitenaufprallschutz brauche, um mir am Leben keine blauen Flecken zu holen.

Weil ich als abschreckendes Vorher-Model für Diätprodukte arbeite und sonst eine Umschulung machen müsste.

Wie es vielleicht doch geht
Oder: Die Susanne-Fröhlich-Abspeckmethode

Ich habe insgesamt etwa 25 Kilo abgespeckt. Im Sommer 2003 habe ich angefangen. Nach den Ferien, um genau zu sein. Ein Auslöser waren Fotos von mir in Badebekleidung. Normalerweise bin ich geschickt darin, zu vermeiden, dass jemand in unvorteilhafter Bekleidung Fotos von mir macht. Aber in diesem Urlaub habe ich die Kamera doch glatt aus der Hand gegeben (Fehler, Fehler) und sehe dann voller Entsetzen beim Runterladen auf den Computer mich selbst im Badeanzug.

Das war ein wirklich fundamentaler Schock. Dass ich nicht zart gebaut bin, war keine Überraschung. Wer Kleidergröße 46 trägt, weiß das. Aber diese massigen Arme, diese kolossalen Beine und die dicke Wampe, das war dann doch eine Nummer zu viel.

In diesem Moment habe ich beschlossen, jetzt doch mal ein paar Kilo abzuspecken. Und das mit Sinn und Verstand und vor allem mit Erfolg.

Die Frage war nur, wie. Diesmal wollte ich nicht einfach aufhören zu essen, sondern einen Weg finden, mit dem man dauerhaft ohne allzu große Qual abnehmen kann. Ich bin beileibe nicht das, was man diätunerfahren nennen könnte, ganz im Gegenteil. Ausprobiert habe ich viele Methoden, gescheitert bin ich allerdings mit ebenso vielen.

Eine Diätkarriere wie meine ist sicherlich nichts Besonderes. Millionen Frauen kennen sich auf kaum einem Gebiet so gut aus wie auf dem Gebiet der Diäten. Theoretisch sind die meisten von uns absolute Abspeckprofis: Wir wissen, dass Mars und Snickers eher nicht zum Gewichtsverlust taugen und dass Gemüse generell günstig ist. Wer sich mit Diäten beschäftigt, weiß, dass fast nirgends so viel versprochen wird, und wenn das Versprochene dann nicht eintritt, die Ernüchterung riesig ist. Vor meinem neuerlichen Anlauf habe ich überlegt, welche Versuche ich hinter mir habe und was ich mir diesmal sparen kann und warum.

Meine Diätkarriere

Zu Beginn meiner Diätenkarriere (sehr lange her) war die Scarsdale-Diät ein Renner. Anleitung gab es im passenden Buch von Dr. Herman Tarnower. Die These beziehungsweise Strategie von Herrn Dr. Tarnower ist einfach:

Die Kalorienzahl wird auf unter 1000 pro Tag gedrückt. Die Nahrung besteht zu 43 Prozent aus Eiweiß, zu 22,5 Prozent aus Fett und zu 34,5 Prozent aus Kohlenhydraten. Die Proteindiät wird zwei Wochen streng durchgeführt, dann kommen zwei Wochen mit einer abgemilderten Variante, und dann darf man wieder von vorne anfangen. So lange, bis man sein Zielgewicht erreicht hat.

Ein Diättag bei Scarsdale sieht dann etwa so aus:

Frühstück

Eine Scheibe proteinreiches getoastetes Brot und eine halbe Grapefruit

Kaffee oder Tee ohne Milch oder Zucker

Mittagessen

Gemischter Aufschnitt (mageres Fleisch) und Tomaten, dazu Kaffee oder Tee und Diätlimonade

Abendessen

Fisch oder Schalentiere, gemischter Salat (kein Öl, keine Mayonnaise oder sonstige fettige Soßen), eine Scheibe getoastetes proteinreiches Brot und eine halbe Grapefruit.

Als Zwischenmahlzeit erlaubt: Karotten und Sellerie. Unbegrenzt.

Der Rest der zwei Wochen sieht ähnlich aus. Mal gibt's ein bisschen Hüttenkäse, mal Thunfisch, mal ein Ei oder auch ein Steak. Auf Nudeln, Kartoffeln, Reis usw. muss verzichtet werden.

Allein der Untertitel des Buches: »Die klinisch erprobte Schlankheitskur, mit der man in 14 Tagen 20 Pfund abnimmt« sagt viel über das Buch. Man nimmt mit keiner Diät dieser Welt 20 Pfund in 14 Tagen ab. Das klingt herrlich und hat mich auch sehr gelockt, aber es ist Schwachsinn. Noch dazu behauptet der Verfasser, man hätte keinesfalls Hunger (Hunger vielleicht nicht, aber Gibber auf Kohlenhydrate) und könne sein Gewicht locker halten (ha, ha).

Ganz schlau ist der Zwei-Wochen-Rhythmus, diese Kombination führt immerhin dazu, dass der Stoffwechsel nicht komplett in den Keller fährt.

Lachhaft sind die Tabellen mit Idealgewichtsvorgaben in dem Buch. Eine 173 cm große Frau darf laut Scarsdale zwischen 57 und 63 Kilo wiegen. Diese Vorstellung ist völlig veraltet und treibt mich noch heute fast in die Depression. 57 Kilo habe ich das letzte Mal mit etwa 19 Jahren gewogen. (Gut, zur Entschuldigung von Dr. Tarnower, die Diät ist aus dem Jahr 1978!)

Die Scarsdale-Diät ist eine Art Vorläufer zu Glyx, Montignac und anderen. Eine harte, eiweißlastige Diät. Allerdings argumentiert Tarnower nicht mit dem Insulinspiegel, sondern verbannt die Kohlenhydrate ohne Blick auf den Glykämischen Index. Bei der Scarsdale-Diät sollten

Lebensmittel nicht nach Gutdünken ausgetauscht werden, müssen aber immerhin nicht abgewogen werden.

Vorteil der Diät: Man ist noch einigermaßen flexibel (wenigstens was die Mengen angeht) und nimmt nicht schlecht ab. Ob sie durch das viele Eiweiß besonders nierenfreundlich ist, wird von Medizinern bezweifelt.

Ich habe mit der Diät damals ordentlich abgenommen, aber sehr gelitten. Der fast komplette Verzicht auf Kohlenhydrate macht äußerst schlechte Laune. Nach der Scarsdale-Diät war ich fünf Kilo leichter, habe dann aber ziemlich schnell alles wieder zugenommen. Mein Körper hat geradezu nach Kohlenhydraten geschrien. Und ich, ich war gnädig und habe ihn erhört.

Mein nächster Versuch war die drastische Variante. Nulldiät. Wer nichts isst, sollte doch fantastisch abnehmen. Auch von der Anwendung her gibt es eigentlich nichts Einfacheres. Wer gar nichts essen darf, muss sich auch keinerlei Gedanken ums Essen machen. Nicht mal einkaufen (damals hatte ich noch keine Kinder, denn die Kombination Kinder und Nulldiät ist doch sehr ungünstig). Ich habe literweise getrunken, Wasser und nochmal Wasser, ab und an ein wenig Kräutertee und erst mal auch toll abgenommen. Sechs endlos lange Tage mit knurrendem Magen habe ich die Plackerei ausgehalten. Dann hatte ich die Sache satt. Habe mich nach Kaubarem gesehnt und bin zusehends nervöser geworden. Leichter Schwindel kam erschwerend hinzu. Dass man bei einer solchen Rosskur jede Menge Muskulatur abbaut, Wasser verliert und nicht in der gewünschten Menge das unerwünschte Fett, habe ich dann doch begriffen und die Diät beendet. Die drei Kilo waren schnell wieder drauf. Keine sehr große Überraschung und die Quälerei mit Sicherheit nicht wert.

Den nächsten Versuch habe ich mit der Hollywood-Diät gestartet. Allein der Name, so glamourös. Auch die

Theorie klang schick. Die Hollywood-Diät behauptet, dass tropische Früchte wie Ananas, Papaya und Mango gewisse verdauungsfördernde Enzyme besitzen, und diese Enzyme würden die Verbrennung von Fettdepots beschleunigen. Verbrennung von Fett beschleunigen: grandios. Das hat mir sofort gefallen. Was biochemische Prozesse im Körper angeht, hatte ich damals so gar keine Ahnung. Aber der Gedanke war verlockend. Man isst lecker Ananas, und dieses freundliche, kalorienarme Obst verbrennt dann so ganz nebenbei hässliche Fettvorräte.

Essen darf man bei der Hollywood-Diät nicht viel. Und das dann möglichst noch getrennt, weil sich angeblich verschiedene Früchte in ihrer Wirkung nicht vertragen. Ananas, Papaya, Mango, auch mal Kiwi waren erlaubt, aber keinesfalls Zucker, Milch und Milchprodukte. Die Hollywood-Diät ist eine Art prähistorische Trennkost mit strengen Kombinationsverboten und Regeln – und: Sie ist das Grauen. Wer schon mal viel Ananas gegessen hat, weiß, dass man nach einer gewissen Menge ein pelziges, ekliges Gefühl auf der Zunge hat. Wie eine Frau wie Uschi Glas seit Jahren laut eigenen Angaben nichts anderes als Ananas frühstücken kann, ist mir ein Rätsel. Oder ist dieses pelzige Mundgefühl vielleicht sogar der Grund, dass sie ständig so leicht sauertöpfisch aus der Wäsche guckt? Verständlich wäre es. Also bei mir jedenfalls haben die Enzyme rein gar nichts bewirkt und die Diät war unerträglich. Ich bin eben kein Hollywood-Typ.

Natürlich habe ich auch die Extremklassiker probiert. Ich habe tagelang ausschließlich Äpfel gegessen, nichts als Eier verzehrt oder nur rohes Gemüse geknabbert. Oder Reis gegessen. Weil der so herrlich entwässert. Und mich immer sehr, sehr gequält. Länger als vier, fünf Tage habe ich keine dieser so genannten Mono-Diäten durchgehalten. Ich war einfach ständig hungrig. Und wer mich kennt, weiß, dass ich so ausgehungert eine grobe Belastung für meine Umwelt darstelle. Was nützt einem ein Gewichtsverlust von drei, vier Kilo, wenn danach das Sozialleben auf dem Nullpunkt ist, weil niemand mit einer so angespannten und zickigen Person irgendeinen Kontakt pflegen will.

Dann folgte eine Phase des Heilfastens. Selbstverständlich nach Buchinger, dem Fastenpapst. Mit Einlauf, Gemüsebrühe, Kräutertees und warmen Wickeln. Dass der Körper Schlacken hat und die dann verschwinden, ist heutzutage äußerst umstritten, aber damals war Heilfasten ein echter Renner. Heilfasten war nicht einfach Diät, o nein, Heilfasten war eine Erfahrung, ein spiritueller Höhenflug und zudem political sehr correct. Die ersten zehn Tage ist es mir auch tatsächlich ziemlich gut bekommen. Vor allem: Ich hatte ab dem dritten Tag fast keinen Hunger, habe zwar schlecht gerochen, mich aber gut gefühlt. In meinem Rausch habe ich gedacht, warum nur sechs Tage fasten, wenn man mal dabei ist und es so gut läuft, kann man doch sicherlich verlängern. Weg mit allen erdenklichen Schlacken! Hau raus den Kram! Sogar an so was Furchtbares wie Einläufe kann man sich gewöhnen. Heute laufe ich lieber selber. Vor allem, wenn die Alternative ein Glas Wasser mit Glaubersalz ist.

Am 15. Tag waren meine Waden morgens beim Aufstehen dicker als zwei Fußballerwaden zusammen. Ich sah aus wie eine Elefantin. Das hat mich dann doch etwas beunruhigt. Mein Cousin, Arzt, hat mir nach Schilderung der Symptome empfohlen, vielleicht mal wieder was zu essen. Und das habe ich dann auch gemacht. Die Waden waren schnell wieder auf Normalmaß, der Rest des Körpers allerdings auch. Vielleicht schlackenlos, aber leider nicht fettfrei.

Dann kam die Brigitte-Diät. Die 1000-Kalorien-Variante, eine der ersten Brigitte-Diäten, die es heutzutage ja in zahlreichen Abwandlungen gibt. Das Essen war lecker, die

Portionen nach einer Gewöhnungsphase ausreichend, und ich fühlte mich sogar einigermaßen satt. Dazu kam der angenehme Gedanke, endlich mal keinen Raubbau an meiner Gesundheit zu betreiben, genügend Nährstoffe, Ballaststoffe und Proteine zu mir zu nehmen. Fürs Gewissen sind so vernünftige Diäten eine sehr gute Sache. Ich habe allerdings eher langsam, aber dafür immerhin stetig abgenommen. Das war das Gute an der Brigitte-Diät.

Leider hat diese Ursprungsvariante verdammt viel Arbeit gemacht. Die logistische Komponente war dauerhaft einfach zu viel für mich. 30 Gramm Lachsschinken auf ein Knäcke zu verteilen und ständig winzige Mengen an Lebensmitteln einzukaufen und kompliziert zuzubereiten ist für Frauen, die nebenher auch noch an anderen Orten als in der Küche ihr Dasein fristen wollen, kaum machbar. Trotzdem: Wer gerne kocht und Neues ausprobiert, ist mit der Brigitte-Diät sicher gut bedient. Ein weiterer Vorteil – wenn man die Mühe der Vorbereitung nicht scheut: Die Rezepte schmecken so lecker, dass man auch gut zu zweit abspecken kann und durchaus das Gefühl hat, zwar nicht viel zu essen, aber doch eine Art Festival der kulinarischen Erlebnisse zu starten.

Richtig fies ist die Atkins-Diät, die jahrelang als verpönt galt, im Moment aber eine Art Revival feiert. Die Atkins-Diät ist eine Art Grobian-Trennkost. Es gibt Fett und Fleisch in rauen Mengen. Fette sind erlaubt, Butter und Sahne werden sogar empfohlen, Kohlenhydrate hingegen sind strengstens verboten. Schon nach vier Tagen kam ich mir wie ein Tier vor. Machen das die tierischen Fette?

Keine Ahnung, ich weiß nur, dass diese Diät richtiggehend eklig ist. Eine scheußliche Völlerei. Gesundheitlich ist die Diät von jeher äußerst umstritten. Nur weil unsere Vorfahren Berge von Fleisch in sich reingestopft haben (oder manche Nachfahren in Amerika und einigen entlegenen Gegenden, in denen es wenig Zitronengras oder

Sashimi, dafür aber eine Menge Tiere gibt, die man töten kann), müssen wir das ja wohl kaum auch tun. Wir wohnen ja auch nicht mehr in Höhlen, und die wenigsten Kerle verbringen den Hauptteil ihres Tages auf der Jagd nach Essbarem.

Ein weiterer Versuch waren die diversen Formula-Diäten. Das sind Diäten, bei denen eine oder mehrere Mahlzeiten am Tag durch ein Eiweißshake ersetzt werden. Das Prinzip klingt unproblematisch und praktisch. Man kauft eine Dose Pulver, und los geht es. Ein paar Löffelchen des Pulvers mit Magermilch oder Wasser gut verrührt und dann trinken. Das Resultat, kein Hunger, schnelle Gewichtsabnahme und ausreichend gutes Eiweiß. So die Theorie.

Leider schreibt niemand darüber, wie diese Drinks schmecken. Beschissen. Eine schleimige Brühe, wenn man keinen gescheiten Mixer hat, auch noch durchsetzt mit Bröckchen, die schmeckt wie gammelige Pappe. Für mich der Gewinner auf der Top-Ten-Liste der scheußlichsten Diätnahrungsmittel ist Almased. Boh, ist das widerwärtig. Mein akuter Reflex war ein starker Würgereiz. Ich konnte das Zeug überhaupt nur trinken, wenn ich mir die Nase zugehalten habe, und direkt hinterher mit Wasser nachgespült habe. Warum diese Eiweißshakes so erbärmlich schmecken müssen, ist mir ein Rätsel. Soll das eventuell dazu führen, einem jegliche Lust am Essen zu nehmen?

Auch Slimfast ist scheußlich. Alle Shakes oder Flüssignahrungsmittel haben eine gewisse Ähnlichkeit mit Kontrastmittel, das man früher, wenn man die Schilddrüse untersucht bekam, trinken musste. In jedem Fall könnte der Kontrast zwischen vor und nach dem Trinken nicht größer sein. Ich habe jedenfalls diese zähflüssige, pampige Flüssigkeit nur mit viel Überwindung herunterbekommen. Hinzu kommt dieser permanente Zweifel, ob in dem Schleim, den man mit zugebundener Nase in sich stürzt, wirklich etwas ist, was einem gut tut. Das Vertrauen in die chemische Industrie wird arg strapaziert. Manchmal habe ich mir vorgestellt, was passieren würde, wenn man das Kontrastmittel in einen Ententeich schütten würde. Am Ende war Deutschland stets eine wüstenähnliche Gegend.

Etwas erträglicher war Basis-Kost. BCM genannt. Mit Magerquark angerührt schmeckt es einfach nur fade. Vor allem war die Konsistenz angenehmer. Man konnte es löffeln, es war immerhin wenigstens Essen und nicht Trinken.

Natürlich habe ich auch die Strunz-Diät ausprobiert. Wie Millionen andere Menschen auch. So viele Fliegen können einfach nicht irren, die können doch nicht alle strunzdumm sein. Die Strunz-Diät besteht aus regelmäßigem, täglichen Joggen, wenn möglich mindestens 45 Minuten morgens und nochmal abends und dazu Obst, Gemüse, Fisch und Eiweißshakes möglichst mit strunzeigenem Pulver hergestellt.

Die Diät funktioniert durchaus. Wer viel rennt, verbrennt einiges an Kalorien – eine Einsicht, die zu *jeder* Diät gehört, egal welchen Namen sie trägt. Aber auch die Strunz-Eiweißpampe schmeckt leider scheußlich. Ich habe ihn mal bei einer Talkshow getroffen und auf das Problem angesprochen. Er war total erstaunt. War ich wirklich die Erste, der aufgefallen ist, dass der Kram blöd schmeckt? Habe ich eine Kontrastmittelphobie? Ist es zu viel verlangt, dass, wenn man denn schon wenig zu sich nimmt, das bisschen dann wenigstens gut schmeckt? Herr Strunz selbst findet seine Shakes lecker. Er will gar nichts anderes mehr. Allerdings ist Herr Strunz ein eher seltsamer Kerl mit zu weißen Zähnen und zu brauner Haut. Ob das von den Shakes kommt – wer weiß. Vielleicht wirkt das Zeug ja eher für die Haut und weniger für das, was drunter ist. Was mich außerdem gestört hat, waren die Mengen an Nahrungsergänzungen, die Herr Strunz propagiert. Vitamingaben sind noch immer in Bezug auf ihre Nützlichkeit für das gezielte Abnehmen sehr umstritten.

Auch unterwegs ist das »Strunzen« nicht unproblematisch. Wer je mit einem ausgelaufenen Eiweißshake seine beste Handtasche ruiniert hat, wird verstehen, was ich meine. Vor allem wenn Hochsommer ist und die Leute einen anstarren oder besser anschnüffeln, als würde man ein totes Zwergkaninchen mit sich herumtragen. Dazu kommt, dass ich keine Astronautin bin, noch Zähne habe und die auch gerne benutze. Mir fehlte das Kauen. Das Gefühl zu essen. Orale Aggression. Ich habe jedenfalls noch nie von einer Therapie gehört, die einem rät, in Kontrastmittel zu beißen. Immerhin: Wer das Programm konsequent durchzieht, nimmt wunderbar ab. Keine Frage. Leichter fällt diese Ernährungsform aber Menschen, die Essen weniger als Genuss denn als Notwendigkeit sehen. Wer gerne Spaß am Essen hat, wird sich mit den Shakes auf Dauer schwer tun. Und welcher Moppel hat nicht gerne Spaß am Essen?

Wer gerne in Gesellschaft abnimmt, der ist mit den Weight Watchers gut bedient. Freundinnen von mir haben im Kreise anderer Moppel fein abgenommen und schwärmen von Weight Watchers ähnlich verzückt wie ich von George Clooney. Ich habe wenig Zeit und noch weniger Lust, das bisschen an Freizeit abends mit Gesprächen rund ums Abnehmen zu verbringen. Erschwerend kommt hinzu, dass ich mich äußerst ungern vor anderen auf die Waage stelle (und erst recht nicht auf die Waage anderer Menschen – wer weiß, ob sie die nicht präpariert haben, nur um mir eins auszuwischen). Man muss sich zwar bei WW nicht öffentlich wiegen (was für ein Albtraum!), wird aber von der Gruppenleiterin gewogen. Das ist etwa so, als würde man den Therapeuten, mit dem man seine Elternkonflikte abarbeitet, gleich Weihnachten zum Stelldichein unter den Tannenbaum bitten.

Damit kein falscher Eindruck entsteht: Ich bin sehr gerne mit anderen Menschen zusammen. Aber in meinem Abnehmelend suhle ich mich lieber allein. Außerdem bin ich in der Theorie durchaus bewandert, brauche also niemanden, der mich in abendlichen Gesprächsrunden über die Vorzüge von Obst und Gemüse aufklärt.

Bei Weight Watchers geht alles nach Punkten. Jedes Lebensmittel hat eine bestimmte Punktzahl und man selbst auch. Das heißt, man darf eine bestimmte Menge Punkte am Tag zu sich nehmen. Es gibt nichts, was prinzipiell verboten ist, man muss sich nur entscheiden. Das Ernährungskonzept wird von der Stiftung Warentest und anderen gut beurteilt, und wer gerne ein bisschen mental an die Hand genommen wird, liegt mit Weight Watchers sicher nicht falsch.

Ein Riesenrenner war auch die Kohlsuppendiät. Bis auf den Kohl an sich eine schöne Sache. Ich hatte während der Diät Anwandlungen von akuten Furzgelüsten während laufender Sendungen und grauenvolle Blähungen. Die Kohlsuppendiät ist nichts für empfindsame Gemüter. Weder für Menschen, deren Magen-Darm-Trakt sensibel ist, noch für Menschen mit einem ausgeprägten Geruchssinn. Nach wenigen Tagen riecht einfach alles nach Kohl – man selbst eingeschlossen. Praktisch ist, dass man enorme Mengen der Suppe essen darf. Man darf sich an der Suppe satt essen. Leider gibt's kein schönes Scheibchen Baguette dazu! Man hat aber, obwohl es Suppe ist, durchaus das Gefühl, nicht nur Flüssignahrung zu sich zu nehmen, weil das Gemüse unpüriert ist.

Ich war erfolgreich mit der Suppe, hatte aber nach fünf Tagen Kohlsuppe eine wirkliche Kohlphobie und musste die Diät beenden. Sollten Sie die Kohldiät mit Ihrem Lebensgefährten ausprobieren, sollten Sie sich außerdem auf eine Menge ziemlich ungewohnter Geräusche gefasst machen, die vom zarten Rascheln von Birkenblättern im

Abendwind bis hin zu einem Granatenangriff von Außerirdischen reichen. Wer Probleme mit dem kleinen Lauschangriff hat, sollte sich nicht wundern, wenn es bei Männern, die sich in Kohlsuppendiät versuchen, regelmäßig zu einem Großangriff auf die Lauscher kommt.

So weit ein Teil meiner Diätversuche. Alle aufzuzählen würde wahrscheinlich den Rahmen des Buches sprengen.

Mein persönlicher Plan

Ich habe diesmal keine starre Diät streng nach einem Buch gemacht, obwohl ich mich von einer Menge Bücher habe inspirieren lassen und die medizinischen Rahmenbedingungen kenne, die man in jedem Fall beachten sollte, wenn man eine Diät macht. Diesmal aber wollte ich diäten, ohne manisch Kalorien zu zählen und ständig irgendwas abzuwiegen. Ich habe überlegt, dass es doch möglich sein muss, mit gesundem Menschenverstand und Basisernährungswissen auszukommen.

Und das Schöne: Es geht tatsächlich. Zu Beginn der Diät habe ich gewisse Lebensmittel aus meinem Essrepertoire einfach gestrichen. Darunter auch einige, die mir sehr am Herzen liegen. Hier die Liste:

Nicht gegessen habe ich:
- Kuchen und Torten (jede Art! auch kein Biskuit!)
- Süßigkeiten (bei schlimmen Gelüsten oder Suizidgedanken gab's ein Stück Bitterschokolade mit möglichst hohem Kakaoanteil oder einen Minischokokuss)
- Chips, Erdnussflips und ihre Artverwandten
- weißes Brot (keine hellen Brötchen, kein Baguette, kein Toastbrot!)

- Croissants (auch keine Laugencroissants!)
- Gebäck, Kekse usw.
- Bagels und Brezel
- Butter und Margarine (jegliche Streichfette)
- Wurst (bis auf ein wenig Corned Beef und magere Putenbrust)
- Nudeln (bis auf Vollkornnudeln – nicht sehr lecker!)
- Reis (Vollkornreis geht)
- Pommes
- Cornflakes und andere Cerealien (außer Haferflocken)
- Zucker
- Marmelade, Honig und Nutella(!)
- reife Bananen, Datteln, Rosinen
- alle Getränke außer Wasser, Tee, Kaffee und ab und an ein Lightgetränk (kein Alkohol!)

In den ersten Wochen habe ich ausschließlich Obst, Gemüse, Fisch, Salat, Joghurt, Ei, Quark, Haferflocken, Suppen und Vollkornbrot gegessen. Käse mit wenig Fett wäre erlaubt gewesen, aber leider mache ich mir nichts aus Käse. Als Fett erlaubt: Olivenöl, Rapsöl und Walnussöl.

Sie finden, das klingt nicht nach fantastischen Gourmetzeiten? Die Negativliste ist um Längen gewaltiger als die Liste der erlaubten Nahrungsmittel? Da haben Sie durchaus Recht. Aber nicht vergessen: Sie machen schließlich Diät. Sie wollen abnehmen. Und Sie werden sich, wenn Sie es denn ausprobieren, wundern, was man aus so einer kargen Auswahl an Lebensmitteln alles zaubern kann. Ich finde auch, dass klare Verbote eigentlich ganz gut einzuhalten sind. Es ist oft leichter, keine Schokolade zu essen, als nur ein Stückchen am Tag. Hat man erst mal den Geschmack auf der Zunge, ist es grauenvoll, sich direkt wieder zu bremsen. Aber das ist eine sehr individuelle Angelegenheit. Für manche mag es schön sein, auch nur einen Hauch von Süßem zu essen. Ich verzichte dann lieber ganz.

Einmal am Tag habe ich in den ersten Wochen immer Suppe gegessen. Gemüsesuppe. So viel man will. Wasser, dazu Gemüse und jede Menge Gewürze. Man glaubt gar nicht, was man für unterschiedliche Süppchen aus so spärlichen Zutaten machen kann. Probieren Sie auch Gemüse, die Sie bislang nur vom Namen her kennen. Mangold zum Beispiel. Mangoldsuppe mit Spinat und gebratenen Pilzen schmeckt wirklich gut. Und Sie müssen sich mengenmäßig kein bisschen bremsen. Wenn Sie einen Teller Suppe mögen, gut, Sie dürfen aber auch drei essen. Kochen Sie einen großen Topf, essen Sie, was Sie mögen, und frieren Sie den Rest ein. Wer Suppe nur mit Brot mag, isst ein Scheibchen Vollkornbrot dazu. Ich habe in der ersten Zeit fast völlig auf Brot verzichtet, sogar auf Vollkornbrot. Wenn meine Zeit für Frischgemüse nicht gereicht hat, habe ich Tiefkühlgemüse genommen (natürlich keine Fertigmischungen mit Tonnen von Butter und Konservierungsmitteln oder leckeren Sößchen).

Erlaubt habe ich mir jedes Gemüse außer Kartoffeln. Kartoffeln sind ein umstrittenes Lebensmittel bei Diäten. Früher war man mit Kartoffeln auf der sicheren Seite. Heutzutage wird eine gewisse Zurückhaltung propagiert. Schuld an der Verbannung der Kartoffel ist die Theorie des Glykämischen Indexes. Hier geht es darum, dass bestimmte Lebensmittel einen hohen glykämischen Index haben und dadurch den Blutzuckerspiegel zum Ansteigen bringen. Der lockt dann das Insulin, lässt ein Hungergefühl entstehen – und das macht fett. Der hohe Blutzuckerspiegel fällt rasant wieder ab, Sie sind unterzuckert und Ihr Körper antwortet mit Heißhunger.

Überhaupt war das die entscheidende Einsicht. Warum, fragten sich die Forscher, werden ausgerechnet in dem Land, in dem die Lightprodukte wie Pilze aus dem Boden schießen, die Leute immer fetter? Antwort: Weil sie Heißhungerattacken haben. Und warum? Man stellte fest, dass dies damit zu tun hat, dass der Insulinspiegel sehr stark sank und wieder stieg. Demgegenüber versuchen neuere Diäten, den Insulinspiegel auf einem einigermaßen gleichen Niveau zu halten. Ergebnis: spürbar weniger Hunger. Wer Lebensmittel mit einem hohem glykämischen Index zu sich nimmt, kommt in eine Art Blutzuckerachterbahn und hat fast permanent Hunger. Lebensmittel, die den Blutzuckerspiegel nicht so peitschen, sind deshalb auf jeden Fall besser, so die Theorie. Es scheint etwas dran zu sein, nicht nur weil sich fast alle neueren gut funktionierenden Diäten darauf beziehen, sondern auch, weil man in der Praxis schnell merkt, das Prinzip funktioniert. Außerdem erklärt die Glyx-Diät in gewisser Weise auch, warum an Trennkost was dran ist. Durch Trennkost hält man einigermaßen den Level des Blutzuckerspiegels. Doch Kartoffeln beispielsweise sind ein sehr stärkehaltiges (und das bedeutet zuckerhaltiges) Lebensmittel und deshalb aus glykämischer Sicht nicht unbedingt empfehlenswert.

Es gibt mittlerweile zahlreiche Tabellen mit Glyx-Werten. Berechnet wird, wie heftig ein Lebensmittel den Blutzuckerspiegel steigen lässt. Die Forscher sind von Traubenzucker ausgegangen. Traubenzucker – sozusagen der Ferrari unter den Blutzuckerpeitschen – bekam als Index die Zahl 100. Dann wurden diverse Lebensmittel darauf getestet, wie schnell sie unseren Blutzucker nach oben bringen. Wer nach dieser Methode abnehmen will, sollte bevorzugt Lebensmittel essen, die im Höchstfall eine Indexzahl von 50 haben. O Gott, das klingt nach komplizierten Tabellen und ständigem Nachschlagen in kiloschweren Listen. Nein. Wenn Sie sich auf meine dürftige Nahrungsmittelliste beschränken, müssen Sie sich eigentlich nur merken, welche Obst und Gemüsesorten wegen ihres hohen Glyx besser eingespart werden.

Do not eat Gemüse:

Mais, gekochte Karotten (Stärkealarm! – roh sind sie erlaubt), Kürbis und Dosenerbsen.

Do not eat Obst:

Wassermelonen, reife Bananen, Datteln, Rosinen, Trauben und Dosenobst – also alles mit viel Fruchtzucker.

Zurückhaltung ist angesagt bei Mango und Papaya.

Wer es ganz genau wissen will, kann sich natürlich eine Liste mit Glyx-Werten besorgen. Entweder im Internet oder in einschlägigen Diätbüchern. Ob die Theorie stimmt – ich kann es nicht beurteilen, aber es klingt herrlich einleuchtend.

Abgesehen von der Glyx-Diät, die tatsächlich weniger Hungergefühl zu verursachen schien, kann ich nur eines hoffen: dass Sie Fisch mögen. Fisch ist ein Top-Diätlebensmittel. Die Diätkönigin. Egal welche Diätrichtung Sie einschlagen, mit Fisch kommen Sie überall gut durch. Essen Sie ruhig auch fettigen Fisch, der hat zwar mehr Kalorien, aber das Fett, das in ihm steckt, ist ja wenigstens gutes Fett. Ab und an habe ich mir auch ein Scheibchen mageres Fleisch oder Geflügel gegönnt.

Salat. Ja, Salat! Salat mit Thunfisch, Salat mit Hähnchenbrust, Salat mit Champignons, Salat mit Paprikastreifen, mit Gurke, mit Radieschen, mit Tomaten oder auch mit allem zusammen. Früher habe ich in Diätzeiten meinen Salat mit Zitronensaft angemacht. Nur mit Zitronensaft. Das kann jedoch selbst einer leidenschaftlichen Salatesserin wie mir den Spaß verderben. Diesmal habe ich den Salat ganz klassisch mit Essig und Öl oder mit Joghurt angemacht. Das bisschen, das man isst, sollte doch wenigstens gut schmecken.

Also: einmal am Tag Suppe, einmal am Tag Salat mit Fisch oder magerem Fleisch. Morgens, wenn man denn frühstückt, ein wenig Joghurt oder Quark (low fat!!) und dazu frisches Obst und ein paar Haferflocken.

Frühstücken ja oder nein ist ein Dauerstreitthema aller Diätfreaks. Muss man frühstücken? Bekommt man im Laufe des Tages Heißhunger, wenn man verzichtet? Sollte man nur essen, wenn man Hunger hat, oder sich auch dann ein Frühstück reinzwingen, wenn man keinerlei Hunger hat? Ich bin in dieser Hinsicht wenig dogmatisch. Hatte ich Hunger, habe ich gefrühstückt. Hatte ich keinen, was durchaus häufiger mal vorkam, habe ich eben nichts gegessen und erst im Laufe des Vormittags die erste Mahlzeit zu mir genommen. Viele Dünne, die ich kenne, frühstücken grundsätzlich nicht. Ob das gesund ist? Mir hat es jedenfalls nicht geschadet, ich habe keinen schwachen Kreislauf, der Anschub braucht, und kann auch gut ohne Frühstück leben. Wer direkt nach dem Aufstehen kurz davor ist, Hungerödeme zu bilden, sollte essen. Obst mit Quark oder Joghurt oder ein Vollkornbrot mit etwas magerem Aufschnitt.

Ich liebe Kaffee und habe ihn mir immer erlaubt. Auch mit Milch. Einen Morgen ohne einen guten Kaffee Latte zu überstehen, fällt mir wirklich sehr schwer. Klar hat die Milch Kalorien, aber ohne Milch mag ich nun mal keinen Kaffee. Ich habe eben fettarme Milch genommen.

Ein Diättag in meinem Leben sah etwa so aus:

Morgens

Milchkaffee, etwas Obst mit Quark und Haferflocken

Mittags

Süppchen bis zum Abwinken

Nachmittags

Obst

Abends

Tomaten mit Zwiebeln und Thunfisch (der aus der Dose ohne Öl!), Kräuter und dazu Vollkornbrot

Spätabends

Joghurt

Dazu große Mengen Wasser. An das viele Trinken musste ich mich gewöhnen. Aber viel Wasser im Bauch erzeugt ein Gefühl der Völle. Als Faustregel könnte man sagen: Wer viel trinkt, isst weniger, weil weniger reingeht.

Bei dem, was ich gegessen habe, musste ich bei meinem Plan nie auf die Mengen achten. Das heißt: Man leidet keinen Hunger. Natürlich hatte ich Lust auf so herrliche Dinge wie Spaghetti Carbonara oder Lasagne oder Käse-Sahne-Torte, aber Hunger hatte ich nicht.

Außerdem ist diese Art der Ernährung, also wenig weißes Mehl, kein Zucker, hochwertiges Eiweiß und gute Kohlenhydrate, familienkompatibel. Meine Kinder haben das Essen mitgegessen. Es ist ja kein Problem, Kartoffeln oder Nudeln dazu zu kochen. Selbst Menschen, die viel ausgehen und einen Großteil ihrer Nahrung im Restaurant zu sich nehmen, haben mit der Lebensmittelauswahl kein Problem. Jedes Restaurant hat Salat. Sie essen Salat oder Fisch, Geflügel oder Fleisch mit Gemüse. Das macht Sie vielleicht nicht glücklich, aber schlanker auf jeden Fall.

In diesem Buch werden Sie keine Rezepte finden. Aus mehreren Gründen:

A. Halten sich meine Kochkünste in Grenzen.
B. Sie wissen besser als ich, was Ihnen schmeckt. Denken Sie sich Variationen aus. Seien Sie kreativ. Was nützt Ihnen ein Rezept für Ruccolasalat mit Steinpilzen, wenn Sie sowohl Ruccola als auch Steinpilze hassen.
C. Es geht in diesem Buch nicht um eine detaillierte Anleitung.

Sie sind erwachsen, und 90 Prozent aller Menschen wissen ganz genau, dass Chips bei einer Diät nicht unbedingt förderlich sind. Mein Problem war nie die Frage, was muss ich essen, um nicht weiter zuzunehmen, sondern wie halte ich diese karge Zeit durch. Nahezu alle Moppel kennen die Nahrungsmittel, mit denen sie abnehmen würden. Dazu kommt, dass Abnehmen etwas sehr Individuelles ist. Es gibt nicht das für alle gültige Patentrezept. Ich brauche meinen Milchkaffee, sogar mehrere davon am Tag. Sie brauchen vielleicht Nudeln (ich eigentlich auch, wenn ich so drüber nachdenke!). Oder Orangensaft. Oder was auch immer. Menschen sind verschieden. Versuchen Sie mit gesunden und nicht zu hochkalorischen Lebensmitteln zu experimentieren. Wenn es Ihnen schmeckt, können Sie tagelang die gleiche Suppe essen. Oder immer wieder Salat mit Hähnchenbrust. Sie müssen aber nicht. Zu viel Festlegungen und Regeln machen einen mürbe.

Wer genauere Anleitungen braucht, sollte sich ein Diätbuch mit Rezepten kaufen.

Hilfreiche Bücher

Ich habe vor dem Einstieg in die Diät nicht nur meine persönlichen Erfahrungen nochmal Revue passieren lassen, sondern auch mindestens 50 Diätbücher durchgeguckt.

Das meiste ist Schrott. Totaler Mist, den man getrost vergessen kann. Man bekommt die Hucke voll gelogen und hat schon nach zehn Seiten genug. Ein paar Bücher aber können, wenn man denn gerne eine gewisse Diätanleitung hat, schon nützlich sein.

Meine persönliche absolut subjektive Diätbuchhitliste:

Christine Neubauer: Die Vollweib-Diät (Knaur)

These/Strategie: Lustvoll essen, wenig Fett, möglichst wenig Zucker, kein weißes Mehl und regelmäßige Bewegung.

Bewertung: Christine Neubauers Diätbuch wurde von allen Bewertungsstellen bis hin zur Stiftung Warentest sehr gut besprochen. Ihr Ernährungsansatz ist sinnvoll und nach neusten Erkenntnissen, die beste Methode um an

Gewicht zu verlieren. Sie propagiert die dauerhafte Ernährungsumstellung und prangert auch die heutigen Schlankheitsideale an. Ihr Ernährungskonzept macht Sinn. Sie erzählt relativ viel von sich, und das Buch ist insgesamt besser, als der Titel und das Cover vermuten lassen (auf dem Cover sieht man Frau Neubauer bäuchlings, und dralle Brüste, die in ihrem schönen Leben an alles, nur nie an Diät denken würden, springen einen quasi an). Alles in allem ein schön gemachtes Buch und eine sympathische Identifikationsfigur (die genau wie Sie und ich sicher nicht in Größe 34 passt).

Marion Grillparzer: Die GLYX-Diät. Abnehmen mit Glücksgefühlen (Gräfe und Unzer)

Für mich eines der am besten gemachten Bücher zur neuen Glyx-These. Gut erklärt und angereichert mit jeder Menge Tipps. Sehr leckere Suppenrezepte.

Wer auf gigantischen theoretischen Unterbau steht, könnte Spaß an den Büchern von Michel Montignac haben. Auch wer gerne Wein trinkt und Käse isst, dürfte Gefallen an Montignacs Thesen finden.

Im Großen und Ganzen geht es auch hier um den glykämischen Index. Montignac ist eine Art französischer Guru, und es gibt mittlerweile eine Menge Leute, die auf seine Ernährungsmethode total abfahren. Mir ist er zu absolut. Sein Hass auf die arme Kartoffel lässt auf irgendein unschönes Kindheitserlebnis mit der kleinen Knolle schließen. Auch sein Plädoyer für ordentlich Wein, sogar in der Schwangerschaft, macht mich skeptisch. Aber, man kann einiges an Info zum Thema Glyx rausholen und muss sich ja nicht sklavisch der gesamten Ideologie zuwenden.

Dörte Helberg: Die neue Fit for fun Diät (Südwest)

Verschiedene Diätpläne mit moderaten Kalorien und

sehr viele Rezepte. Nett zu lesen und sinnvolle Theorie. Ich finde: ein gutes Buch.

Die Brigitte-Ideal-Diät gibt es in diversen Varianten. Seit Jahren schneidet die Brigitte-Diät bei Untersuchungen sehr gut ab. Zu Recht. Das Konzept ist sinnvoll, die neuesten Pläne basieren übrigens auch auf dem Glyx-Gedanken.

Im Internet kann man eine Menge mentaler Unterstützung finden. Meine Lieblingsseite war www.diaeten-sind-doof.de. Hier gibt's jede Menge rund um Diäten. Tagebücher von anderen Moppeln, Tipps und Trost. Zum Rumsurfen eine nette Seite.

Apropos Surfen: Bei allen Diäten sollte man eines nicht vergessen: Bewegung. Diese Bewegung darf ruhig in Sport ausarten. Dass dies für den Körper gut ist, ist das eine. Ich habe aber auch immer wieder festgestellt, dass mich sportliche Aktiviät beflügelt, mir aus einem Diättief heraushilft, meine Motivation stärkt – und, nebenbei bemerkt, auch hilft, den inneren Schweinehund ziemlich kleinlaut werden zu lassen. Wer regelmäßig joggen kann, wird selbst bei mäßigem Diätaufwand bald die Erfahrung machen, dass man erst ein paar Flaschen, dann einen halben, schließlich einen ganzen Wasser-Kasten und schließlich auch noch mehr Gewicht nicht mehr mit sich herumschleppt. Wenn Sie das Gefühl haben wollen, zuzunehmen (falls das für Sie erstrebenswert ist), brauchen Sie nur einen Kasten Wasser mit sich rumzutragen, wohin auch immer Sie gehen. Und sich dabei vorzustellen, dass dieser komplette Kasten irgendwie auf ihnen verteilt ist und mitgetragen wird, auch wenn ihn keiner sieht.

Das Schwierige bei einer Diät ist es, inmitten all dieser Einsichten und Wünsche, Vorstellungen und Taten nicht zu vergessen, dass das Diäten letztlich nur einem Zweck dient: einem besseren Leben. Deshalb müssen sich »harte« und »weiche« Phasen abwechseln. Man darf weder zu hart noch zu nachlässig sich selbst gegenüber sein. Die Wahrheit liegt in der Mitte.

Die Herzogin von Kent soll angeblich mal gesagt haben: Man kann nie zu reich oder zu dünn sein. Mit dem zu reich sein mag sie Recht haben, mit dem zu dünn sein irrt sie sich. »Wenn der Mensch geboren wird, ist er weich und schwach«, heißt es im Tao Te Ching, einer Schrift, die fast 2500 Jahre alt ist und aus einem Kulturkreis stammt, in dem Menschen selten dick sind. »Wenn er stirbt, ist er fest und stark. Wenn die zehntausend Wesen, wenn Gräser und Bäume wachsen, dann sind sie weich und saftig; doch wenn sie absterben, dann sind sie dürr und trocken.« Vertrocknen kann man, so finde ich, immer noch. Bis dahin sollte man es vielleicht einmal damit versuchen, nicht dick, aber »saftig« zu sein.

Und immer wieder ruft das Moppel-Ich

Es scheint zu klappen. Ich halte mein Gewicht. Bisher. Mal ein Kilo mehr, mal eins weniger. Ich versuche keinerlei hysterische Züge zu entwickeln. Die Menschen, deren Befindlichkeit sich nur ums aktuelle Gewicht drehen und die bei einem zugenommenen Kilo ein Gesicht ziehen, als hätten sie soeben die Nachricht einer lebensbedrohlichen Krankheit erhalten, gehen mir auf den Wecker. Ich bemühe mich schon deswegen, nicht so zu sein. Ich möchte nicht in einem solchen Kosmos gefangen sein. Ein Tag kann auch schön sein, wenn die Waage ein Pfund mehr anzeigt. Und lebenslange Diät ist schon gar nicht mein Fall.

Die Zeit nach der Diät war eine extrem teure Zeit. Die »endlich passt mir mal was Hübsches«-Zeit. Diese Begeisterung ist erst mal kostenintensiv. Ich wurde, wie Oprah Winfrey zu sagen pflegt, zu einer »black belt«-Shopperin. Es ist ein gigantisches Gefühl, in Hosen zu steigen, die vorher gerade mal für einen Oberschenkel gereicht hätten. Zum Glück legt sich dieser rauschartige Zustand etwas, denn sonst wäre ich irgendwann vielleicht schlank, aber die Kinder müssten mittags trocken Brot knabbern.

Leicht ist es nicht immer, das Gewicht zu halten. Man verfällt sehr schnell wieder in alte Verhaltensmuster. Wer jahrelang zu viel gegessen hat, gewöhnt sich das nicht in ein paar Monaten ab. Man muss sich immer mal wieder zügeln.

Und eins muss ich zugeben: Die Weihnachtszeit ist eine

extrem harte Zeit gewesen. Adventsnachmittage in Kindergarten und Schule, leckere Christstollen und Plätzchenattacken überall. Dazu das überaus triste Wetter, Gänsebraten und Knödel. Feiertage sind generell Tage, an denen ständig gegessen wird. Isst man statt fettem Braten einen Salat, heißt es: »Willst du lebenslang Diät halten, du verdirbst einem ja den ganzen Spaß am Essen.« Isst man die Gans, heißt es: »Vorsicht, die Kilos hast du schnell wieder drauf, dann kannst du deine neuen Klamotten gleich wieder entsorgen.«

Das Beste ist, man isst nach dem Lustprinzip und versucht, sich einen Dreck um andere zu scheren. Besser einmal die Ganskalorien als das grausige Gefühl, dass man die einzige Person auf der Welt ist, der keinerlei Genuss gegönnt wird. Es muss ja am nächsten Tag nicht wieder was total Fettiges sein. Oder man lässt die Knödel liegen. Oder man trägt es mit Fassung, dass Vorweihnachts- und Weihnachtszeit schlicht drei Kilo mehr bedeuten und speckt sie hinterher wieder ab. Ich habe die ganze Zeit weiterhin so tapfer wie möglich mein Sportprogramm durchgezogen und habe zwar nicht weiter abgenommen, aber immerhin auch nicht wieder zugenommen. Also ist normales Essen möglich, wenn man sich bewegt und nicht komplett über die Stränge schlägt. Juhu.

Erstaunlicherweise war es das erste Jahr, in dem mir aufgefallen ist, wie verdammt süß Marzipankartoffeln schmecken. Eigentlich zu süß. Hätte ich nie für möglich gehalten. Dass mir mal was zu süß ist. Relativ zuckerfreie Ernährung scheint doch Auswirkungen zu haben.

Am schwersten ist es für mich nach wie vor, mich abends am Riemen zu reißen. Was wohl auch daran liegt, dass Essen eine Art Belohnung für mich ist. Entspannung signalisiert. Wenn die Kinder im Bett liegen, das Tagwerk geschafft ist, habe ich Zeit für mich. Kann mir was gönnen. Sitze auch gern mal vor der Glotze und lasse mich berieseln. Wenn mir dann langweilig wird, ruft es in meinem Hirn immer noch: Iss doch was Schönes. Diese Stimmen zu ignorieren klappt nicht immer. Aber – immer öfter.

»Das Leben während einer Diät ist ...«? – Fragen an prominente Schicksalsgenossinnen und -genossen

Barbara Schöneberger
Moderatorin

Ich bin 1,73 groß. Wiege ungefähr 64 Kilo und bin sehr glücklich.

Susanne Fröhlich: Seit wann beschäftigst du dich mit dem Thema »Gewicht«? Was war der Anlass?

Seit ich denken kann, macht meine Mutter Diäten. Ich kenne jedes »Schlankwerden in fünf Tagen«-Buch im Wandschrank meiner Eltern. Ich habe mit 13 angefangen, obwohl ich immer schlank war, mir extreme Gedanken über meinen Körper zu machen. Ich fing damals an, als Model zu arbeiten, also im kleinen Stil, nicht Mailand, sondern Breitbrunn am Chiemsee, aber auch schön. Also war ich immer die Dickste, aber auch immer die Fröhlichste. Im Laufe einer Saison habe ich mich mit einer Freundin so reingesteigert, dass wir den ganzen Tag nur über Essen geredet und nachgedacht haben. Irgendwann wurde es mir zu blöd, zu krank und zu hohl. Dann habe ich mich einfach nie wieder auf eine Waage gestellt. Inzwischen weiß ich, wann ich mal mehr habe, ohne mich zu wiegen. Wenn die Hose nicht mehr zugeht, weiß ich, was los ist. Ich kenne meinen Körper, meine Menstruation, begleitet von prämenstruellen »O Gott, hier gibt's nicht genug Essen für mich«-Anfällen usw. Das dauert zwei Tage, danach kann ich wieder normal am Leben teilnehmen.

Wie oft kontrollierst du dein Gewicht?

Wie bereits oben gesagt: Ich kontrolliere über Hosenbund, Spiegel und Gefühl. Manchmal nimmt man auch zu und fühlt sich trotzdem dünner als sonst. Okay, ich gebe zu, das ist sehr selten. Wiegen macht einen verrückt. Man sollte damit aufhören.

Wie würdest du dein Verhältnis zur Waage bezeichnen?

Ich lache jeder Waage freundlich zu und mache dann einen Bogen darum. Was weiß denn eine Waage, wie ich mich fühle.

Was ist bei dir immer im Kühlschrank?

Milch, Tomatenmark, Sahne, Mozzarella, frisches Basilikum, vegetarische Frühlingsrollen.

Die schlimmste Demütigung, die du in Bezug auf den Speck jemals erleiden musstest?

Mein Ex – ich betone: Exfreund klappte morgens mal die Decke zurück und sagte leise: »Da liegt ja der Koloss von Rhodos.«

Der größte Erfolg in Bezug auf den Speck?

Dass alle Leute, wann immer sie mich sehen, sagen: Du bist ganz schmal geworden.

Meine Theorie hierzu: Wenn sie sich von mir verabschieden, gucken sie mir nach und behalten meinen Po in Erinnerung. Wenn sie mich wiedersehen, gucken sie mir natürlich, wenn ich auf sie zukomme, ins Gesicht. Sie haben noch den Po vom letzten Mal in Erinnerung und sehen jetzt mein schmales Gesicht und denken dann: Gott, die Alte hat ja mindestens sechs Kilo runter. Habe ich aber nie. Bin eigentlich immer gleich.

Welcher Promi ist dein role model?

Liv Tyler. Monica Belucci, Penelope Cruz. Ich möchte all das, was ich definitiv nicht bin. Liv Tyler soll letztens in einem Interview gegenüber einer amerikanischen Zeitschrift gesagt haben, sie wolle aussehen wie ich.

Wer ist ein echt abschreckendes Beispiel – zu dünn, zu dick? Und warum?

Fast alle Promis, die ich kenne, sind erschreckend dünn. Denn wer im Fernsehen normal aussieht, ist meist nicht größer als 1,50 und wiegt definitiv unter 50 Kilo. Uschi Glas, Hannelore Elsner und all die anderen sieht man kaum, wenn sie einen Raum betreten.

Worauf könntest du am schwersten verzichten? Welches Lebensmittel ist dir jede Sünde wert?

Ich gehe gern zu McDonald's, weil ich noch immer das Gefühl habe, damit etwas total Verrücktes zu tun. Früher stark reglementiert, ist es immer noch spannend.

Gibt's persönliche Abnehmtricks oder Strategien?

Am besten klappt es, wenn man sowieso schon einen Lauf hat. Also wenn einem schon drei Leute gesagt haben, man hätte abgenommen. Dann kann ich mich am besten motivieren, ein bisschen zu bremsen. Aber eigentlich bin ich nicht diszipliniert genug. Außerdem schlägt mir so gut wie nichts auf den Magen.

Gibt's die persönliche Problemzone und wenn ja, wo sitzt sie?

Das Gesicht vom Vater, das Bindegewebe von der Mutter. Andersrum wäre es auch nicht schlecht gewesen.

Was ist an dir – körperlich gesehen – richtig gelungen?

Meine Füße sind toll. Meine Haare. An beiden Stellen wurde kein Bindegewebe verwendet. Wahrscheinlich deshalb.

Womit motivierst du dich?

Kylie Minogue ist total klein.
Liv Tyler ist total doof.
Demi Moore ist total operiert.

Was ist dein wichtigstes Accessoire beim Abnehmen?

?

Was ist das Schlimmste am Diäten?

?

Kennst du deinen BMI?

Ich weiß zumindest, dass das der Body Mass Index ist. Der liegt bei mir noch im okayen Bereich.

Du darfst dir eine allerletzte Mahlzeit wünschen, also haltlos prassen – was darf es denn sein?

Eine asiatische Vorspeisenplatte. Mit Dim Sum, Frühlingsrollen, Satay, süßsaurer Soße, Sushi, Wokgemüse.

Welche Diät hast du sofort wieder abgebrochen? Welche kannst du empfehlen?

Habe mir in einem Wahn für ein Vermögen Herba Life gekauft. Paul hat es einfach aus dem Fenster geworfen. Gut so.

Montignac soll toll sein. Alle schwärmen. Vielleicht versuche ich es mal. Man soll ja alles essen können, was einem schmeckt.

Götz Alsmann
Moderator, Entertainer und Musiker
www.goetz-alsmann.de

Susanne Fröhlich: Seit wann beschäftigst du dich mit dem Thema »Gewicht«? Was war der Anlass?

Seit einem Gespräch am Abendbrottisch, bei dem meine Ehefrau (frecherweise gertenschlank ...) mir ins Gesicht sagte: »Ich mach das nicht mehr mit!« Dieser denkwürdige Augenblick fand statt im Februar 1998.

Wie oft kontrollierst du dein Gewicht?

Jeden verdammten Tag.

Wie würdest du dein Verhältnis zur Waage beschreiben?

Manchmal ist sie eine liebe Freundin, manchmal Idi Amin.

Was ist bei dir immer im Kühlschrank?

Da ich ein FdH Verfechter bin: Alles!

Die schlimmste Demütigung, die du in Bezug auf den Speck jemals erleiden musstest?

In der ersten STERN-Story die Bemerkung über mich, ich sei »etwas untersetzt«.

Der größte Erfolg im Bezug auf den Speck?

15 Kilo dauerhaft vernichtet zwischen Februar und April 1998!

Welcher Promi ist dein role model?

Ich bin mir selbst genug.

Wer ist ein abschreckendes Beispiel – zu dünn, zu dick? Und warum?

Millionen sonst unbescholtener Bürger.

Worauf könntest du am schwersten verzichten? Welches Lebensmittel ist dir jede Sünde wert?
Die Antwort wechselt mit der Jahreszeit. (Ich sag nur Weihnachten.)

Gibt's persönliche Abnehmtricks oder Strategien?
Einfach weniger essen, Alkohol bestenfalls auswärts.

Gibt's die persönliche Problemzone, und wenn ja, wo sitzt sie?
Mein Nacken ist ein phänomenaler Indikator für Übergewicht.

Was ist an dir – körperlich gesehen – richtig gelungen?
Eigentlich gar nichts.

Womit motivierst du dich?
Mit schöner Kleidung und einem sehr guten Herz-Kreislauf-Wert.

Was ist dein wichtigstes Accessoire beim Abnehmen?
Das strenge Mienenspiel meiner Frau.

Was ist das Schlimmste am Diäten?
Habe noch nie eine gemacht. (FdH ist keine echte Diät, weil es kein zeitliches Ziel gibt)

Kennst du deinen BMI?
Ich weiß nicht viel über Computer und Autos (oder was ist das sonst?)

Du darfst dir eine allerletzte Mahlzeit wünschen, also haltlos prassen, was darf es denn sein?

Entenbraten, Tafelspitz, frisch gezapftes Bier, ein sauberer Korn … Kann ich mir den Rest der Tafelrunde selbst aussuchen?

Welche Diät hast du sofort abgebrochen?
Siehe oben – habe noch keine gemacht.

Vervollständige bitte diese Sätze:
Dicke sind … unzufrieden, wenn sie die Lätta-Werbung sehen.
Schlanke sind … komischerweise meist nicht schlank genug.
Nicht zu essen ist … sehr ungesund.
Das Leben während einer Diät ist … wahrscheinlich nichts, was diese Bezeichnung verdient.
Zuzunehmen ist … ein Ausdruck echter Souveränität.
Die perfekte Figur ist … sowieso nur was für Frauen.

Manon Straché
Schauspielerin (u. a. Girlfriends, ZDF)

Susanne Fröhlich: Seit wann beschäftigst du dich mit dem Thema »Gewicht«? Was war der Anlass?
Ich habe das Gefühl, seit ich denken kann, da meine Mutter Tänzerin war, drehte sich alles um das Thema Gewichtskontrolle.

Wie oft kontrollierst du dein Gewicht?
Nur beim Arzt zum Routinecheck.

Wie würdest du dein Verhältnis zur Waage bezeichnen?
Isch abe gar keine Waage.

Was ist bei dir immer im Kühlschrank?

Ich habe immer Nudeln, Olivenöl, Tomaten, Kräuter und Parmesankäse im Hause.

Die schlimmste Demütigung, die du in Bezug auf den Speck jemals erleiden musstest?

Ein Angebot für eine Arztserie – Beschreibung des Rollenprofils: Dicke Frau Mitte fünfzig sucht ihren Hund in der Notaufnahme.

Der größte Erfolg in Bezug auf den Speck?

Dass er sich seit sieben Jahren dünne gemacht hat.

Welcher Promi ist dein role model?

Echt keine Ahnung.

Wer ist ein echt abschreckendes Beispiel – zu dünn, zu dick? Und warum?

Ich finde es schon merkwürdig, dass sowohl in der ARD als auch im ZDF zwei übergewichtige Schauspieler Ärzte spielen, die den Leuten sagen, was sie dürfen und was nicht. Bei einer moppeligen Kollegin wäre das nicht drin.

Worauf könntest du am schwersten verzichten? Welches Lebensmittel ist dir jede Sünde wert?

Da gibt es wirklich keins.

Gibt's persönliche Abnehmtricks oder Strategien?

Nicht den ganzen Tag ans Essen denken und kein schlechtes Gewissen haben, wenn man was gegessen hat.

Gibt's die persönliche Problemzone und wenn ja, wo sitzt sie?

Ich habe Fesseln wie ein englisches Reitpferd und leider auch den entsprechenden Hintern.

Was ist an dir – körperlich gesehen – richtig gelungen?
Meine Augen, immerhin besser als gar nichts.

Womit motivierst du dich?
Ja, das frage ich mich auch manchmal – ich lebe gerne, ich habe einen tollen Mann und liebe meine Arbeit.

Was ist dein wichtigstes Accessoire beim Abnehmen?
Das Obstmesser.

Was ist das Schlimmste am Diäten?
Ich denke der Anfang.

Kennst du deinen BMI?
Nein – kann ich nicht rechnen, habe die Aufgabe immer noch nicht verstanden.

Du darfst dir eine allerletzte Mahlzeit wünschen, also haltlos prassen – was darf es denn sein?
Da ich mich vor lauter Überfluss nicht entscheiden könnte, würde es sicher wieder auf Spaghetti mit Tomatensoße hinauslaufen, leider.

Welche Diät hast du sofort wieder abgebrochen? Welche kannst du empfehlen?
Ich habe mit konkreten Diäten keine Erfahrung. Aber ich denke alles, was mit Einseitigkeit zu tun hat, hält nicht lange vor. Mit Fettreduktion und Alkoholverzicht habe ich gute Erfahrungen gemacht. Da es ohne Bewegung auch nicht ganz geht und ich auf Sport nicht immer Bock habe, Rolltreppen und Fahrstühle meiden.

Vervollständige bitte diese Sätze:
Dicke sind … oft beweglicher als man denkt.
Schlanke sind … oft nicht locker.

Nicht zu essen ist … krank.

Das Leben während einer Diät ist … stelle ich mir nicht unbedingt schlechter vor. Zunächst wird der Körper entlastet und das Bewusstsein kann sich erweitern.

Zuzunehmen ist … wenn man bei 1,78 nicht gerade 50 kg wiegt, in jedem Fall frustrierend.

Die perfekte Figur ist … wenn ich mich wohl fühle.

Anka Zink
Comedian
www.ankazink.de

Susanne Fröhlich: Seit wann beschäftigst du dich mit dem Thema »Gewicht«? Was war der Anlass?

Gewicht kenne ich, seit ich »Brigitte«, die Frauenzeitschrift lese(n musste). So ca. ab 15.

Wie oft kontrollierst du dein Gewicht?

Unregelmäßig.

Wie würdest du dein Verhältnis zur Waage bezeichnen?

Eine wohlmeinende Feindin.

Was ist bei dir immer im Kühlschrank?

Milch, Champagner, diverse Soßen und Pasten, Käse, bisschen Gemüse.

Die schlimmste Demütigung, die du in Bezug auf den Speck jemals erleiden musstest?

Als mir ein fetter Bauernlümmel, den ich hatte abblitzen lassen, hinterherbrüllte: »Du hast Oberschenkel wie Gert Müller.« Und mich eine so genannte »beste Freundin« wochenlang damit aufzog.

Der größte Erfolg in Bezug auf den Speck?

Als ein anderer Bauernlümmel brüllte: »Du bist ja nicht gerade ein Model, aber alles an der richtigen Stelle und nicht so ’ne Hippe wie die da.« »Die da« war meine so genannte »beste Freundin«.

Welcher Promi ist dein role model?

Oprah Winfrey.

Wer ist ein echt abschreckendes Beispiel – zu dünn, zu dick? Und warum?

Doris Schröder Köpf, Nancy Reagan.

Worauf könntest du am schwersten verzichten? Welches Lebensmittel ist dir jede Sünde wert?

Welches nicht?

Gibt’s persönliche Abnehmtricks oder Strategien?

Mehr bewegen, weniger essen.

Gibt’s die persönliche Problemzone, und wenn ja, wo sitzt sie?

Meine persönliche Problemzone sind meine Hände. Weil sie zu viel leckere Dinge zu meinem Mund führen.

Was ist an dir – körperlich gesehen – richtig gelungen?

An sich alles, bis auf das Gewicht.

Womit motivierst du dich?

Mit schöner Kleidung und einem sehr guten Herz-Kreislauf-Wert.

Was ist dein wichtigstes Accessoire beim Abnehmen?

Ich meide oral fixierte Gesellschaft – also Raucher, Trinker, Verwandte etc. – und gehe nicht in die Nähe von

Lebensmitteln, also in die Küche, oder den Supermarkt oder den Garten.

Was ist das Schlimmste am Diäten?
Sie machen keinen Spaß.

Kennst du deinen BMI?
Ja, 26, leicht adipös.

Du darfst dir eine allerletzte Mahlzeit wünschen, also haltlos prassen – was darf es denn sein?
Meine allerletzte Mahlzeit soll »geistiger« Art sein.

Welche Diät hast du sofort wieder abgebrochen? Welche kannst du empfehlen?
Die, bei der man es auch als Frau schafft, etwas mehr Kalorien zu verbrennen, als man zu sich nimmt.
Ich habe oft darüber nachgedacht: Wenn man den Energieerhaltungssatz ernst nimmt, muss Übergewicht für etwas gut sein.

Vervollständige bitte diese Sätze:
Dicke sind … süß.
Schlanke sind … fit.
Nicht zu essen ist … falsch.
Das Leben während einer Diät ist … traurig.
Zuzunehmen ist … schwer.
Die perfekte Figur ist … meine!

Marijke Amado
Moderatorin

Susanne Fröhlich: Seit wann beschäftigst du dich mit dem Thema »Gewicht«? Was war der Anlass?

Seit ich geboren wurde. Ich war ein überdurchschnittlich schweres Kind – fünf Kilo! Wer so ins Leben startet, beschäftigt sich quasi von Kindesbeinen an mit »Gewicht«. (Außerdem wirkt man im TV immer viel dicker als im wahren Leben. Ein hartes Los für Menschen wie mich, die jenseits der Mattscheibe viel dünner wirken.)

Wie oft kontrollierst du dein Gewicht?

Einmal die Woche. In meinem Badezimmer steht die Waage, wenn ich sie benutze, ging dem ein langer, innerer Widerstand voraus!

Wie würdest du dein Verhältnis zur Waage bezeichnen?

Sie ist meine liebste Feindin!

Was ist bei dir immer im Kühlschrank?

Licht!

Die schlimmste Demütigung, die du in Bezug auf den Speck jemals erleiden musstest?

Es passierte anlässlich einer »Mini-Playback-Show«, in der mir gesagt wurde: »Du siehst aus wie Miss Piggy!« (Ob das wohl auch an meinem rosa Kostüm gelegen hat?)

Der größte Erfolg in Bezug auf den Speck?

Mein größter Erfolg war der Allergietest. In meinem Allergietest stellte sich nämlich heraus, dass mein Körper auf Nüsse und Teigwaren allergisch reagiert. Seit ich beides weglasse, habe ich bereits acht Kilo abgenommen.

Meine logische Empfehlung an jede Frau: »Machen Sie einen Allergietest.«

Welcher Promi ist dein role model?

Maxima – an ihr ist etwas dran, sie strahlt Weiblichkeit aus, und ihre festen, stabilen, holländischen Beine (mit denen sie rasch das Land durchqueren könnte). Außerdem hat sie so ein strahlendes Gesicht – das finde ich alles sehr gesund. Neulich träumte ich, ich stünde mit ihr in einem Rembrandt-Gemälde und vor uns lauter staunende Asiaten!

Wer ist ein echt abschreckendes Beispiel –, zu dünn, zu dick? Und warum?

Die ganzen dünnen Anorexia-Typen, á la Calista Flockhart (Ally McBeal) und Paris Hilton, von denen uns die Presse weismachen will, sie sähen gut aus. Sie haben so etwas Kindliches, sind ohne Brust und Formen. Männer, die solche Frauen lieben, sind mir suspekt.

Worauf könntest du am schwersten verzichten? Welches Lebensmittel ist dir jede Sünde wert?

Pommes frites mit Mayonnaise – es gibt nichts Herrlicheres, als wenn die mit einem dicken »Plums« auf meine Frites geschöpft wird. Allerdings wurde ich abstinent, nachdem ich erfuhr, dass die Belgier Wagenöl in die Fritteusen kippen.

Gibt's persönliche Abnehmtricks oder Strategien?

Siehe Frage 6. (Allergietest), oder in einfachen Worten: »weglassen, weglassen, weglassen«!

Gibt's die persönliche Problemzone, und wenn ja, wo sitzt sie?

Meine größte Problemzone ist mein Kopf: dort sitzt mein unheimlich »fettes Deutsch«!

Was ist an dir – körperlich gesehen – richtig gelungen?

Dass sich alles in der richtigen Proportion befindet. »Alles im Leben ist richtig, wenn es in der richtigen Proportion ist!« – das meinten jedenfalls die Typen vom Playboy, als ich ihnen damals absagte.

Womit motivierst du dich?

Mit meinem Humor: der ist auch sehr fett.

Was ist dein wichtigstes Accessoire beim Abnehmen?

Die Klamotten, die bei erfolgreicher Diät immer größer werden. Ein herrliches Gefühl, wenn man mehr und mehr hineinschrumpft.

Was ist das Schlimmste am Diäten?

Dass sich plötzlich alles Denken nur noch um Essenszubereitung, Einkaufen und Planen dreht. Allein der Zeitaufwand, der mit der Diätplanung einhergeht – schrecklich, besonders für Menschen, die viel reisen (wie mich), ein schlimmer Nebeneffekt.

Kennst du deinen BMI?

Mein BMI ist im letzten halben Jahr um 20 Prozent gesunken. Wow – den Algentabletten sei Dank.

Du darfst dir eine allerletzte Mahlzeit wünschen, also haltlos prassen – was darf es denn sein?

Drei indonesische Reistafeln!

Welche Diät hast du sofort wieder abgebrochen? Welche kannst du empfehlen?

Alle Diäten, die sich um nur ein Produkt drehen, sind mir suspekt: »Eierdiät, Bananendiät, Falaffeldiät«. Die musste ich alle wieder abbrechen. Bei mir hingegen funktionieren »zyklische Diäten« mit einem präzisen Ernährungsplan bestens, also alles, was sich z. B. nach sieben oder 14 Tagen wiederholt, scheint meinem Körper beim Abnehmen entgegenzukommen.

Vervollständige bitte diese Sätze:

Dicke sind … mopsig, rundlich, gesellig und waren früher (wie bei Rembrandt) ziemlich hip.

Schlanke sind … oft kalt anzufühlen, tragen häufig Größe 36, was es ihnen erleichtert, in billigen Designer-Remakes von Zara herumzulaufen.

Nicht zu essen ist für mich … ehrlich gesagt eine ziemlich ernste Sache, nämlich wenn ich einmal im Jahr mein Krankenhaus im Senegal besuche. Dort gehört es zum Alltag, nicht zu essen, weil es nichts gibt. Den Begriff »ich habe Hunger« sehe ich deshalb ziemlich eng.

Das Leben während einer Diät … ist wie der Buddha unter dem heiligen Baum: eine völlig andere Dimension, und so ist es gut zu merken, dass auch Ramadan dem Körper gut tun kann.

Zuzunehmen ist … immer eine Konfrontation mit dem eigenen Ich: habe ich zu viel Stress, zu wenig Liebe (weil ich gern mit dem Schokotöpfchen kompensiere), oder liegt es an der fehlenden Bestätigung? Also bedeutet es immer wieder auch eine Herausforderung.

Die perfekte Figur … ist für mich: 90-60-90-60, weil ich gerne 60 cm längere Beine hätte!

Jörg Thadeusz
Moderator
(NDR Extra 3, Polylux, Zimmer frei),
Autor (Rette mich ein bisschen)

Susanne Fröhlich: Seit wann beschäftigst du dich mit dem Thema »Gewicht«? Was war der Anlass?

Frühe Jugend (14–15 Jahre). Grund: Verheerende Misserfolgsserie bei Mädchen.

Wie oft kontrollierst du dein Gewicht?

So selten wie möglich. Nur in Stunden der Wahrheit (nach dem Jahreswechsel, nach einem lukullisch ausufernden Urlaub).

Wie würdest du dein Verhältnis zur Waage bezeichnen?

Kein Verhältnis, habe keine Waage. Aber kneifende Hosenbünde und verheerende Schnappschüsse eines Gesichts mit mehreren Kinnen.

Was ist bei dir immer im Kühlschrank?

Irgendwas Abgelaufenes und Schlesische Gurkenhappen.

Die schlimmste Demütigung, die du in Bezug auf den Speck jemals erleiden musstet?

»Adipositas« als Diagnose auf einer Arztrechnung (»Jetzt wissen es alle, auch die Schnatzen von der Krankenkasse, es ist keine Muskulatur«).

Der größte Erfolg in Bezug auf den Speck?

Hat sich schon fünfmal über 42 Kilometer Laufstrecke tragen lassen, ohne sich in den Vordergrund zu spielen.

Welcher Promi ist dein role model?

Kate Moss (»Klar esse ich Schokolade, ich esse alles, auf was ich Lust habe«).

Wer ist ein echt abschreckendes Beispiel – zu dünn, zu dick? Und warum?

Zu dünn: Fast alle TV-Moderatorinnen, die ich persönlich kennen gelernt habe.

Zu dick: Niemand außer mir selbst, mich beruhigen vollschlanke, beleibte oder gar dicke Menschen, wenn ich sie sehe.

Worauf könntest du am schwersten verzichten? Welches Lebensmittel ist dir jede Sünde wert?

Beinahe alles. Am ehesten dosiere ich seit bestimmt 15 Jahren Currywurst und Pommes. Habe mir aber schon oft gewünscht, ich hätte nicht schon so viele laffe Äpfel gegessen. Absolut unverzichtbar sind Nudeln, Kekse, Marmorkuchen, Käsebrote, Schlesische Gurkenhappen und Rotwein.

Gibt's persönliche Abnehmtricks oder Strategien?

Sport, Sport, Sport. Und gelegentlich überschaubare Alkoholpausen. Kein Döner nach Mitternacht.

Gibt's die persönliche Problemzone und wenn ja, wo sitzt sie?

Gesicht.

Was ist an dir – körperlich gesehen – richtig gelungen?

Beine sind schon von Frauen beneidet worden.

Womit motivierst du dich?

Alte Fotos, mit wahrnehmbarer Kieferkante.

Was ist dein wichtigstes Accessoire beim Abnehmen?
Zigaretten.

Was ist das Schlimmste am Diäten?
Dass der Gedanke ans Essen plötzlich unangenehm ist.

Kennst du deinen BMI?
Nicht den aktuellen.

Du darfst dir eine allerletzte Mahlzeit wünschen, also haltlos prassen – was darf es denn sein?

Vorweg eine Kokosmilchsuppe, anschließend rotes Thai-Curry mit gebratener Ente, als Dessert Creme brulée, nach dem gebotenen Abstand eine Auswahl von frischen belgischen Pralinen.

Welche Diät hast du sofort wieder abgebrochen? Welche kannst du empfehlen?

Keine wieder abgebrochen, aber an Kohlsuppe beinahe verekelt.

Diäten sind Unfug, wahrscheinlich hilft nur weniger essen.

Vervollständige bitte diese Sätze:

Dicke sind … oft großzügigere Menschen.

Schlanke sind … mitunter von bedrückender Anmut.

Nicht zu essen ist … letztendlich tödlich.

Das Leben während einer Diät ist … schrill.

Zuzunehmen ist … günstigstenfalls ein angenehmes Souvenir an schöne Momente.

Die perfekte Figur ist … ein dummes Kind ihrer Zeit.

Steffi von Wolff
Bestsellerautorin
(»Fremd küssen« und »Glitzerbarbie«)

Susanne Fröhlich: Seit wann beschäftigst du dich mit dem Thema »Gewicht«? Was war der Anlass?

Meine persönliche Niederlage in Sachen Höchstgewicht: 1990 = 103 Kilo. Man hätte annehmen können, dass ich direkt nach der Geburt meines Sohnes gleich wieder im 9. Monat sei – aber diesmal mit Zwillingen. Es war eine Zeit, in der Hosen mit Gummizug kurzfristig meine Freunde waren – bis der Gummizug gerissen ist.

Am schlimmsten waren die Bemerkungen von Bekannten und Freunden: »Ach, komm, das Gewicht passt doch zu dir.« Und das Allerschlimmste: »Es kommt auf die inneren Werte an.« Furchtbar. Braucht kein Mensch. Auch dramatisch: Wenn man bei diesem Gewicht zehn Kilo abnimmt, merkt das kein Mensch.

Mein persönliches Idealgewicht hatte ich mit 18: 62 Kilo. Seitdem ging es immer bergauf und dann mal wieder runter. Kennt wohl jeder. Das momentane Gewicht verdränge ich, um nicht wahnsinnig zu werden. Aber ich sag's mal so: Wenn noch zehn Kilo unten sind, werde ich ein Fest feiern. Die traurige Wahrheit ist nur leider: Dieses Fest wird nie stattfinden.

Wie oft kontrollierst du dein Gewicht?

O Gott. Seitdem ich fünf bin? Ich war schon immer moppelig, und mein Opa fand nichts schöner, als mich mit Nougatriegeln zu belohnen, die ich verschlungen habe wie nichts. Es gab damals Marzipanriegel, die hatten eine rotgoldene Verpackung, und die Nougatriegel waren blaugolden verpackt. Herrlich! Auch in der Zukunft war ich nie ein Kostverächter. Heute auch noch nicht. Essen ist einfach schön. Und es ist ungerecht, dass die Sachen, die schmecken, dick machen. Wie heißt so schön der Spruch: Fünf Minuten im Mund, fünf Wochen auf den Hüften oder so ähnlich. Ich mag nun mal keine Äpfel und rohe Sellerie oder Möhren. Ich mag Sahnesoßen und Chips und Cashewkerne, aber nur die gesalzenen.

Wenn ich das Gefühl habe, etwas leichter geworden zu sein, jeden Tag. Manchmal sogar morgens und abends. Aber kaum geht's wieder hoch, ignoriere ich das einfach und verachte mich dabei selbst. Auch schön: »Ab morgen, ab morgen esse ich weniger.«

Wie würdest du dein Verhältnis zur Waage bezeichnen?

Als unentspannt, sehr unentspannt. Eine Waage kann dein bester Freund sein, wenn du Twiggy heißt oder Gisele Bündchen. Eine Waage ist dein Todfeind, wenn sie ein Gewicht anzeigt, das zwischen Marianne Sägebrecht und Kathy Bates (die aus »Grüne Tomaten«), liegt.

Was ist bei dir immer im Kühlschrank?

Entenleberpastete, Gänseleberpastete, Wildschweinpastete. Kalbsleberwurst mit Trüffeln oder grünem Pfeffer, Velveta-Schmelzkäseecken (aber nur die mit über 40 Prozent Fett), Aioli-Soße (schmeckt herrlich mit frischem Weißbrot), Sardellenpaste. Und Tomaten. Aber nur, weil frisch aufgeschnittene Tomaten herrlich auf einem Erdnussbutterbrot schmecken. Die Erdnussbutter dick auf dem Brot, die Tomaten dünn. Und Buttermilch. Als Gegengift sozusagen. Die läuft nur immer so schnell ab.

Die schlimmste Demütigung, die du in Bezug auf den Speck jemals erleiden musstet?

Als mir in der Big & Beautiful-Abteilung bei H&M nichts mehr gepasst hat. Das ist aber schon eine Weile her. Und als ich mir bei H&M einen Badeanzug kaufen wollte und von einer Zehn-Kilo-Frau mit Bauchnabelpiercing darüber belehrt wurde, dass H&M jetzt nur noch Bikinis führt und das wäre ja wohl offensichtlich nichts für mich.

Der größte Erfolg in Bezug auf den Speck?

Nach drei Monaten Weight Watchers habe ich 20 Kilo abgenommen! Das war toll. Eine Nachbarin meinte damals zu mir, ich würde aussehen wie ein »Abreißkalender im Dezember«. Das war ein seelischer Orgasmus. Ich habe in dieser Zeit herablassend auf übergewichtige Frauen herabgeschaut, die Currywurst gegessen haben und mir eingeredet, dass Essen nicht wichtig sei. Diesen Selbstbetrug habe ich aber leider nicht lange durchgehalten.

Welcher Promi ist dein role model?

Was issen ein Role-Model?

Wer ist ein echt abschreckendes Beispiel – zu dünn zu dick? Und warum?

Zu dünn? Calista Flockhart: Die hat doch Magersucht, oder? Die *muss* Magersucht haben. Harrison Ford kann nicht ganz dicht sein. Oder er leidet an der Basedow'schen Krankheit (sieht man da nicht alles größer?). Jedenfalls hat Calista Arme, die jedem Streichholzmännchen Konkurrenz machen.

Zu dick? Außer Ottfried Fischer fällt mir jetzt echt niemand ein. Aber Ottfried Fischer schreibt wahrscheinlich jeder, der diesen Fragebogen beantwortet. Trude Herr war auch zu dick. Und Günter Strack auch. Aber die waren trotzdem Sympathieträger. Warum sind Dicke eigentlich immer Sympathieträger?

Worauf könntest du am schwersten verzichten? Welches Lebensmittel ist dir jede Sünde wert?

Das Kartoffelgratin, das mein Mann immer macht: hauchdünne Kartoffelscheiben, Rosmarinsahnesoße. Verhältnis Kartoffeln/Sahnesoße 1:10. Dazu ein Schweinefilet mit Gorgonzola. Oder Satéspieße mit Basmatireis.

Gibt's persönliche Abnehmtricks oder Strategien?

Die Weight Watchers damals waren gar nicht so schlecht. Man muss aber Zeit haben, da einmal pro Woche hinzulatschen, und dieses Abwiegen von Zutaten ist mittlerweile leider auch nicht mehr mein Ding. Ich hab letztens mal Trennkost ausprobiert, und das ging wirklich gut. Weil man nicht ständig auf Mengen achten muss. Der Nachteil bei Trennkost: Eiweiß und Kohlenhydrate nicht zusammen essen zu können ist traurig: Steak schmeckt nun mal mit Bohnen *und* Reis oder Nudeln und nicht *nur* mit Bohnen.

Gibt's die persönliche Problemzone und wenn ja, wo sitzt sie?

Genau in der Mitte: Po und Hüften – eine Katastrophe!

Was ist an dir – körperlich gesehen – richtig gelungen?

Meine Augen. Und dann vielleicht noch meine Nase.

Womit motivierst du dich?

Motivieren? Was ist das? Im Ernst – ich denke dann immer an die Frau, die damals auch bei den Weight Watchers war und sich in der im Boden eingelassenen Paketwaage bei der Post wiegen musste, weil keine Personenwaage mehr mit ihrem Gewicht mithalten konnte. So weit wird's bei mir hoffentlich nie kommen. Hoffentlich nie kommen. Hoffentlich nie kommen.

Jedenfalls – wenn ich an diese Frau denke, kann ich mit gutem Gewissen Pasta Mista essen. Ehrlich.

Was ist dein wichtigstes Accessoire beim Abnehmen?

Ein Foto aus meiner 100-Kilo-Zeit. Ich sitze in Leggings (in LEGGINGS) auf dem Boden, und meine Oberschenkel sind von meinen Oberarmen und von meinem Kopf nicht mehr zu unterscheiden. Weil ich kurz vor Entstehen dieses Fotos auch noch eine Treppe mit vier Stufen heraufgegangen bin, glänze ich im Gesicht und wirke dadurch nochmal attraktiver. Und dann die Hände! Rot, dick und wulstig. Furchtbar!

Was ist das Schlimmste am Diäten?

Die Abende und die Wochenenden. Tagsüber geht's ja noch, weil man was zu tun hat und nicht ständig ans Essen denken muss. Aber kaum ist es später als 18 Uhr, tigere ich um den Kühlschrank oder in der Abstellkammer herum, und garantiert befinden sich irgendwo Blätterteigpastetchen und eine Dose Ragout fin. 100 Gramm Ragout fin haben 150 Kilokalorien und über 30 Prozent Fettanteil, glaube ich. Gibt es was Schöneres? Zu meiner Entschuldigung: Ich konnte noch nie gut Nein sagen.

Kennst du deinen BMI?

Ja, der ist jenseits von gut und böse.

Du darfst dir eine allerletzte Mahlzeit wünschen, also haltlos prassen – was darf es denn sein?

Ach je. Ein Büfett bitte! Mit Terrinen! Mit Chili con carne. Mit ganz vielen verschiedenen Brotsorten. Mit ganz viel Käse und gesalzener Butter. Mit Filetstücken in braunen Soßen. Mit allem! Und dann natürlich Süßspeisen! Wie in Frankreich! Da gibt es die herrlichsten Süßspeisen. Mousse au chocolat, Creme brulée. ALLES !!!

Welche Diät hast du sofort wieder abgebrochen? Welche kannst du empfehlen?

Wie schon erwähnt, Trennkost ist nicht schlecht. Nicht

empfehlenswert sind alle anderen Diäten, die ich gemacht habe, und ich habe alle gemacht. Am wenigsten hat die Brigitte-Diät genützt, das war das wieder mit dem Abwiegen. Oder ganz schlimm: Die Hollywood-Star-Diät. Da musste ich frische Ananas essen, und mein ganzer Mund war wegen der Säure eine offene Wunde. Wahrscheinlich wollten die damit erreichen, dass man gar nichts mehr essen kann, das hat bei mir aber auch nicht viel genützt.

Ich glaube, das ist alles eine Kopfsache (hach, wie intelligent). Nein, im Ernst – man muss wahrscheinlich wirklich abnehmen *wollen* und dementsprechend auch, weil man das will, seine Ernährung komplett umstellen, auch wenn es schwer fällt. Bei mir war es immer so, dass die erste Woche schlimm war, dann ging es, und dann wurde ich wieder rückfällig. Das Schlimmste beim Rückfälligwerden ist, dass man denkt: »Mist, jetzt hab ich 'ne Tafel Schokolade oder eine Tüte Chips gegessen, jetzt ist alles sowieso egal.« Anstatt dann einfach zu sagen: »Okay, ich hab das jetzt gegessen und mach trotzdem weiter«, werfe ich die Flinte ins Korn. So ist das leider. Mir fehlt eine Portion an Durchhaltevermögen. Dazu kommt, dass (so ist es leider) man sich mit dem Abnehmen schwerer tut, je älter man wird. Dann sind drei Kilo unten, und dann nimmt man wochenlang gar nichts ab und hat schrecklichen Hunger.

Aber ich werde es, glaube ich, nochmal mit der Trennkost versuchen!

Vervollständige bitte diese Sätze:

Dicke sind …
a) ja so gemütliche Menschen.
b) frustriert und unglücklich.
c) faul und unsportlich.
d) lustig und der Mittelpunkt einer jeden Party.

Schlanke sind …
a) freudlos.
b) zu beneiden.
c) unschädlich zu machen.
d) anders als ich.

Nicht zu essen ist …
a) unvorstellbar.
b) schlimmer als nicht zu rauchen.
c) eine herrliche Vorstellung.
d) bestimmt gut für mich!

Das Leben während einer Diät ist …
a) kein Leben.
b) eine wunderbare Zeit, in der man mit sich ins Reine kommt.
c) toll, man interessiert sich endlich mal für andere Dinge als nur fürs Essen.
d) ein schlimmer Traum, der hoffentlich bald vorbei ist.

Zuzunehmen ist …
a) bei mir an der Tagesordnung.
b) eine Frechheit.
c) viel schlimmer als abzunehmen.
d) eine persönliche Niederlage.

Die perfekte Figur ist …
a) Größe 38.
b) Größe 36.
c) Größe 34.
d) Okay, auch Größe 40.

Gayle Tufts
Kabarettistin

The Glamour Never Stops

Help! Ich bin traumatisiert! Ich bin gerade umgezogen. Umziehen ist immer ein bisschen traumatisierend, finde ich. Es gibt so viel zu tun! Ich war wochenlang beschäftigt mit Einpacken, Auspacken und dem Aussortieren meines gesamten Wohnungsbestandes und gleichzeitig dem Aussortieren meines inneren Ichs. In jeder Ecke steckt ein Stückchen Vergangenheit, überall hängt ein Teil meiner eigenen Geschichte. Und als ich meinen Kleiderschrank ausgeräumt habe, habe ich endlich mein echtes, wahres Selbst getroffen: eine schizophrene Frau mit Konfektionsgröße 40–48.

Okay, ich gebe es zu – I am the queen of the Jojo-Syndrom! Seit Jahren fahre ich auf einer Achterbahn der Kleidergrößen – von medium bis extra large und wieder zurück. Jedes Kleiderstück erzählt ein Kapitel meines Lebens. »Ach! The Silberpaillettenhose, Größe 42! Ich war so was von frisch verliebt!« Das ist eigentlich sehr praktisch, weil meine Klamotten wie ein mood ring für mich sind, ein Gefühlsthermometer, ein Lackmustest aus Samt und Seide.

Ich weiß, ich weiß, ich sollte diszipliniert sein und regelmäßiger leben, but it's just not me. Ich bin Amerikanerin. I'm a little bit chaotisch. Ich habe meine erste Diät gemacht mit sechs, wie viele Amerikanerinnen, und seitdem I have been on every Diät known to Menschheit: nur Obst, nur Steak, nur Kokain … Knäckebrot mit Hüttenkäse, Knäckebrot ohne Hüttenkäse – Hüttenkäse, Hüttenkäse! I can't even look at a Hütte without getting all schleimig inside.

Ich probiere immer wieder, meinen persönlichen, kosmischen Schrank in Ordnung zu bringen. Ich war neulich beim Heilpraktiker in Berlin. Als Amerikanerin bin ich immer ein bisschen skeptisch about the Heilpraktiker. Für mich, Heilpraktiker are the Avonberater of moderne deutsche Medizin. Es gibt so viele verschiedene Methoden, und die kosten alle etwas. I actually had a Heilpraktiker say to me »Mach doch mal die Grüne Diät – iss nur grünes Essen.« Well, I see the Punkt, but if you're going to go that far why not go all the way und mach the Blaue Diät? Sie hat eine ganz limitierte Speisekarte: Blaubeeren, Blauschimmelkäse, Blue Curaçao! Lecker! Oder mach doch die Burberry Diät – iss nur kariertes Essen, sehr chic!

Ich habe auch einmal eine Ayurveda-Kur gemacht. In Brandenburg. Das war etwas! Indien goes Osten! 4000 Euro für zwei Wochen Fasten in einem Ibis Hotel auf dem Gelände eines ehemaligen DDR-Jugendfreizeitcampingplatzes. Nachher war ich superschlank (das lila Würstchenkleid gaaaanz hinten im Schrank) – aber so was von miserabel gelaunt – dank 14 Tage Öl schlucken und brutalen Bürstenmassagen – dass ich nochmal 700 Euro zahlen musste für Johanniskrautpräparate to help me out of my Depression.

Seit ich hier in Europa wohne, fühle ich mich manchmal wie ein schwangerer Teletubbie. I wish I could wake up one morning und wäre plötzlich eine wunderschöne europäische Frau. You girls always look fabelhaft and you're always so stilvoll-zurückgehalten. Ich könnte das niemals schaffen. Ich glaube, es gibt einen grundsätzlichen Unterschied zwischen amerikanischen Frauen und dem Eurochicks. You european girls get up in the morning und muss Milch für das Frühstück kaufen. Ganz einfach! Mach ein bisschen Lidstrich um die Augen, ein bisschen Lippenstift auf den Mund, Jeans, Pumps ... et voilà! Milla Jovovich auf Ecstasy schwebt singend durch die Straßen, »la la la, Bäckerei ...« Es ist schön! Das können wir Amerikanerinnen nie und nimmer tun! In New York, zum Beispiel, sind wir alle übergearbeitet, untergeliebt und very very müde! Wir sehen morgens aus wie ein schlecht gelaunter Sylvester Stallone mit Pandabär Restmascara-Ringe unter den Augen: »Get outta my fucking way! Where's the fucking milk? Argh!«

Wir sind einfach anders. Man hört das ganz klar an unseren Stimmen und sieht das ganz klar auf unseren Hüften. Was ist das mit uns Amerikanern? Sind wir geboren mit einer besonderen DNA? Eine DNA, die sagt: »You're gonna have a giant ass.« Walk down any Fußgängerzone in der ganzen Welt: Berlin, Paris oder Timbuktu und kuck mal auf die Pos. Klein, süß, knackig: französisch. Sportiv, fit, durchtrainiert: aus der Schweiz. Gigantisch, massiv und überwältigend: it's an American.

Ich möchte nicht wissen, wie viele Stunden ich – wie viele von meinen Landesfrauen – auf einem Stepper oder einem Cross-Trainer oder in einer Power Aerobic Class im Fitnessstudio verbracht habe – es hilft nicht! Jahrelang habe ich auf diesen bekloppten Rattenrädern gestanden, »making it burn« zu schlechten Technoremixen, bis ich Kopfschmerzen kriegte, watching MTV and dreaming the impossible dream of someday having einen Po wie Christina Aguilera. Ich bin 42 Jahre alt – mittlerweile habe ich Lippenstifte that are older than Christina Aguilera. Es ist so demütigend!

Eines Tages, nach einem Workout, stand ich durchgeschwitzt und verzweifelt in der Umkleide und habe den großen Unterschied zwischen american women und deutschen Frauen verstanden: Unterwäsche. Deutsche Frauen haben immer wahnsinnig hübsche Dessous: some kind of Spitzen –, Satin –, Seide – Slipding mit nur einem kleinen Streifen Stoff hinten (this to me looks like zwei Schinken und ein Stück Zahnseide ...) Aber wir Amerikanerinnen tragen immer Baumwollschlüpfer bis zum Hals, mit kaputtem Gummiband und verblasstem Kürbismuster von Thanksgiving 1986. Glamoreuse – aber ich stehe dazu. Wir sind praktische Frauen. Wir geben kein Geld aus für Unterwäsche. We do not spend money on Calvin Kleins, wir sparen das Geld, kaufen Flugtickets und kommen nach Europa to sleep with men who wear Calvin Kleins. Vive la différence!

Ich glaube, die Welt braucht heutzutage mehr différence anyway. Variety is the spice of life. Abwechslung ist das Salz in der Suppe! Als ich den Inhalt meines Kleiderschrankes in Kartons gepackt hatte, in den Rubriken »slightly pummelig«, »kurz vor meinen Tagen«, und »Jabba the Hut«, habe ich realisiert, dass mein Leben mindestens immer viel Abwechslung bedeutet, and a little Abwechslung is a very good thing.

I am not a Barbie girl and this is not a Barbie world. Ich war im Supermarkt neulich und ich habe zwei Mädels gesehen. They were your typisch gepiercte, plateau-shoed 17-Jahre-alt Girlies – dünne, dünne, dünne Mädels, ungefähr zwei Meter groß – eineinhalb Meter sind die Schuhe – und die haben Babynahrung gekauft. I thought, »Oh, interessant, ein Paar Babysitters«, als eine sich zur anderen umdreht und sagt: »Dieser mit Möhren ist mein Lieblingsmittagessen, weil er fast keine Kalorien hat! Hehehe.« They were eating Babyfood for lunch! This Girlie thing has got to stop!

Es gibt ein großes Plakat vor meinem Wohnhaus in Kreuzberg, das ich jeden Tag auf dem Weg zur U-Bahn sehe. It's a Werbung für irgendwelche Klamottenfirma and it features six kleine Girl-ettes mit einem Durchschnittsalter von 15 und einem Gemeinschafts-IQ von zwölf. Das Ober-Girlette im Vordergrund trägt nur einen Wonderbra und einen Tangaslip und beißt ihre Unterlippe with a Lolita-like Frechheit, die mir entgegenschreit: »… oooh! Ich bin unschuldig, aber irgendwie sexy just like I was when I was zehn and my uncle used to fuck me in the Hobbykeller!«

Es ist unglaublich! Diese ganze Hunger-Olympiade – the thinner the better, wer dünner ist, gewinnt: »Oh, guck mal! Ich bin nicht mehr da … Hurra!« Okay – I'm just never gonna eat again and then I die and then I win – alright!!! Ich verstehe die ganze Mentalität nicht. Ich weiß, dass es irgendwo da draußen Frauen gibt, die Sätze sagen wie: »Ich bin so deprimiert, ich kann nicht essen!« Ich kann. Fast immer. Ich würde nie und war nie eine von diesen »Ich nehme nur einen Salat«-Mädels. Ich nehme einen Salat und die Nudeln und die Panna cotta bitte – it's dinner!

Und seit wann gibt es Klamotten in Größe XS? Extra small! Ich habe Kondome benutzt, die waren größer als manche Girlie-T-Shirts, die ich in Berlin gesehen habe. Es passiert jedes Jahr – sobald die ersten Krokusse start blühing on the Mehringdamm, bekomme ich Panik. Die Haupt-Girlie-T-Shirt-Saison is about to begin! Hilfe!

Die Sonne scheint, man sitzt draußen und genießt die ersten köstlichen Sonnenstrahlen auf der Haut und hört plötzlich eine tiefe, erotische Stimme, die fragt: »Ist dieser Stuhl frei?« Well, natürlich, you Gauloise-smoking, Süddeutsche Zeitung lesender Benicio del Toro Doppelgänger, you! Sit right down! Herzlich willkommen, handsome! Bis der zweite Stuhl rübergeschleppt wird und Benicio his Bonner-Barbie-Freundin trifft, who just came from the Gym. She takes off her Gucci Lederjacke und zeigt uns allen ihr kleines XXS Baby-Girlie-T-Shirt mit den Worten »Porn Star« across the Brüste.

Dann fängt die Panik an. Weil spätestens dann realisiere ich, dass die gemeine dunkle Zeit des Jahres wieder da ist. Sommerzeit, T-Shirt-Zeit, die Zeit für nackte Oberarme. Es ist nicht meine Lieblingszeit. Kurz nach meinem 40ten Geburtstag, meine Oberarme went into the Frührente. »Das war's. Wir sind müde. Tschüss.« Sie sind ein bisschen schlapp. Außerdem habe ich Schwangerschaftsstreifen auf meinen Oberarmen. Und ich war nie schwanger. And certainly not there.

XXS! How does that make me feel? I feel like a circus freak. Ich fühle wie »Die Elefantenfrau« bettelnd in einer Nobeledel-Boutique: »Ich bin kein Tier! Ich bin ein menschliches Wesen! Und ich … will … ein … COCKTAILKLEID!!!«

Ich habe neulich eine wirklich Ego-streichelndes Erlebnis gehabt. Ich war bei Max Mara on the Ku'damm in Berlin, und the ultrafreundliche Verkäuferin – a charmante Mischung aus Catherine Deneuve und Saddam Hussein – kommt zu mir, guckt mich von oben bis unten an, und ich fühlte mich plötzlich wie Helmut Kohl auf der Suche nach einem Spaghettiträgerabendkleid! Herrlich!

Mademoiselle Mara neigt diskret ihren Kopf zu mir, ich ersticke fast an Obsession, und flüstert mir ins Ohr: »Wir haben nebenan einen Laden für Frauen wie Sie.« Great!

Einen Laden for 42 Jahr alte Frauen in einem fremden Land who have Lust auf ein Leben voller Abenteuer, ausgeglichenem Konto und sexueller Extase? Wunderbar! Well, I took a look in the Schaufenster und sah etwas that can best be described as überteuerte Campingzelte in einem Regenbogen von Pastellfarben von apricot bis mintgrün. Bitch.

Ich kehrte zurück nach Hause zu meinem leeren neuen Schrank und fing an, wieder alles einzupacken: vom kleinen schwarzen Donna Karan (Kulturpreis gewonnen) bis zum blauen Krümmelmonster Kuschelfleece (Anti-Heimweh-Hilfsmittel). Eine mindblowing Auswahl mit Konfektionsgrößen für jede Gelegenheit. Jedes Stück ein kleines Teil meiner Geschichte. A little piece of me. Kein Girlie, kein Supermodel, nur eine real live Frau in einer echten homestory. The star of my show. Die Möglichkeiten sind endlos. The glamour never stops.

Susanne Fröhlich
Constanze Kleis
Jeder Fisch ist schön – wenn er an der Angel hängt
Band 15993

Männer sind wie Fische: Erst beißen sie nicht an, und hat man endlich einen an Land gezogen, erreichen seine besten Eigenschaften schon ihr Verfallsdatum. Das wird sich ändern!

Dieses Buch verrät Ihnen die besten Fangplätze, die leckersten Köder und das optimale Equipment. Am Ende haben Sie nicht nur den Angelschein, sondern auch Mr. Right am Haken.

»Endlich erfolgreich flirten:
Das ultimative Kultbuch für Singles!«
Fritz

Fischer Taschenbuch Verlag

fi 15993 / 1

Susanne Fröhlich
Constanze Kleis
F(r)ischhalteabkommen
Länger Freude am Mann
Band 15857

Herzlichen Glückwunsch! Sie haben einen Fisch gefangen und sich den Herausforderungen des Baggerns, Balzens und Bandelns gewachsen gezeigt. Doch: Wie gefangen, so zerronnen! Was Sie jetzt brauchen, ist eine Anleitung zur Hege und Pflege. Denn nur ein Fisch, der frisch bleibt, macht lange Freude ...

Fischer Taschenbuch Verlag

fi 15857 / 1

Susanne Fröhlich

Frisch gemacht!

Roman

Band 15734

Kind frisch, Job frisch, alles frisch? Schlagfertig, witzig und großherzig wie immer erzählt Susanne Fröhlich in ihrem neuen Roman vom Wahnsinn des Alltags – frisch gemacht!

»In dieser hochtourigen Allroundsatire fährt Susanne Fröhlich den gängigen Superweib-Klischees rasant an den Karren. Pädagogisch garantiert wertlos. Aber superlustig.«
shape

»Susanne Fröhlich schreibt, wie sie spricht: schnell, geradeaus, plakativ, zugespitzt und unterhaltsam.«
FAZ

Fischer Taschenbuch Verlag

fi 15734 / 1